HISTÓRIA CULTURAL DA IMPRENSA

BRASIL – 1900-2000

MARIALVA BARBOSA

HISTÓRIA CULTURAL DA IMPRENSA

BRASIL – 1900-2000

*M*auad X

Copyright @ by Marialva Barbosa, 2007

2ª edição: 2010

Direitos desta edição reservados à
MAUAD Editora Ltda.
Rua Joaquim Silva, 98, 5º andar
Lapa — Rio de Janeiro — RJ — CEP: 20241-110
Tel.: (21) 3479-7422 — Fax: (21) 3479-7400
www.mauad.com.br

Projeto Gráfico:
Núcleo de Arte/Mauad Editora

Revisora:
Sandra Pássaro

CIP-BRASIL. CATALOGAÇÃO-NA-FONTE
SINDICATO NACIONAL DOS EDITORES DE LIVROS, RJ.

B199h

    Barbosa, Marialva, 1954-
    História cultural da imprensa : Brasil, 1900-2000 / Marialva Barbosa. - Rio de Janeiro : Mauad X, 2007.

    Inclui bibliografia

    ISBN 978-85-7478-224-9

    1. Imprensa - Rio de Janeiro (RJ) - História - Século XX. 2. Periódicos brasileiros - Rio de Janeiro (RJ) - História - Século XX. 3. Imprensa - Aspectos sociais - Rio de Janeiro (RJ). 4. Jornalismo - Aspectos sociais - Rio de Janeiro (RJ). I. Título.

    07-2357.   CDD: 079.81531
                                      CDU: 070(815.31)

ÍNDICE

Prefácio — *José Marques de Melo* – 7

Introdução — 11

1ª PARTE

I – Tecnologias do novo século (1900-1910) — 21
"Maravilhosa invenção" — 26
A imagem e o leitor — 31
As redações — 37
Senhores do tempo — 41

II – Entre tragédias e sensações: o jornalismo dos anos 1920 — 49
Mundo do leitor — 51
A cidade e a imprensa — 57
Páginas de sensação — 60
O desfecho da trama — 65
Farrapos de lembrança — 71

III – Vestígios memoráveis: construindo identidade e história (1920-1930) — 75
Chateaubriand inicia o seu império — 77
Passado mítico — 79
Uma história memorável — 83
Memória: particularizando as publicações — 88
Modernos e permanentes edifícios — 91
Memórias dos homens de imprensa — 94

IV – Imprensa e Estado Novo: o público como "massa" (1930-1940) — 103
Estado Novo: controle e pressões — 105
Uma história, uma imprensa... — 108
A questão nacional — 113
Departamento de Imprensa e Propaganda (DIP) — 117

**V – Literatura como vestígio do tempo:
a imprensa e o olhar dos literatos (1900-1950)** — 125

Tempo de contar e tempo contado — 129
A experiência fictícia no jornalismo — 132
Ecos do Estado Novo — 138
Entrando em novos tempos... — 143

2ª PARTE

**VI – "Cinquenta anos em cinco":
consolidando o mito da modernização (1950-1960)** — 149

O mercado jornalístico da década — 154
Lutas por representação — 156
Tribunas políticas — 165
Samuel Wainer, a *Última Hora* e a mítica da renovação — 168

VII – Novos atores em cena: a imprensa nos anos 1960 — 175

A televisão irrompe a cena — 176
Imprensa e política: uma simbiose histórica — 180
Sob o signo da censura — 187

**VIII – Cenários dos anos 1970-80:
crise do *Correio da Manhã* e novo sensacionalismo** — 197

A crise do *Correio da Manhã* — 200
A reforma e a liderança de *O Globo* — 209
Jornalismo e sensações: o sucesso editorial do jornal *O Dia* — 212

IX – Calidoscópio de mudanças (1980-2000) — 221

Um novo cenário para o jornalismo econômico — 223
Cenário 2: Jornalismo investigativo – categoria ou mitificação? — 226
Cenário 3: Narrativas de um outro fim de século — 234

Considerações Finais — 245

Bibliografia — 247

Prefácio

José Marques de Melo *

A historiografia brasileira encontra-se frente a um paradoxo, neste início de século. Cresce o volume de pesquisas sobre a imprensa, mas são raras as generalizações capazes de elucidar o seu desenvolvimento ou discernir melhor o seu futuro.

A explicação plausível para esse fenômeno repousa no caráter predominantemente monográfico dos estudos hegemônicos, sem que possamos tecer quadros holísticos ou compor visões panorâmicas e muito menos vislumbrar tendências.

Essa obsessão pela micro-história reflete evidentemente a ausência de políticas públicas capazes de induzir a comunidade acadêmica a se comprometer com projetos em longo prazo. Em vez de fortalecer o conhecimento integrado, em sintonia com projetos socialmente relevantes de interesse nacional, as agências de fomento se acomodam, tolerando a pesquisa fragmentada, dispersa e não raro datada, repetitiva.

Ao revisar nossa bibliografia na área midiológica contamos nos dedos aqueles trabalhos científicos que dão conta de processos amplos e palmilham territórios estratégicos, no tempo e no espaço.

Fogem evidentemente desse padrão os livros-textos, produzidos com intenção didática, como, por exemplo, aqueles assinados por Juarez Bahia – *História da Imprensa Brasileira*, 4ª. ed., rev., São Paulo, Ática, 1990 – ou por Antonio Costella – *Comunicação – do grito ao satélite*, 5ª. ed., Campos do Jordão, Mantiqueira, 2002. Mesmo sendo produtos da compilação de fontes secundárias, constituem obras de grande utilidade para guiar os primeiros passos das novas gerações de jornalistas.

---

* Professor emérito da Universidade de São Paulo, diretor-titular da Cátedra Unesco/Metodista de Comunicação e presidente da Rede Alfredo de Carvalho para o Resgate da Memória da Imprensa e a Construção da História da Mídia no Brasil.

Entretanto, no conjunto das publicações nutridas em fontes primárias, restam somente poucos livros que correspondem ao perfil acima delineado, cuja autoria pertence a brasileiros atuantes no território nacional: Rizzini, Martins, Sodré e Nascimento.

A matriz é sem dúvida o pioneiro estudo de Carlos Rizzini – *O livro, o jornal e a tipografia no Brasil*, lançado com a marca tradicional da Livraria Cosmos (Rio de Janeiro, 1946) e reproduzido em fac-símile pela Imprensa Oficial do Estado de São Paulo (1988). Trata-se hoje de raridade bibliográfica, abarcando todo o espectro da mídia impressa. Desde o suporte tecnológico (tipográfico) aos seus produtos culturais (livros e periódicos).

Na sequência vem o erudito ensaio de Wilson Martins – *A palavra impressa* (1957). Ele faz um competente balanço crítico do itinerário percorrido pelo livro e pelas bibliotecas, desde as origens até sua introdução e desenvolvimento em nosso território. Fora de circulação durante algum tempo, este volume voltou ao mercado livreiro no fim do século passado. Sua terceira edição tem o selo da Editora Ática (São Paulo, 1998).

Por sua vez, o clássico *História da Imprensa no Brasil* (1966) foi escrito pelo pai da "História Nova", aquele que provocou acirrada polêmica nos círculos intelectuais brasileiros, na alvorada do regime militar pós-64. Nelson Werneck Sodré chocou os historiadores nativos aplicando referencial marxista para interpretar as contradições da nossa civilização gutembergiana. Essa opção teórico-metodológica constitui a marca registrada do historiador em sua obra polifacética. Não obstante, o livro em pauta contém o mais bem documentado inventário da nossa imprensa. Trata especialmente dos jornais diários, cujas coleções foram exaustivamente consultadas pelo autor. Nelas encontra evidências para ilustrar suas teses sobre as relações entre a imprensa e o capitalismo. A 4ª. edição desse livro foi publicada postumamente pela Mauad Editora (Rio de Janeiro, 1999). Ainda em circulação, ela inclui capítulo inédito sobre o pensamento de Werneck Sodré a respeito da mídia no Brasil, no final do século XX.

A lista pode ser ampliada, com a inclusão de um quarto título, embora matizado pelo caráter regional. Refiro-me ao monumento hemerográfico representado pela *História da Imprensa de Pernambuco* (1821-1954). Obra em 14 volumes, escrita pelo jornalista Luiz do Nascimento, seus originais foram confiados pelo autor à Editora da Universidade Federal de Pernambuco. Ainda permanecem inéditos alguns volumes dedicados à imprensa municipal. Resultante de exaustiva pesquisa documental, realizada em bibliotecas e arquivos, esta obra de referência atualiza e complementa os *Anais da imprensa periódica pernambucana de 1821-1908*, incursão pioneira de Alfredo de Carvalho, o guardião da memória da nossa imprensa no início do século XX.

Não tenho nenhuma dúvida em situar *História Cultural da Imprensa*, magnificamente escrito pela professora Marialva Barbosa, no mesmo patamar ocupado pela vanguarda nacional da História da Mídia. Sua instigante, deliciosa e sedutora História da Imprensa cobre todo o século XX, perfilando como narrativa de fôlego sobre a modernização da nossa mídia impressa. O aparente reducionismo espacial – por estar concentrada no território carioca – ganha elasticidade e densidade, durante o curso da escrita, justamente pela captação da amplitude extraterritorial do objeto pesquisado.

A imprensa carioca extrapola a natureza geopolítica que a poderia atrelar ao estigma paroquial ou provincial, para se tornar a expressão viva da universalidade brasileira. Ela assimila mestiçamente os padrões importados d´além mar. Mais do que isso: processa os modelos aculturados e os difunde para todos os quadrantes da nossa geografia. Esse fluxo perdura até quando a Cidade Maravilhosa catalisa a hegemonia típica das capitais nacionais.

Marialva Barbosa revela, nesta obra, uma impressionante capacidade empática. Comporta-se metodologicamente como historiadora, periodizando a trajetória da imprensa. Mas ao mesmo tempo recorre ao empirismo jornalístico para reconstruir cenários dotados de exuberante simbolismo. Ou para pinçar e projetar personagens singulares que dão sentido aos jogos de cena. Nesse diapasão, constrói uma narrativa brilhante, nutrida pela factualidade subjetiva e sofisticada pela interpretação heterodoxa.

É importante destacar que a autora conquista lugar de destaque na constelação dos historiadores midiáticos brasileiros pela ousadia de romper com os padrões da pesquisa histórica tradicional. Desde sua obra de estreia – *Os donos do Rio: imprensa, poder e público* (Rio, Vício de Leitura, 2000) – ela se engaja na corrente que pensa a história como *epistéme*. Sua ambição intelectual é construir uma narrativa em que o factual e o ficcional se mesclam e se recriam. Trata-se de postura investigativa embasada nos princípios historiográficos defendidos por Agnes Heller: explicitar o implícito; publicizar o secreto; buscar a coerência existente no que tem aparência de incoerente.

Mesmo transgredindo os postulados epistemológicos em que se fundamentam seus predecessores, Marialva não os recusa como fontes irradiadoras de sabedoria utilitária. Ancorada na sutileza da reportagem em profundidade de que se valeu Rizzini para tecer o perfil enigmático de Hipólito da Costa, ela esboça instantâneos elucidativos de Wainer e Chateaubriand. Da mesma forma, ampara-se na sensibilidade literária de Martins para construir descrições apetitosas de ambientes e de conjunturas, eivadas de sabor coloquial. A exemplo de Werneck Sodré, ela sentou praça no quartel da memória nacional, explorando a riqueza das coleções de jornais microfilmados para separar o joio do trigo. Ou seja, para navegar habilidosamente entre a tempestade metafórica dos gêneros informativos e a calmaria metonímica dos gêneros opinativos, vestígios indeléveis das fontes que privilegiou.

Pela primeira vez temos uma História da Imprensa que não se restringe às operações capitalistas dos barões da imprensa, nem às maquinações políticas atribuídas aos governantes que já recorriam às "verbas secretas" para irrigar os "mensalões" tão cobiçados pelos jornalistas venais (empregados e patrões). Além desses vetores alicerçados na Economia e na Política, a autora recorre às variáveis típicas da Etnografia para identificar nuances imperceptíveis nas fontes históricas convencionais. E, desta maneira, monta um quebra-cabeça de peças significativas, recolhidas na ironia da música popular, na sinédoque de filmes melodramáticos ou nas elipses dos romances folhetinescos.

O resultado dessa aventura protagonizada pela repórter travestida de historiadora se expressa nos capítulos fascinantes deste livro de atualidades, em que o passado se revitaliza como se fora memória em movimento. Década após década, o leitor vai acompanhando o ritmo da modernização da sociedade brasileira, cuja imprensa desempenhou o papel de laboratório especular.

As nossas mutações tecnológicas foram testadas, em certo sentido, nos jornais e nas revistas, difundindo-se de forma sutil ou de modo ostensivo pelo conjunto do tecido social. Assim sendo, os agentes jornalísticos se tornavam arautos do porvir desejado, protagonizando feitos sob medida para nutrir a agenda dos futuros historiadores, impelindo-os a se assumirem como exegetas de um passado mítico.

A leitura da narrativa de Marialva Barbosa deixa a sensação de que a História da Imprensa abandona decisivamente a tradição do "nariz de cera" para agir como abre-alas de uma "pirâmide invertida" na Galáxia de Heródoto. Trata-se de rico e fascinante universo simbólico, povoado por "histórias de interesse humano", enriquecido pela sensibilidade dos "colunistas" de plantão, alertado pela argúcia dos "comentaristas" setoriais e continuamente desafiado pela vigilância crítica dos "ombudsmen".

Introdução

A ideia central desse livro é organizar num único volume o material produzido ao longo de mais de uma década de convívio diário com um tema: a história da imprensa no Rio de Janeiro, sobretudo aquela que foi construída no século XX.

Partindo da premissa de que é possível visualizar o passado de diversas maneiras, escolhemos o olhar que procura os indícios e os sinais que chegam ao presente. Assim, em cada um dos capítulos serão utilizadas espécies de vestígios que indicam como o público se relaciona com os meios de comunicação. Esses vestígios mostram também o papel da imprensa na sociedade e a sua própria conformação histórica ao longo de um século.

Ainda que o tema da história da imprensa venha sendo, nos últimos anos, objeto de diversas pesquisas, o livro mais significativo existente no Brasil – uma obra extremamente importante e de referência obrigatória a quem se dedica a estudar a imprensa (estamos citando o clássico livro de Nelson Werneck Sodré, *História da Imprensa no Brasil*) – foi escrito há mais de quarenta anos. São necessárias novas interpretações para explicar o movimento da história na sua relação com a imprensa no país.

Além disso, há que se considerar que os estudos desenvolvidos sobre a questão histórica da imprensa no Brasil são, em grande medida, tributários de uma ideia de história linear, orientada e baseada em grandes feitos, singularidades, particularidades dos grandes personagens. A maioria dos estudos realizados adota uma visão que privilegia a ruptura, produzida por fatos marcantes, na qual a temporalidade linear e a sucessão de acontecimentos dão o tom da narrativa.

Aprofundando um pouco mais esta constatação, pode-se verificar, a partir da análise da bibliografia sobre história da imprensa no Brasil, a existência de cinco grandes grupos de textos. Um primeiro conjunto – o mais significativo em termos numéricos – se caracteriza por acompanhar o aparecimento e o desaparecimento de periódicos numa perspectiva essencialmente factual. Nesse caso, se enquadra também o principal trabalho de síntese de história da imprensa no país, o livro de Nelson Werneck Sodré.

O livro de Nelson Werneck é um trabalho de fôlego. Traz informações detalhadas e preciosas da imprensa brasileira de 1808 até os anos 1960. O autor levou cerca de

30 anos para pesquisar e escrever o texto. Mas o livro não é apenas um imenso registro de quase todos os jornais publicados no território nacional e dos seus fundadores. O autor permeia os dados factuais com comentários críticos e análises subjetivas, sobretudo nos capítulos em que trata do jornalismo que lhe era mais contemporâneo e no qual ele estava mais diretamente comprometido.

Nelson Werneck Sodré foi, sem dúvida, um dos mais importantes historiadores do século XX. A *História da Imprensa no Brasil* é apenas um de seus mais de 50 trabalhos publicados, entre os quais se destacam também *Formação Histórica do Brasil*, *História da Burguesia Brasileira*, *História Militar do Brasil* e *História da Literatura Brasileira*. Influenciou gerações com seus livros e ideias. Propunha uma história engajada, partindo do pressuposto de que elementos do passado podem lançar luz sobre os problemas contemporâneos. Assim, se, por um lado, somos devedores do trabalho pioneiro desse autor, por outro estamos presos aos limites da sua abordagem, ao não superarmos em termos teóricos e metodológicos a sua perspectiva (Barbosa e Ribeiro, 2005).

Um segundo conjunto de textos sobre história da imprensa concentra-se nas modificações e na estrutura interna dos jornais. Em geral, são trabalhos monográficos, dedicados à pesquisa de um único periódico ou de um pequeno grupo deles. O principal problema desse tipo de abordagem é que, na maioria das vezes, não estabelece conexões entre as características descritas e observadas nos periódicos com as transformações históricas e sociais, centrando a análise nas ações individuais dos atores envolvidos. Quando a história aparece, surge apenas como pano de fundo, como conjuntura na qual os personagens se movimentam, e não como uma dimensão constitutiva dos seres e das suas ações.

Um terceiro grupo aborda os jornais – e os meios de comunicação em geral – como portadores de conteúdos políticos e de ideologias. A maior parte desses trabalhos, no entanto, desconsidera as condições de circulação, de recepção e mesmo de produção desses impressos, não levando em conta os limites específicos da historicidade de cada tempo. O quarto grupo é composto por pesquisas que abordam o contexto histórico no qual os periódicos vão se inserindo do seu surgimento à sua evolução e desaparecimento. Esses trabalhos, entretanto, desconsideram a dimensão interna dos meios, assim como a lógica própria do campo, como os aspectos técnicos, discursivos e profissionais. Novamente, na maior parte dos casos, a história aparece meramente como pano de fundo, e a correspondência entre o interno e o externo é trabalhada mais descritivamente do que de maneira explicativa.

Há ainda um quinto grupo de estudos que considera a história como um processo e, sobretudo, a imprensa na sua relação com o social. Ao mesmo tempo, visualiza-a como integrante de um processo comunicacional, no qual ganha importância o conteúdo, o produtor da mensagem e a forma como o leitor entende os sinais emitidos pelos impressos. Procura destacar, também, a dimensão histórica de um mundo pleno de significados, no qual se localizam os meios de comunicação. Portanto, a dimensão interna e externa são contempladas nestas abordagens. Essas pesquisas visualizam a história a partir de um espaço social considerado, interpretando os sinais que chegam até o presente a partir das perguntas subjetivas e do olhar, igualmente subjetivo, que se pode lançar ao passado.

Coerente com essa perspectiva, este livro propõe escrever uma história da imprensa, localizada num espaço social específico – no caso o Rio de Janeiro –, considerando que, ao realizar esta análise, se faz escolhas, nas quais a subjetividade do pesquisador está presente. Neste sentido, não estamos pretendendo dar conta de todas as multiplicidades de aspectos que envolvem a questão histórica na sua relação com os jornais da cidade, durante cem anos. Sequer vamos nos referir a todos os periódicos. Elegeremos aqueles que consideramos os mais relevantes do ponto de vista desta abordagem.

Se por um lado pensamos a história como *epistéme* (conhecimento verdadeiro) que se opõe à *doxa* (simples opinião), é preciso inserir o aspecto ficcional da narrativa histórica. Quando enfatizamos o aspecto ficcional não quer dizer que o passado não tenha se dado: o que está se destacando é a característica de relato de um texto escrito por um narrador do presente, inserido num mundo completamente diverso daquele que está interpretando.

O produto dessa reconstrução será sempre um discurso carregado de significados. Há que se considerar também que cada época está imersa num grau de consciência histórica que foi sendo construído pelos sujeitos que "vivem sua própria história". Se ao construir um texto que lança um determinado olhar sobre o passado estamos tentando produzir conhecimento ou *epistéme*, por outro lado não se pode esquecer que o que se reconstrói são sempre, como diz Heller (1993), os problemas da vida e da consciência cotidianas. O que cada pesquisador faz é tornar explícito o implícito; publicizar o que seria secreto e fornecer uma coerência ao que em princípio poderia ser classificado como incoerente. Tudo isso sem a pretensão de transformar o passado em presente, mas enxergando o passado como vestígio significante que pode chegar ao mundo de hoje (Heller, 1993).

A tarefa da história não é, pois, recuperar o passado tal como ele se deu, mas interpretá-lo. A partir dos sinais que chegam até o presente, cabe tentar compreender a mensagem produzida no passado dentro de suas próprias teias de significação. São esses vestígios, que aparecem como documentos e como ato memorável (no qual está incluída a memória do próprio narrador/pesquisador), que permitem reconstruir a história da imprensa na cidade do Rio de Janeiro nos últimos cem anos.

O que será decifrado, através da interpretação, está sempre localizado no presente. Vendo nesses sinais a possibilidade de conter uma mensagem e atribuindo um valor a eles no presente, produz-se a interpretação indispensável na ação história. Para contar uma história há que existir vestígios, predisposição para ler e a leitura, isto é, a interpretação crítica. A historiografia implica, pois, em leituras de mensagens sobre algo considerado como ausente no nosso aqui agora, a disponibilidade para visualizar nos indícios a mensagem (método) e sua leitura (a crítica). Para a teoria da história é fundamental o que aconteceu, como aconteceu e, sobretudo, por que aconteceu.

Ao atribuir um valor a cada um desses sinais que irrompem o presente, transforma-se o vestígio memorável numa marca documental. Mas isso não quer dizer que esses sinais significantes cheguem até nós sempre sob a forma escrita.

Os vestígios, que informam sobre uma dada história da imprensa na cidade do Rio de Janeiro, podem estar contidos em cenas de filmes de época; materializados numa imagem turva em meio a um emaranhado de cenas; nas histórias que são repetidas oralmente. Podem também estar presentes em textos sem o valor de documento oficial, dispersos sob a forma de sinais variados: textos ficcionais de escritores consagrados ou não; entrevistas de jornalistas, cartas que despretensiosamente escreveram no passado; correspondência que os próprios leitores encaminharam às publicações. Estão nas imagens publicadas ou não, que podem mostrar formas e práticas de leituras, induções de sociabilidades contemporâneas nas fímbrias da relação do público com a mídia. Enfim, estão nas páginas dos jornais, nas suas edições comemorativas, no cotidiano das notícias, nos ecos que o passado produz no presente.

Mas para ler essas mensagens é preciso considerar as múltiplas interpretações de que a história da imprensa já foi objeto, estabelecendo um diálogo com outros autores que procuraram explicações para a transformação dos meios de comunicação impressos ao longo do século XX. Isso significa levar em conta o que já foi realizado. Não é possível produzir qualquer conhecimento sem considerar as conquistas realizadas anteriormente. O conhecimento não é objeto de disputas e sim de partilhas mútuas.

Pensar a mudança como parte do processo, no qual estão envolvidos particularismos, repetições, restos, que o passado legou ao presente, é fundamental na operação historiográfica. Certamente há muitas maneiras de fazer história e diversas formas de se debruçar sobre o passado.

Pode-se acreditar que os fatos do passado ocorreram daquela forma e que fazer história é trazer o passado de volta para o presente. Ou pode-se acreditar que o passado está irremediavelmente perdido nele mesmo e o que fazemos nada mais é do que produzir interpretações. Preferimos acreditar nesta última premissa.

Paul Ricoeur (2001:374-375) lembra com propriedade que a história só nos atinge através das modificações que impõe à memória, pois a primeira relação com o passado se dá através dessa abertura fundamental. Sem memória não há passado e a operação que assegura a transição da memória à história é o testemunho. Através do testemunho as coisas vistas se transferem para o plano das coisas ditas.

Construir história da imprensa é, pois, fazer o mesmo movimento da "escrita da história". É perceber a história como processo complexo, no qual estão engendradas relações sociais, culturais, falas e não ditos. Compete ao historiador perguntar pelos silêncios e identificar no que não foi dito uma razão de natureza muitas vezes política.

Ao produzir uma escrita instaura-se o mundo das coisas contadas. Segundo Harald Weinrich (1973), encontram-se nos tempos verbais os três eixos essenciais da comunicação. Na situação de locução existem dois mundos: o mundo contado e o mundo comentado. Há ainda a perspectiva que produz a defasagem entre o tempo daquilo que ocorreu (o ato) e o tempo do texto. O último eixo essencial da comunicação diz respeito ao relevo que é dado ao texto: é através da narrativa que serão destacados certos contornos, rejeitando-se outros para pano de fundo.

Ao relatar um acontecimento, ao produzir uma interpretação a história também instaura, tal como faz o texto ficcional, o mundo das coisas contadas. E esse mundo é estranho tanto a quem produz a narrativa como a quem ela se destina. A perspectiva de locução marca na narrativa, através do emprego dos tempos verbais, a diferença entre o tempo do ato e o tempo do texto (o tempo contado).

A descrição, por outro lado, faz com que o passado se prolongue. Comentando os fatos ocorridos no passado, vislumbrando a ação humana existente neste passado, prolonga-se o passado no presente.

O texto que será produzido – como qualquer narrativa que recupera um tempo que foi vivenciado por outros sujeitos sociais – instaura o tempo das coisas contadas. E será o narrador que irá selecionar de um conjunto de acidentes uma história completa e una, tecendo uma intriga, se quisermos empregar a expressão de Paul Ricoeur (1994).

Outro aspecto que gostaríamos de enfatizar nesta proposição diz respeito à questão das generalizações. Particularizar é um dos princípios orientadores da teoria da história. Ao proceder uma interpretação, não se pode generalizar as conclusões para todos os contextos, já que cada espaço social possui uma conformidade histórica, uma trajetória particular.

A produção da interpretação está, pois, intimamente relacionada à conformação de um espaço social. Pensar historicamente pressupõe contextualizar os espaços sociais numa cadeia de fatos, eventos, ocorrências, costumes, instituições que se conformam como um fluxo (antes e depois). Essa é uma das razões para a delimitação da história que estamos propondo, ou seja, considerando como espaço privilegiado o Rio de Janeiro.

Ao escolhermos com período de análise o século XX, procurando percorrer nuanças de cem anos no cenário social da cidade, não estamos desvalorizando os processos ocorridos desde que se implantou a imprensa na cidade, em 1808. Procuramos como aspecto centralizador a questão tecnológica que irrompe o século XX e termina este mesmo século dando o tom das mutações no cenário do jornalismo impresso. Por outro lado, ao escolhermos esses cem anos tomamos como relevância o fato de ter sido nesse período que se deram as mais bruscas transformações no jornalismo diário. Muitos dos valores, premissas, construções imaginárias que ainda hoje frequentam o mundo do jornalismo foram construídos exatamente ao longo do século XX.

Até a virada do século XIX para o XX, os jornais diários do Rio de Janeiro passaram por múltiplas configurações. Tendo sua implantação sob os auspícios da Coroa Portuguesa – o primeiro jornal impresso na cidade é exatamente a *Gazeta do Rio de Janeiro*, publicado, a partir de 1808, pela Impressão Régia que aqui aportou junto com D. João VI, ao se transferir com a Família Real fugindo da Europa durante o período napoleônico – a imprensa, durante a Colônia, divide-se entre oficial e "oficiosa". Esse jornalismo oficioso também reproduz a fala oficial para se beneficiar das cercanias do poder.

Somente com a fundação da *Aurora Fluminense*, por Evaristo da Veiga, e *do Jornal do Commercio*, por Pierre Planchet Seignot, em 1827, é que muda um pouco este cenário, já que esses jornais passam a ter na construção de um discurso de cunho político a base de sua produção editorial. Apesar disso, a imprensa da cidade continua a ser ou oficial ou oficiosa.

Apenas na década de 1870 há uma mudança mais radical, com a ampliação dos debates e das polêmicas em torno da questão republicana e abolicionista. Afinal, é desta década a fundação do Partido Republicano e o início sistemático das discussões em torno dessa ideia no país.

A década de 1880 encontra palco adequado para os grandes debates. A política ganha as ruas, em agitações populares, que conduz também para as vias públicas as questões do momento.

No cenário de uma cidade que vive uma nova cultura política, a imprensa passa a ampliar essas discussões, construindo ideias dominantes num jornalismo de viés exclusivamente opinativo. É nessa conjuntura que se instaura a imprensa abolicionista.

No início, são muitas as adversidades para o desenvolvimento dessa imprensa. Já na primeira metade do século XIX, no Rio de Janeiro, circulam alguns pasquins criticando a escravidão, os preconceitos raciais e o tráfico negreiro, embora tenham alcance limitado e tiragem em torno de 400 ou 500 exemplares. Basicamente, esses pequenos jornais atingem os grupos urbanos insatisfeitos com o governo, em especial durante o período da Regência. Não há ainda um movimento organizado antiescravista.

Antes da década de 1880, os antiescravistas não têm acesso aos jornais de maior prestígio, já que estes adotam posição cautelosa em relação à emancipação, devido principalmente à dependência dos anunciantes, muitos deles senhores de escravos. A crise do escravismo e a ampliação dos grupos sociais urbanos, contrários ao cativeiro, permitem a ampliação do espaço nos periódicos para as ideias abolicionistas.

Há que se perceber também o papel da imprensa como instituição de controle social, servindo à própria estrutura de poder e agindo como veículo de manutenção da ordem vigente.

Nesse universo, dominando pelo *Jornal do Commercio*, e por outras pequenas publicações, como *O Mosquito*, de Ângelo Agostini, *A Reforma*, *Vida Fluminense*, outras em línguas estrangeiras como o *Courrier du Brésil*, apenas para citar alguns, destacam-se os jornais que se colocam contra a escravidão: a *Gazeta de Notícias*, fundada em 1875, por Ferreira de Araújo; a *Gazeta da Tarde* e *Cidade do Rio*, ambos criados por José do Patrocínio.

A questão abolicionista, portanto, ocupa com mais intensidade espaço nos jornais de Patrocínio. Ao deixar a *Gazeta de Notícias*, em 1881, funda a *Gazeta da Tarde*, que tem, de fato, posicionamento mais evidente na luta contra a escravidão. Seis anos mais tarde, em 1887, vende sua parte no jornal e cria a *Cidade do Rio*, que será, sem dúvida, o principal jornal abolicionista da cidade.

As notícias editadas por esses jornais contribuem para disseminar ideias antiescravistas entre diversos segmentos da população, seja através de suas leituras, seja pelas manifestações públicas que promovem. Com isso, atraem também pessoas que não têm acesso às suas matérias, incluindo-se aí os analfabetos.

Conscientes de que estão inseridos num processo histórico de grande repercussão para o futuro do país, os abolicionistas desempenham, através desses jornais, uma luta sem tréguas contra o trabalho compulsório.

Através de manifestações públicas que promovem, ampliando o universo do debate inicialmente veiculado por aquelas páginas, essa imprensa contribui para a formação de uma verdadeira cidade política que emerge na cena urbana do Rio de Janeiro no final dos anos 1880. O tema da abolição não é exclusividade dos líderes do movimento: discute-se o cativeiro nas ruas, toma-se posição contra ou a favor, participa-se (Fernandes, 1991).

Todo esse universo do século XIX – igualmente importante do ponto de vista da história da imprensa – está ausente desse livro por uma questão de escolha. O nosso foco recai sobre a imprensa da cidade do Rio de Janeiro no século XX. Mas, evidentemente, muitos dos aspectos relativos à imprensa do século XX, que abordaremos nos capítulos que se seguem, dialogam de forma implícita ou explícita com o cenário da imprensa do século XIX[1].

Dividimos esse percurso em nove capítulos: cada um enfocando uma década. O primeiro analisa as tecnologias que entram em cena e mudam o cotidiano da cidade na alvorada do século. As transformações dos jornais diários numa cidade também em mudança dão a senha para o ingresso em um mundo marcado por mutações de natureza tecnológica.

O segundo capítulo trata das tragédias e sensações que invadem a cidade nos anos 1920. Essas notícias sensacionais, como se qualifica na época, estão sobretudo em dois jornais que dedicam todo o seu conteúdo a essas narrativas que mesclam a temática do dia-a-dia dos leitores com uma estética melodramática: *A Manhã* e *Crítica*. São esses dois jornais, focalizados pelos farrapos de lembranças, que também emergem das crônicas de Nelson Rodrigues, que são analisados, como uma espécie de síntese desse universo que tanto sucesso faz junto aos leitores da cidade.

As memórias dos jornalistas servem de pano de fundo para introduzir a discussão da formação dos primeiros conglomerados de imprensa nos anos 1920. O período que antecede a era Vargas é também marcado pelo sucesso do vespertino *A Noite* e pela construção de um passado mítico que revela algumas das caracterizações da identidade jornalística, cujos resquícios podem ser encontrados ainda hoje nos discursos dos homens de imprensa.

A questão do Estado é o foco da análise do capítulo IV, que trata das relações ambíguas da imprensa com a sociedade política no período do Estado Novo. A construção do público como massa, sobretudo a partir do pensamento conservador brasileiro, é particularizada neste capítulo, assim como as agências e agentes do Estado, fundamentais para o projeto dos anos 1930/1940. A questão da censura à imprensa e dos aparelhos repressores do período – sobretudo o Departamento de Imprensa e Propaganda (DIP) – complementa a análise.

Terminando a primeira parte do livro, a literatura surge como vestígio do tempo. Os cinquenta primeiros anos do século XX aparecem nas descrições literárias de diversos autores que deixaram – sob a forma de vestígio – nos seus romances, contos e crônicas informações preciosas sobre as relações da imprensa com o público e do público com os meios de comunicação na cidade do Rio de Janeiro. Da pena dos

---

[1] Para melhor compreensão da imprensa do século XIX, cf. os estudos de Marcos Morel, Lúcia Maria Paschoal Guimarães e Humberto Machado, entre outros. Para referências completas, cf. Bibliografia.

literatos, surgem as redações, a emissora rádio ficcional que existia na Casa de Detenção, durante o Estado Novo, a partilha dos jornais nos bancos das praças do Rio de Janeiro, entre dezenas de outras descrições que revelam aspectos de uma imprensa que existe também como figuração literária.

A segunda parte começa enfocando os anos 1950, período que passa à história do jornalismo carioca como sendo o de sua maior modernização. Através dos depoimentos dos jornalistas que participam desse processo, mostramos que esta modernização é uma construção discursiva dos homens de imprensa numa luta permanente pelo direito de significar. Em lutas por representação.

Os filmes em preto-e-branco nacionais, produzidos pelos estúdios Atlântida, dão a senha para a entrada de um novo personagem na cena midiática nos anos 1960: a televisão. Essa é a forma como introduzimos a discussão do cenário da imprensa durante a ditadura militar. Também faz parte da análise uma discussão sobre a censura no período autoritário inaugurado com o Golpe de 1964.

Os dois últimos capítulos colocam em destaque múltiplos cenários nos trinta anos finais do século XX. Se na década de 1970, os atores são a crise da imprensa e o processo de concentração – que leva ao desaparecimento de inúmeros periódicos e a supremacia de *O Globo* e do jornalismo popular de *O Dia* –, nos anos 1980 novos cenários introduzem um verdadeiro calidoscópio de mudanças que marcam as transformações da imprensa.

Escolhemos três cenários para finalizar este livro: o jornalismo econômico, o jornalismo investigativo e as configurações narrativas do jornal *O Globo* nos anos 2000. Esses temas foram pesquisados por alunos que produzem, ao falar de questões contemporâneas, vestígios de uma dada história da imprensa. Ao escolhê-los prestamos também uma homenagem a todos aqueles que se dedicam ao estudo dessa história – mesmo que seja a do tempo presente –, mostrando que o conhecimento só é válido quando carrega em si mesmo a ideia de tributo. Tributo aos que estudaram no passado, percorrendo um caminho que continuamos trilhando, e tributo ao futuro, aos jovens que certamente continuarão caminhos que deixamos inconclusos.

1ª PARTE

1. Tecnologias do novo século (1900-1910)

> "O mês de dezembro de 1899 decorreu, na verdade, na esfera em que eu passava a exercer a minha atividade, festivo e animado. Os telegramas do Rio de Janeiro, que os jornais maranhenses publicavam, anunciavam grandes demonstrações de regozijo por toda parte. O 'século das luzes' ia apagar-se, legando ao que lhe vinha suceder uma infinidade de conquistas que o anterior jamais imaginara. Que espantos, que prodígios, traria no seu mistério o século que ia surgir? Que nome lhe devia dar, no nascedouro?" (Humberto de Campos, 1954)

O texto do livro *Memórias*, de Humberto de Campos, escrito na virada do século XIX para o século XX, possui marcas indiciais que revelam alguns aspectos fundamentais para a construção de uma história da imprensa a partir dos vestígios e que começa exatamente na cidade do Rio de Janeiro na alvorada do século XX.

No seu texto, Campos faz referência a um mundo que se torna mais compactado, mais próximo e publicizado a partir de uma nova máquina que transforma também as publicações diárias: o telégrafo. Graças a sua implantação nos periódicos mais importantes da cidade do Rio de Janeiro, a partir de 1874, é possível noticiar fatos do mundo ocorridos ontem e transportar até províncias longínquas como o Maranhão notícias do fim do "século das luzes" na capital da recém-criada República. Muito do espanto a que Humberto de Campos se refere certamente diz respeito aos aparelhos tecnológicos que invadem a cidade. E o telégrafo é apenas um dos artefatos do progresso que se disseminam no país e com mais intensidade na capital da República.

O cinematógrafo, o fonógrafo, o gramofone, os daguereótipos, a linotipo, as Marinonis são algumas das tecnologias que invadem a cena urbana e o imaginário social na virada do século XIX para o XX, introduzindo amplas transformações no cenário urbano e nos periódicos que circulam na cidade.

A entrada em cena desses modernos aparelhos tecnológicos produz alteração significativa no comportamento e na percepção dos que passam a conviver quotidianamente com eles. E nos periódicos multiplicam-se as descrições estupefatas com as transformações que a tecnológica coloca em cena.

"No salão da Rua do Ouvidor, nº 131, inaugurou-se anteontem o kinetoscópio, a última invenção de Edison, que é, como todas as do estudioso e fecundo inventor, maravilhosa. Vimos uma briga de galos com todas as suas peripécias, os aplausos e gestos de entusiasmo dos espectadores. Depois vimos a dança serpentina corretamente dançada e por fim uma curiosa briga numa taverna". (*Jornal do Brasil*, 9 dezembro 1894. *Apud* Sussekind, 1987:39)

O novo invento que permite a visão de imagens em movimento é também anunciado como "uma das maravilhas deste fim de século". Dois anos mais tarde, em 21 de junho de 1896, o *Jornal do Commercio* descreve com detalhes uma outra invenção: o cinematógrafo. Na avaliação do periódico, este é em muito superior ao aparelho de Edison. Se o kinetoscópio possibilita a visão de cenas de forma individual, o cinematógrafo permite a apresentação de figuras em tamanho natural e que podem ser vistas de forma partilhada pelo público.

"Todos nós vimos o kinetoscópio de Edison, o qual reproduz o movimento por meio da passagem rápida, em frente à retina, de uma série de fotografias instantâneas. Mas no kinetoscópio as figuras eram pequeninas e só uma pessoa de cada vez podia apreciá-lo. O cinematographo, inventado pelos irmãos Lumière, apresenta-nos as figuras em tamanho natural, podendo ser vistas por um número qualquer de espectadores". (*Jornal do Commercio*, 21 de junho de 1896, p. 3)

Também os periódicos mais importantes da cidade implantam outros artefatos tecnológicos que mudam significativamente a maneira como se produzem jornais: máquinas linotipos capazes de substituir o trabalho de até 12 das antigas composições manuais; máquinas de imprimir capazes de "vomitar" de 10 a 20 mil exemplares por hora; máquinas de fotografar capazes de reproduzir em imagens o que antes apenas podia ser descrito; métodos fotoquímicos que permitem a publicação de clichês em cores. Os periódicos transformam gradativamente seus modos de produção e o discurso com que se autorreferenciam. Passam a ser cada vez mais ícones de modernidade, numa cidade que quer ser símbolo de um novo tempo.

O Rio de Janeiro abre o século XX modernizando seu centro urbano. No caos da cidade, a iluminação elétrica, a adoção da tração elétrica nos bondes e a circulação dos primeiros automóveis nas ruas causam sensação e dão o tom da modernização, símbolo do novo século.

As tecnologias capazes de fornecer uma dimensão à concepção temporal e espacial são decisivas na conformação do novo mundo simbólico que emerge naquele final de século. O mundo se torna próximo e visível. As descrições e a possibilidade de ver em imagens lugares longínquos e figuras exóticas mudam gradativamente a percepção de um outro, agora visível, e antes apenas imaginado. A possibilidade de saber o que se passa no mundo em poucas horas constrói gradativamente nova espacialização. O mundo se torna mais compacto. A temporalidade ganha nova dimensão.

Os periódicos, sobretudo aqueles que querem consolidar sua força junto ao público e, consequentemente, sua força política, devem implantar de maneira compulsória novos artefatos tecnológicos, permitindo maior tiragem, maior qualidade e rapidez na impressão. É preciso também diminuir as distâncias entre o acontecimento e o público.

Rapidez é a palavra de ordem...

"Desde ontem o Jornal do Brasil conta com uma Marinoni dupla, podendo tirar 4, 6 ou 8 páginas de modo que assim conseguiremos satisfazer as exigências da nossa extraordinária tiragem, pondo a trabalhar simultaneamente quatro máquinas singelas de quatro páginas, cada uma, ou duas máquinas duplas para 6 ou 8 páginas. O serviço telegráfico aumentou (...) uma expedição biquotidiana para dois sistemas intermediários. Especialmente cuidamos de melhorar as fontes de informação esperando que o Jornal do Brasil não deixe de verificar nelas <u>com a maior rapidez</u>, completando até a última hora as recebidas, tudo quanto possa interessar a legião dos nossos amigos leitores". (*Jornal do Brasil*, 1 janeiro de 1901, p. 1. Grifos nossos)

No texto publicado pelo *Jornal do Brasil* no primeiro dia do ano de 1901, fica evidente a importância que as novas tecnologias têm no dia-a-dia das publicações. As rotativas Marinonis possibilitam o aumento da tiragem que naquele ano chega à extraordinária cifra de 60 mil exemplares. Por outro lado, o telégrafo permite a atualização constante – e com rapidez – das notícias recebidas de última hora. Não é mais possível apenas anunciar o que se passa no mundo, mas é preciso informar com rapidez. Os jornais constroem um tempo cada vez mais comprimido.

"O cabo submarino transformou tudo isso. Quando o público pode todas as manhãs saber que houve na véspera um terremoto nos antípodas, mandou ao diabo o jornalista político e o crítico dogmático, quis saber com minúcias o que se passava na própria terra. A função de repórter cresceu de importância: tudo então concentrou-se nele. Uma notícia abala mais o governo do que 30 artigos e 30 artigos não dão ao jornal a tiragem que uma notícia proporciona. Também, a consequência disso é que já não há jornalistas: todos nós somos, mas ou menos, repórteres e é dos sucessos da reportagem que mais nos orgulhamos..." (*Idem, ibidem*)

Constrói-se, pois, paulatinamente, a imagem do jornalismo como conformador da realidade e da atualidade. As tecnologias são fundamentais para a construção do jornalismo como lugar da informação neutra e atual. Se o telégrafo torna os acontecimentos visíveis, há que informar fatos que ocorrem próximos ao público. A opinião é, assim, gradativamente separada de uma ideia de informação isenta e, neste processo, os novos artefatos tecnológicos desempenham papel fundamental.

Temporalidade ou a inscrição das atividades humanas na duração é a forma como os homens apreendem e dão significado ao tempo. O presente ou o passado ganham múltiplas significações em função da qualificação que lhe atribuímos. Para diferentes indivíduos, em condições diversas, os dias, as horas e os minutos, metricamente idênticos, não são iguais uns aos outros. O presente é composto de intervalos heterogêneos e incorpora variáveis cuja extensão depende da complexidade dos acontecimentos percebidos. O presente apreendido por cada indivíduo e guardado na memória revela, pois, um tempo de natureza qualitativa (Pomian, 1984).

Para os periódicos daquele longínquo 1901, o mundo – onde se multiplicam as tecnologias na esteira do desenvolvimento da energia elétrica – que se transfigura deve ser narrado como um calidoscópio de imagens múltiplas e que se sucedem sem parar. O sentido dos acontecimentos sempre aponta para o futuro que se instaura permanentemente, capitaneado pelas novas tecnologias que mudam a paisagem sensorial.

"Nesta cidade, na Rua do Ouvidor, 135, estará em exibição *A machina que falla*, última invenção, a mais perfeita do célebre Edison. Boa oportunidade para se conhecer um dos inventos mais estranhos e surpreendentes. Esta máquina não só reproduz a voz humana, senão também toda a classe de sons, como canções, óperas, músicas militares." (Tinhorão, 1981:18)

Enlevados pela tecnologia que transforma o cotidiano e as sensações, os jornais não cessam de anunciar em tom sempre apologético novos aparelhos que revolucionam a apreensão do mundo e instauram múltiplas percepções temporais. A máquina que reproduz os sons também é capaz de guardá-los num novo tipo de suporte memorável.

Nas publicações diárias, o passado é frequentemente obliterado. Têm-se olhos apenas para um futuro inaugurado com a inclusão do país num novo tempo: a República. Apaga-se quotidianamente o passado filiado obrigatoriamente à origem colonial, a um momento histórico que se quer esquecido. Paralelamente, cada diário do Rio de Janeiro não cansa de repetir a sua própria história nas edições comemorativas que evocam a missão primordial do jornalismo: ser os olhos e ouvidos da sociedade.

O sentido de tempo fornece qualificações múltiplas ao passado. Gerações que se compõem de maneira desigual e heterogênea se organizam em torno de acontecimentos e personagens memoráveis. Gestos, falas, fatos são evocados como relíquias ressuscitadas em festas particulares que instauram um sentido particular para um passado reinventado.

Se, por um lado, esses eventos marcos possibilitam trazer de volta o passado, o futuro, ao contrário, é sempre objeto de projetos, antecipações, esperas, esperanças. Antevisto, se constitui numa espécie de componente do próprio presente. Afinal as atividades de hoje só serão objetos de plena realização amanhã.

O início do ano e os seus aniversários são os momentos escolhidos pelos jornais diários mais importantes da cidade para informar sobre as maravilhosas tecnologias que os inserem compulsoriamente na modernidade. As novas máquinas tornam não apenas o tempo mais curto, mas os lugares mais próximos:

> "Os nossos leitores ficarão assim a par de todo o movimento das grandes capitais e conhecedores das modificações que se dão na política internacional. Além desse melhoramento, o material tipográfico será completamente transformado a fim de que o Correio da Manhã em todos os pontos corresponda às exigências de um jornal moderno, também cuidando de sua parte estética".
> (*Correio da Manhã*, 2 janeiro de 1902, p. 1)

Dessa forma, o *Correio da Manhã* anuncia a implantação do serviço telegráfico na redação, acompanhando o que já ocorrera anteriormente em outros diários da cidade. O *Jornal do Commercio*, desde 1º de agosto de 1877, publicava os serviços da Agência Havas, que instalara seu escritório no Rio de Janeiro três anos antes.

Os periódicos procuram, assim, na esteira de um novo tempo, no qual a marca mais incisiva é a sua relação com as novas tecnologias que informam sobre a inclusão do país num lugar cuja valoração é positiva, tornar pública e visível a existência em seu cotidiano dos artefatos do progresso. Um tempo que aponta sempre para um futuro. Nesse sentido, a temporalidade espelhada quotidianamente por esses periódicos reproduz a linearidade da vida de cada indivíduo. O tempo social do Rio de Janeiro na virada do século configura-se como linear e orientado. No futuro, a redenção. No passado, o esquecimento.

Ainda que tenhamos consciência que o grau de subordinação do presente ao futuro varia de acordo com os grupos sociais, a idade, o nível cultural, a vida de cada indivíduo é voltada para o futuro cuja fronteira é traçada além da morte.

Dependentes dos estados afetivos, passado, presente e futuro são a rigor intervalos desiguais. O tempo psicológico é, pois, sempre de natureza qualitativa, irreversível e finito. Não há possibilidade de vivê-lo que não no período compreendido entre o nascimento e a morte, em períodos que invariavelmente se sucedem. Se, do ponto de vista pessoal, esses instantes são marcados pela ideia de sucessão, também do ponto de vista coletivo a ordem legítima é aquela que se estabelece como contínua. E no caso do Rio de Janeiro do início do século, o futuro é sempre alvo de projetos redentores, que deveriam ser gerados num presente que, esquecendo o passado, instaura um novo tempo. Um tempo marcado pela ideia de progresso, em cujo cerne repousa também a questão tecnológica.

"Maravilhosa invenção"

> "Vi no Times (...) de 23 ou 31 passado, algumas linhas sobre a abertura de uma subscrição para lançar em Londres, uma nova machina de compor o "Lynotype". Mandei vir de Londres o que há a este respeito e recebi hontem uma papelada e uma brochura que há algumas explicações sobre esta maravilhosa invenção. Vi tudo e estou com a cabeça tonta, tal é a minha admiração". (Carta de Francisco Picot a José Carlos Rodrigues. 4 agosto de 1889. Grifos nossos)

A tecnologia que causa admiração, deixando-o de "cabeça tonta", a que o diretor presidente do *Jornal do Commercio* se refere em carta dirigida ao futuro diretor de redação do periódico – José Carlos Rodrigues – traz mudanças extraordinárias na forma de fazer jornal e no cotidiano dos profissionais de imprensa. Em vez da composição em caixas, em que cada letra forma palavras, que por sua vez, compõem linhas, num trabalho manual extremamente especializado, agora é possível, com a invenção do novo artefato tecnológico, produzir linhas inteiras a partir do simples acionamento de um teclado alfanumérico.

A possibilidade de compor o texto nas linotipos – que são introduzidas nos jornais cariocas a partir de 1892, ou seja, apenas três anos depois que Francisco Picot tomara conhecimento da novidade – traz profundas alterações também no cotidiano profissional dos antigos compositores tipógrafos, que são gradativamente substituídos pelo novo profissional gráfico: o linotipista.

Mas a alteração não se dá apenas nas oficinas. A possibilidade de compor com mais rapidez o texto permite, por exemplo, a ampliação do número de páginas dos jornais. Mas talvez a mudança mais drástica tenha sido a possibilidade de se atualizar as informações num prazo temporal mais curto.

> "a linotipo permitiu à redação e ao noticiário, margem ampla para um trabalho completo, fazendo com que o serviço de informações possa abran-

ger os acontecimentos ocorridos a horas adiantadas da noite. No regime de composição manual só por exceção a folha era paginada depois de 2 horas da madrugada; ao contrário, normalmente devia estar pronta a 1 hora. Fora disso, era comprometer a expedição. Hoje, com a celeridade do trabalho mecânico, a folha opera normalmente a sua reportagem, quer da cidade, quer telegráfica até cerca de 3 horas, podendo ser paginada, em casos extraordinários, mesmo às 4 horas da manhã". (*O Paiz*, 1 outubro de 1910, p. 1)

A tecnologia da linotipo ao lado das modernas máquinas a vapor, que invadem as publicações da cidade na alvorada do século XX, traz na sua essência a ideia de rapidez. O tempo cotidiano parece estar voltado para um projeto de futuro que é construído no próprio presente. Rapidez é mais do que uma palavra de ordem: dá sentido a uma ideia de tempo que se espraia pela sociedade.

> "O trabalho das oficinas nesse dia foi extraordinário: enquanto uma das máquinas rotativas, a São Paulo, imprimia a folha dupla da Gazeta, a outra, a Camões, imprimia a folha especial. A tiragem total das três folhas foi de perto de 120 mil exemplares, cuja edição esgotou-se inteiramente. (...) A tiragem de 10 de junho foi a primeira que justificou, mesmo aos olhos mais severos, a extrema previdência de que usamos, montando uma máquina que pode ser necessária para tiragens superiores a 40 mil exemplares. Todas as vezes que o público o reclamar, estamos habilitados a fornecer-lhe em poucas horas um número de exemplares que nenhuma outra tipografia da capital e do império <u>pode tão rapidamente imprimir</u>". (*Gazeta de Notícias*, 11 e 12 de junho de 1880, p. 2. Grifos nossos)

Mas a adoção da nova tecnologia de impressão não é a única inovação introduzida pelo jornal fundado por Ferreira de Araújo, Henrique Chaves, Manoel Carneiro e Elísio Mendes em 1875. Também a *Gazeta* é responsável pela inauguração na cidade de uma nova forma de fazer jornais: "jornal barato, popular, fácil de fazer". Para isso passa a empregar "os escritores mais estimados do tempo, que dando a sua colaboração à Gazeta a tornaram querida em todo o país" (Veríssimo, s/d: 72). Além disso, o periódico inicia o sistema de venda avulsa, através de pequenos jornaleiros, que passam a gritar por todos os cantos os nomes dos principais diários da cidade.

Jornal barato e popular, desde os anos 1880, a *Gazeta* custa, quando do seu aparecimento em 2 de agosto de 1875, 40 réis[2] o número avulso e tem como principal característica o destaque que dá à literatura, de maneira geral, e aos folhetins particu-

---

[2] Em 1875, 40 réis era quanto se pagava pela passagem de bonde mais barata da cidade.

larmente. Nesse jornal, Machado de Assis escreve os seus "Bons Dias e Boas Noites", desde 1882. Publica também crônicas de Olavo Bilac e de Arthur Azevedo. Entre seus colaboradores figuram Raul Pompeia, Silva Jardim e Adolfo Caminha, com as "Cartas Literárias".

Antes do seu lançamento, num prospecto de propaganda que anuncia o novo periódico, destacam o peso que a literatura teria em suas páginas.

> "Além de um folhetim romance a Gazeta de Notícias todos os dias dará um folhetim da atualidade. Arte, literatura, teatros, modas, acontecimentos notáveis, de tudo a Gazeta de Notícias se propõe a trazer ao corrente os seus leitores. A Gazeta de Notícias fornecerá aos seus assinantes informações comerciais, que mais possam interessar-lhes, procurando assim merecer a sua benevolência e distinção". (*Gazeta de Notícias*. Prospecto, s/d)

Bilac, Guimarães Passos, Coelho Neto, Pedro Rabelo e Emílio de Menezes são os seus principais colaboradores. Bilac escreve crônicas aos domingos. Pedro Rabelo inaugura, em 1900, a seção humorística "Casa de Doidos", Guimarães Passos redige sueltos[3], enquanto Coelho Neto publica folhetins e Emílio de Menezes prosa e versos. Os artigos de fundo sobre economia são de autoria de João Lopes Chaves e João do Rio é, sem dúvida, o seu mais popular repórter[4]. Com escritório na Rua do Ouvidor, 70, a *Gazeta* tem sua oficina tipográfica à Rua Sete de Setembro, 72 e é vendida "por toda a cidade, nos quiosques, nas pontes das barcas, nas estações de bondes e em todas as estações da Estrada de Ferro D. Pedro II". (*Gazeta de Notícias*. Prospecto, s/d)

O uso de ilustrações, desenhos a bico-de-pena, é comum desde os primeiros números. Além de ilustrarem o folhetim, as notícias também podem ser destacadas com a utilização desses desenhos, que reproduzem ora o retrato do personagem enfocado, ora as construções, embarcações ou outro tipo de objeto a que a nota se referia.

Anunciando ainda no primeiro ano de publicação uma tiragem de 12 mil exemplares, cinco anos depois dobra esse número e adota diversas estratégias promocionais no sentido de conquistar novos assinantes. "Para compensar o incômodo de virem ao nosso escritório daremos aos nossos assinantes prêmios. Entre esses prêmios está o Almanaque que mandamos fazer para este fim". (*Gazeta de Notícias*, 7 janeiro de 1880, p. 1)

---

[3] Chama-se suelto o pequeno texto opinativo, mas com característica jocosa e humorística, publicado pelos jornais brasileiros desde o início do século.

[4] João do Rio trabalhou durante onze anos na *Gazeta*, chegando a ser seu redator chefe em 1913. Em 1915 abandona o jornal, na época de propriedade de Oliveira Rocha, e vai para *O Paiz*.

As inovações tecnológicas – incluindo a utilização das modernas rotativas – permitem o aumento sucessivo da sua tiragem. Em abril de 1880, anunciam a tiragem de 24 mil exemplares.

"Julgamos conveniente consignar a tiragem a que se eleva atualmente nossa folha, de 24 mil exemplares. O interesse que desperta a atual seção do parlamento, bem como a expectativa do procedimento do novo ministro, influenciam, é certo, sobre a tiragem, mas porque não podemos prever o que será estável, consignamos o algarismo a que se elevou nestes últimos meses". (*Gazeta de Notícias*, 23 abril de 1880, p. 1)

Essas novas seções que despertam o interesse dos leitores, a que se refere o jornal, são o "Boletim Parlamentar" e o "Diário das Câmaras", que, quando deixam de ser publicadas, são substituídas pelos "Assuntos do Dia". Agora, o jornal edita dois folhetins literários: um na primeira página e outro na 3.

Definindo-se, desde o primeiro número, como um jornal jovem, a *Gazeta de Notícias* apregoa também a sua própria liberdade.

"Um jornal nasce com a idade do espírito de seus redatores. Idade do espírito, digo, porque embora seja tão íntima a ligação entre a matéria e o espírito, que alguns fazem depender este daquele, há homens cuja alma se amolda às rugas do corpo, como há moços cujo espírito envelhece prematuramente. A Gazeta de Notícias tem vinte e... tantos anos". (*Gazeta de Notícias*, 2 agosto de 1875, p. 1)

O ideal de modernidade da *Gazeta de Notícias* faz com que todas as inovações editoriais introduzidas, dentre as quais se destaca a valorização dos textos literários, sejam apresentadas como necessidade para continuar sendo jovem e moderna. A mesma modernidade levava a *Gazeta*, sem se esquecer dos preceitos literários de que é a principal divulgadora, a produzir um texto cada vez mais simples, leve, ao gosto de um público mais vasto.

Por outro lado, na ponta extrema da formação dessa autoidentidade, referenda sempre a sua independência diante de grupos e facções políticas, o que possibilita a mais absoluta liberdade. Na prática, entretanto, nem essa liberdade existe, como também não há essa independência.

A prosperidade leva a outras modificações de natureza técnica. Para conseguir elevar a sua tiragem, é necessário importar uma nova máquina rotativa, até então desconhecida pelos periódicos da cidade. Em 10 de junho de 1880, anuncia a inauguração da máquina rotativa de Marinoni, capaz de imprimir 20 mil exemplares por hora, a quem deram o nome de "Camões", em alusão à comemoração dos 300 anos do poeta português.

No mesmo jornal, reproduzem um desenho da máquina, tomando para si o papel de divulgadores da nova tecnologia, ao mesmo tempo em que justificam a ousadia, tendo em vista o crescente aumento da tiragem e a expectativa de ultrapassar a marca de 40 mil exemplares.

Essa expectativa, entretanto, só se cumpriria nos primeiros anos do século XX. Na década de 1890, cinco anos depois do início do funcionamento da nova máquina, o jornal ainda divulga uma tiragem de 35 mil exemplares. O número avulso permanece a 40 réis e a assinatura de seis meses é de 6$000 e a anual 12$000, sendo o jornal mais barato da cidade[5].

A partir de 1900, uma série de inovações redacionais passa a fazer parte do periódico. A de maior sucesso de público é a introdução da coluna Binóculo, uma espécie de crônica da sociedade, escrita por Figueredo Pimentel e que se transforma, no dizer dos cronistas da época, na "bíblia das elegâncias da terra".

> "Não há quem o não leia. A elite devora-o. É nesse plano de prosa que o Dr. Ataulfo de Paiva vai aprender a melhor maneira de colocar a cartola na cabeça; onde o Sr. Humberto Gottuzzo toma conhecimento da cor da moda para as suas gravatas e onde os smarts urbanos e suburbanos aprendem, a propósito de elegância e de chic, coisas edificantes." (Edmundo, 1957:955-956)

Graficamente o jornal também muda. É impresso em oito colunas e utiliza invariavelmente ilustrações e caricaturas na sua primeira página. O número avulso custa 100 réis. E em primeiro de janeiro já anunciam a sua nova tiragem: 40 mil exemplares.

As transformações não param aí. Em 1907, importam da Alemanha uma máquina capaz de imprimir até cinco cores, publicando o primeiro clichê a cores. A partir de então o feitio pesado do jornal muda. Aos domingos edita um suplemento literário, com desenhos coloridos e fotografias ilustrando um texto em que figura sempre o "Cinematógrafo", comentários dos dias da semana, algumas poesias, um conto e artigos.

A prosperidade do periódico, ao contrário do *Correio da Manhã* e do *Jornal do Brasil,* deve-se menos a sua venda avulsa do que aos vultosos contratos firmados com os órgãos municipais para a publicação dos atos oficiais da Prefeitura. Em abril de 1901, por exemplo, assina contrato com a Diretoria Geral de Interior e Estatística, substituindo nesse serviço o *Jornal do Commercio* que publica esses atos desde 1890. Oito anos depois a Prefeitura paga 380$000 por quatro editais sobre a proibição de queimar fogos de artifícios nas ruas. (Publicações. Códices 45-4-35 e 44-4-20. AGCRJ)

---

[5] Só a título de comparação, 100 réis era o preço da travessia de barca Rio-Niterói e seis mil-réis (6$000) equivalia, na ocasião, a um dia de trabalho de um operário gráfico.

A imagem e o leitor

A primeira página do *Jornal do Brasil* da edição comemorativa de 15 de novembro de 1900 – inteiramente tomada por ilustrações reproduzindo cenas das tecnologias que invadem a imprensa na virada do século XIX para o século XX – é um bom indicador não apenas das estratégias utilizadas para atingir um público mais vasto e parcamente alfabetizado[6], mas também para refletir sobre a importância da representação imagética na sociedade.

Mesmo antes da introdução da fototipia na imprensa, que possibilita o uso de fotografias, fundamentais também para a proliferação das revistas ilustradas, os jornais diários mais populares utilizam as ilustrações como representação privilegiada da vida urbana. Nessas páginas, observa-se uma espécie de redefinição do olhar que passa a existir no início do século XX.

Na ilustração principal da página do dia 15 de novembro de 1900 – que ocupa todo o primeiro terço superior – os artefatos tecnológicos que permitem a rapidez necessária à divulgação de notícias estão representados: o telégrafo e suas linhas transmissoras, o navio a vapor e, em destaque, a impressora que possibilita ao jornal imprimir 60 mil exemplares. Por outro lado, é essa representação em imagem que permite a leitura intensiva e extensiva do periódico.

No mesmo jornal, na parte inferior, cinco desenhos são colocados lado a lado. O primeiro mostra um tipo de público ao qual o jornal se autoatribui o papel de defensor: os pobres e os oprimidos. Abaixo, a figura do repórter que toma nota das últimas novidades, que chegam ao seu conhecimento via aparelho telefônico. A mobilidade que a tecnologia coloca ao seu dispor possibilita também a rapidez desejada pela imprensa para a divulgação das notícias sempre atualizadas e em profusão.

Ainda na mesma página, uma alegoria da imprensa, representada pela figura feminina, que alcança o universo, tal o seu poder de visualizar amplamente o que se passa no mundo. Mais duas fotografias encerram a visão do jornal sobre seu papel na sociedade: a do pequeno jornaleiro que distribui o periódico pelas esquinas da cidade e a imagem senhorial de um personagem bem-vestido, que certamente representa um tipo de público a quem o jornal precisa atingir: os grupos dirigentes.

---

[6] O aumento real e a diversificação da população, decorrentes, em parte, do afluxo de libertos e imigrantes fizeram com que o período entre 1870 e 1890 registrasse um dos maiores crescimentos demográficos da cidade. Em 1872, 274.972 é a população do Rio de Janeiro. Dezoito anos depois este número atinge 522.651. Em 1900, o seu contingente populacional já ultrapassa 600 mil e o Rio de Janeiro com 621.565 moradores é a mais populosa cidade do país e a única com mais de 600 mil habitantes. Desse contingente, pelo menos 80% da população é constituída de analfabetos (Lobo, 1978:448-453).

O *Jornal do Brasil* se apresenta a seu público como um calidoscópio de imagens, nas quais cenas em que procuram reproduzir a realidade figuram ao lado de alegorias. Se os artefatos tecnológicos estão representados em detalhes, se o repórter apresenta-se com a indumentária que reproduz a sua ação quotidiana, se o pequeno jornaleiro de fato sobraça dezenas de exemplares de jornais, há na mesma página imagens figuradas que apelam a um universo simbólico. Assim, a utilização da ilustração como uma espécie de arremedo da imagem técnica – que logo ocupará lugar de destaque na imprensa – constrói paulatinamente o seu caráter aparentemente objetivo, fazendo com que sejam olhadas como espécies de janelas e não como imagens. Ao lado da pretensa representação do real, figuram outras ilustrações que dizem respeito a um regime de representação anterior. Nesse sentido, a imagem é ainda em muitos momentos alegoria pura.

Entretanto, é compreensível que, em meio à mudança de sentido introduzida por artefatos que querem reter o real – do som que se transforma em voz ou canção, das imagens vistas pela retina e que poderiam ser fixadas em películas –, a imagem técnica adquira lugar de supremacia em todas as publicações. Como suporte fundamental de memória, como monumento-documento, no sentido de que além de refletir o que se passa no mundo, também guarda nas páginas impressas o próprio mundo, a imprensa passa a reproduzir uma visão de mundo que se constrói como próxima do olhar.

Além disso, ante uma cultura urbana caótica, há que existir uma representação privilegiada do "real" que marca de forma definitiva aquilo que alguns autores classificam como modernidade. Nesse sentido, o real é apenas e tão-somente as representações (Charney e Schwartz, 2004:27).

Lorenzo Vilches, na abertura do seu livro *La lectura de la imagen* (1995), afirma que nenhuma imagem é um espelho virgem, porque retém previamente a face do espectador. As imagens na comunicação de massas são textos culturais que contêm o mundo real ou possível, incluindo o espectador. Os textos revelam o leitor na sua própria imagem.

O leitor do *Jornal do Brasil* dos 1900, contido nas narrativas do jornal, certamente sabe identificar o texto "escrito" através de desenhos que são colocados lado a lado. Olhando as imagens em sequência decodificam a mensagem: trata-se de um jornal moderno, que usa a mais inovadora tecnologia para difundir com rapidez as informações. É também um jornal que para além de informar procura intermediar as queixas e reclamações do público. O *Jornal do Brasil* modela sua popularidade na esteira da construção de uma autoimagem fundamental: defensor daqueles que não têm quem propugne por eles.

Mas para que de fato se torne o jornal de maior circulação e tiragem é preciso se transformar numa verdadeira revista ilustrada dos acontecimentos diários. Numa cidade cuja maioria absoluta da população é analfabeta, a textualidade da imprensa se faz pela possibilidade de transmitir a informação através da imagem.

O mais popular diário, desde 1894, orgulha-se também de publicar os palpites do jogo do bicho, as marchas dos cordões e blocos carnavalescos e os crimes, segundo os cronistas de época, tão ao gosto de um público mais vasto.

Ser popular é atingir os ainda não alinhados entre os leitores tradicionais. É ser o jornal dos caixeiros, dos balconistas, dos empregados de comércio, dos militares de baixa patente, dos trabalhadores em geral (Lobo, 1896:16).

Mas não é apenas o destaque "aos crimes sarabulhentos, às notícias hediondas, às tragédias quotidianas" (Rio, 1987), ocupando mais de 50% do seu noticiário, que caracteriza essa busca de uma gama mais variada de leitores. A partir de 1900, o jornal abre grandes espaços às ilustrações – criando edições especiais ilustradas às quintas e domingos – num pioneirismo rapidamente imitado pelos outros periódicos.

Com ilustrações a bico de pena de páginas inteiras, resumindo as notícias da semana sob a forma de caricaturas, inovando ao criar "o conto sem palavras", na verdade uma espécie de história em quadrinhos sem fala, o *Jornal do Brasil* valoriza as imagens – ainda em forma de desenho – em detrimento do texto.

Essa busca de popularidade só começa, na verdade, em 1894, quando é vendido à firma Mendes & Cia., ex-proprietária do *Diário do Commercio*, e passa a ser chefiado pelo advogado Fernando Mendes de Almeida. Até então o *Jornal do Brasil* pouco se diferencia dos periódicos mais tradicionais.

Fundado em 9 de abril de 1891, por Rodolfo Dantas, ministro da Educação do Império, e tendo na gerência comercial o ex-administrador do *Jornal do Commercio*, Henrique de Villeneuve, o jornal afirma-se no artigo de apresentação com o dever de fiscalizar os abusos do poder, acima das convicções ideológicas. Entretanto, era nitidamente monarquista, tendo entre os fundadores Joaquim Nabuco, que assume a chefia de redação em junho daquele ano.

No seu primeiro ano, custa 40 réis o exemplar e as assinaturas anuais são de 12$000 e as semestrais de 6$000, o mesmo preço da *Gazeta de Notícias*. No primeiro ano, com a tiragem ainda modesta de 5 mil exemplares, muito longe dos 60 mil que já imprimem no início do século XX, é vendido principalmente na Zona Sul da cidade pelos meninos que gritam ao público o nome da nova folha. O restante das edições é levado por quatro carroças aos quiosques que se espalham pelas ruas centrais da cidade, que, ao lado de diversos outros artigos, também vendem jornais (Coelho, 1940).

Com o agravamento da crise entre o periódico e o Governo Republicano, logo após a entrada de Joaquim Nabuco para a sua chefia, o *Jornal do Brasil* tem sua oficina depredada em 16 de dezembro de 1891. Rodolfo Dantas e Nabuco deixam o jornal, ficando Villeneuve apenas alguns meses para efetuar a transição. Em abril de 1892 passa a ser propriedade de uma sociedade anônima, cujos sócios majoritários são Ferreira de Almeida e o Conde de Figueiredo.

Em maio de 1893, é de novo vendido, assumindo Rui Barbosa o cargo de redator chefe. Sob a censura do estado de sítio, contrariando ordens expressas do Governo Floriano, noticia a Revolta da Armada e na madrugada de 1º de outubro tropas do governo invadem a sua redação e as suas oficinas, ocupando-o militarmente. Sua edição é suspensa por mais de um ano, só voltando a circular, em novembro de 1894, já sob nova direção. A partir daí passa por drásticas transformações que são responsáveis pelo próprio *slogan* criado pelo periódico: "o popularíssimo".

Essa fase começa a se caracterizar por profundas alterações na estrutura empresarial, administrativa, redacional e editorial.

Dividindo esquematicamente a empresa em variados setores, o *Jornal do Brasil* separa, na sua estrutura administrativa, a redação da administração e das oficinas. Compõe-se das seguintes seções: redação; seções técnicas, onde estão composição, paginação, máquinas, oficinas de obras, estereotipia, fotogravura, fotozincografia, galvonoplastia, encadernação e eletricidade; e os demais serviços que englobam revisão, expedição, almoxarifado e correio.

A redação, por sua vez, também é dividida em setores, onde trabalham os repórteres e redatores: o redator de plantão; o encarregado de atender aos pobres; o redator de Palcos e Salões e os responsáveis pelo serviço telegráfico, pelas notícias da Marinha, pelo noticiário policial, pelo foro, comércio e esporte. Na redação fica ainda a seção de desenhos, à qual dedica especial atenção (Lobo, 1896:18).

A prosperidade do jornal dessa nova estruturação é assombrosa. Seis anos depois dessa transformação administrativa, que leva igualmente a uma profunda mudança redacional/editorial, imprime uma segunda edição diária – a vespertina – e adquire o controle da *Revista da Semana*, que passa a ser uma publicação semanal do *Jornal do Brasil*. Editam além dos inúmeros romances, publicados anteriormente em suas páginas sob a forma de folhetim, uma edição mensal – o *Guia Mensal do Jornal do Brasil* – e uma edição anual – o *Anuário do Jornal do Brasil*.

Do ponto de vista editorial, o periódico introduz diversas inovações. A profusão de ilustrações, o que leva à criação de uma edição ilustrada – o *Jornal do Brasil Ilustrado* – já em 1898; a pretensa isenção nas notícias, que recebem um cunho claramente informativo, deslocando a opinião política para duas colunas semanais; a edição de notícias e ilustrações que se referem ao cotidiano dos habitantes da cidade; a crítica concentrada nas caricaturas; a publicação das modinhas e canções populares e a inclusão de uma seção de passatempo podem ser alinhadas entre as mudanças mais marcantes. O jornal publica diariamente os palpites para o jogo mais popular da época – o do bicho – sob a forma de quadrinhas:

"Não preciso de concurso / De palpite de quem quer / Há de dar o gato ou o urso / Só perderei se quiser". (*Jornal do Brasil*, 4 janeiro de 1900, p. 1)

Além de tudo isso, faz questão de referendar o seu papel de intermediário entre a população e o poder público, de defensor dos pobres e dos oprimidos, abrindo espaço às "Queixas do Povo", ou incluindo nas suas caricaturas a figura do Zé Povo – com uma fala expressiva – ou ainda definindo-se claramente neste papel.

"Vítima da prepotência ou de um abuso, a primeira lembrança que tem o homem do povo é exclamar: Vou queixar-me ao Jornal do Brasil! E vem efetivamente e nós o ouvimos com a maior atenção, aconselhando-lhe calma e prudência, tornando-nos advogados de sua causa". (*Jornal do Brasil*, 15 novembro de 1902, p. 2)

Essa estratégia editorial faz com que de fato o jornal fosse

"deveras e desvanece-se de ser – popularíssimo. O Jornal do Brasil é assim, o jornal popular por excelência e do agrado desse povo que quotidianamente lhe dá provas de simpatia e incentivo à manifestação do seu programa". (*Idem, ibidem*)

A necessidade de aumentar o número de exemplares e de páginas – sai com quatro nos dias de semana e com oito aos domingos – leva-o a adquirir o número 54 da Rua Gonçalves Dias, para ali instalar a distribuição e a expedição, abrindo espaço no número 56 para as novas máquinas rotativas, que dividem as instalações com a administração e a redação. As oficinas têm agora quatro máquinas impressoras, sendo uma Marinoni, a mais moderna no gênero até então:

"Desde ontem o Jornal do Brasil conta com uma Marinoni dupla, podendo imprimir 4, 6 ou 8 páginas, de modo que assim conseguiremos satisfazer as exigências da nossa extraordinária tiragem, pondo a trabalhar simultaneamente quatro máquinas singelas de 4 páginas cada uma, ou duas máquinas duplas para 6 ou 8 páginas". (*Jornal do Brasil*, 1 janeiro de 1901, p. 1)

Ainda em 1900 realizam obras na sede da rua Gonçalves Dias, embora já estejam preparando a transferência para a Avenida Central. Em 14 de outubro de 1904 lançam a pedra fundamental da nova sede, mas a mudança da redação e das oficinas para o novo prédio só ocorrerá em 12 de janeiro de 1910.

Desde 1900, imprime uma edição ilustrada aos domingos e outra às quintas-feiras. A primeira custa 200 réis e publica, em páginas inteiras de caricaturas, o retrospecto ilustrado da semana, seções de quebra-cabeça e modinhas populares também ilustradas; uma seção de modas, com as últimas novidades parisienses e dezenas de outros desenhos a bico de pena. Aos domingos são publicados, na segunda página, dois folhetins, igualmente ilustrados.

A partir de 1901 torna-se comum a ilustração das matérias policiais, publicando ao lado do texto desenhos a bico de pena que reproduzem a cena do crime. Ou o ilustrador faz o croqui a partir de "uma fotografia tirada no local da tragédia" ou da visão que pessoalmente presenciara[7]. A ilustração, mesmo antes da introdução do processo técnico de fototipia que permitiu a publicação de fotografias, passa a figurar ao lado do texto não mais com o sentido crítico e opinativo, mas para dar a sensação de veracidade à informação.

Essa necessidade da imagem significando o real faz parte de um movimento cultural mais amplo que se instaura a partir da segunda metade do século XIX, quando a descrição fotográfica – fosse ela do ambiente ou de pessoas – passa a ser gradativamente vista como instrumento eficiente para reproduzir o real e a verdade. A tecnologia que se espalha pelos múltiplos universos culturais da cidade é tributária da ideia de reprodução fidedigna. Seja do som, seja da imagem.

A imagem passa a conter em si mesmo a ideia de verdade. Por outro lado, a construção da cena sob a forma impressa torna presente o ausente e permite a fixação da própria atualidade. Atual deixa de ser o que se passa no mundo, para ser aquilo que em se passando está nas páginas das publicações. E de preferência sob a forma de imagem. Ilustrar, num primeiro, e fotografar, num segundo momento, significam documentar episódios e fatos contemporâneos, fornecendo indícios da presença e inaugurando a noção de tempo real (Przyblyski, 2004:357).

A imagem sob a forma de ilustração, mas realizada a partir da fotografia que estanca o tempo ou a partir do olhar daquele que presenciara a cena, congela o instante passado, tornando-o presente, isto é, atual.

Carregada de atualidade, essa imagem é também verossímil. Neste sentido, despese de todo e qualquer elemento figurativo e passa a ser dotada espontaneamente de sua função referencial. É vista como a possibilidade de transmitir o real. Verossímil, neste sentido, é aquilo que é capaz de reproduzir a vida, sendo fiel à "realidade" (Ricoeur, 1995:21).

Ao ser vista por um aparelho técnico – e portanto carregado da ideia de neutralidade – a imagem estanca o tempo. Não é apenas o repórter que está presente na cena do

---

[7]Cf. "A infeliz Guilhermina, vítima do desastre de ontem na Rua Beneditinos (croquis tirado do natural pelo nosso companheiro J. Arthur)". In: *Jornal do Brasil*, 17 janeiro de 1901, p. 2 e "O cadáver de Luiz Carlos da Cunha, a partir de uma fotografia tirada na Casa de Detenção". In: *Jornal do Brasil*, 11 outubro de 1900, p.1.

acontecimento, mas o repórter e a máquina capaz de captar o real. No jornal essa imagem se transfigura em uma outra, a ilustração, que continua carregando o mesmo real presumido. A imagem passa a ser vista como neutra, atual e objetiva. Os preceitos centrais que irão construir emblemas do jornalismo desde os anos 1900 estão lançados.

O *Jornal do Brasil* em quase nada se parece, ao iniciar o século, com a publicação surgida em 1891. Na primeira página a coluna de maior destaque é "Telegramas", reproduzindo as correspondências exclusivas enviadas de Lisboa, Porto, Paris e Roma, além de outras de diferentes estados do País. Na página 2, continuam as notícias policiais, as "Queixas do Povo", "Palco e Salões", ao lado de outras colunas fixas. Na 3, o "Enigma Pitoresco" dá o resultado do jogo de bicho, além das "Notícias Avulsas do Comércio", "Exército" e "Guarda Nacional". A página 4 é toda tomada por anúncios. Aos domingos, incluem as "Modinhas Populares" e uma seção de passatempo.

Atribuindo-se o papel de benfeitor dos pobres, tem ainda um serviço regular de recebimento de donativos em dinheiro que são distribuídos às pessoas que procuram a redação para este fim.

"O Sr. João Batista Pereira mandou-nos a quantia de 20$ em comemoração ao aniversário de sua filhinha Noêmia, para que façamos chegar às mãos da infeliz Virgínia de Jesus, em tratamento no Hospital da Misericórdia. Hoje mesmo nos desempenharemos dessa grata incumbência". (*Jornal do Brasil*, 2 janeiro de 1900, p. 1)

Em 1906, passa a ser presidido por Carvalho de Morais, tendo como acionista Ernesto Pereira Carneiro, responsável pela parte comercial e financeira. A mudança acionária não influencia no sucesso empresarial do jornal. Publica, então, de cinco a seis edições diárias e, em 1912, introduz as primeiras máquinas de escrever na redação. Quatro anos mais tarde possui um dos maiores parques gráfico da imprensa brasileira, com 12 máquinas linotipos, 3 monotipos e a mais moderna impressora.

O controle acionário do *Jornal do Brasil* muda de mãos mais uma vez no final dos anos 10: em 1918, o Conde Pereira Carneiro adquire o jornal da Mendes & Cia. e assume a direção do periódico, nomeando como redator chefe o futuro fundador dos *Diários Associados*, Assis Chateaubriand.

As redações

A reprodução fotográfica da redação do *Jornal do Brasil* na virada do século XIX para o XX coloca em cena também os artefatos tecnológicos que invadem não apenas as oficinas, como também as redações. Na ampla sala do primeiro andar da Rua Gonçalves Dias, onde funciona inicialmente o jornal, a luz elétrica se sobressai na imagem. Ao fundo, na parede que a separa do setor de desenhos e gravuras, um relógio marca invariavelmente a nova temporalidade na qual estão imersos os jornais diários.

O acesso a este pavimento se faz por "uma elegante e bem trabalhada escadaria de ferro, torcida em espiral" (Lobo, 1896). Entrando-se na sala podem-se ver os redatores trabalhando nas suas bancas, lendo as notícias que escrevem em tiras, que vão em seguida para o redator chefe e dali para a composição.

Na redação, cada um tem o seu lugar determinado. Na mesa próxima à escada fica o redator de plantão, encarregado "de receber as reclamações, as notícias, as retificações, enfim tudo que diz respeito à folha do dia seguinte". Em seguida, o encarregado de atender os pobres: "serviço espinhoso e difícil, tal é o número extraordinário de infelizes, que vão buscar ali os óbolos que a caridade e a benemerência dos leitores da folha lhes distribuem diariamente". Mais adiante, outros redatores e repórteres, responsáveis pelas diversas seções. No centro da redação, a grande mesa onde "se colocavam os jornais do dia e do estrangeiro" (Lobo, 1896).

A reportagem, por sua vez, é dividida em dois setores: a informação local e o serviço telegráfico do interior e do estrangeiro. As notícias da cidade, ou as "locais", como se chamava na época, são desvendadas por hábeis repórteres que se espalham pelas diversas repartições. Essa informação é ainda complementada com o trabalho dos repórteres dos "teatros e concertos", "esporte", "policial" e outros, criando cada jornal rubricas próprias.

O serviço telegráfico é feito pelos correspondentes e, principalmente, pelo recebimento das notícias das agências de informação.

"Além do serviço combinado com um dos primeiros órgãos de publicidade do continente americano e dos seus correspondentes literários em Lisboa, Porto, províncias de Portugal, Paris e Roma, o Jornal do Brasil tem correspondentes telegráficos especiais em Paris, Roma, Londres, Lisboa, Montevidéu e Buenos Aires, recebendo, em média, pelo cabo submarino de seiscentas a mil palavras diárias". (*Jornal do Brasil*, 1 janeiro de 1901, p. 1)

Apesar da importância desse tipo de informação, que ocupa geralmente as primeiras páginas, a reportagem local ganha cada vez mais destaque. O sensacional, as catástrofes quotidianas e a notícia inédita despertam o interesse do público e fazem aumentar a importância do trabalho do repórter.

Esses passam também a escrever verdadeiras crônicas do cotidiano, subindo os morros, descrevendo os bastidores das religiões populares, montando reportagens em série sobre curandeirismo, favelas e outros temas. Algumas vezes, vale-se de expedientes não muito éticos para conseguir a reportagem inédita e sensacional. Bisbilhotar as conversas alheias, ler sorrateiramente textos sobre uma mesa ou mesmo em bondes, são apenas algumas das ações para conseguir o furo de reportagem. Podem também se transformar em outro personagem para elaborar a sua história.

"Uma gentil senhorita, que veio de Minas tentar no Rio a vida de imprensa, entrou para a redação da Rua e engendrou uma reportagem muito interessante. Fingiu-se de transviada e foi ao Asilo do Bom Pastor pedir agasalho para fazer penitência e regenerar-se. Muniu-se de uma minúscula kodak e desembarcou no misterioso convento, onde a superiora a recebeu com benignidade e bons conselhos. Não pode, entretanto, permanecer no asilo mais de 48 horas, porque, segundo parece, um jornalista, por motivos desconhecidos, a denunciou à superiora como espiã, e ela teve de regressar da tranquila mansão das madalenas arrependidas para o seio buliçoso dos repórteres de onde saíra, num momento de original inspiração". (*O Paiz*, 16 maio de 1914, p. 2)

Os acontecimentos policiais têm cada vez mais a preferência do público. As grandes massas desdenham a notícia se "o político x descobriu uma fórmula ou apresentou um projeto capaz de salvar a Pátria". Mas se há

"uma tragédia na rua tal, com tiros, facadas, mortes, uma torrente de sangue e diversas outras circunstâncias dramáticas, as turbas se interessam, vibram, tem avidez de detalhes, querem ver os retratos das vítimas, dos criminosos, dos policiais empenhados na captura destes". (*O Paiz,* 26 junho de 1914, p. 1)

E o jornal conclui. "Como pode o repórter de polícia deixar de fazer verdadeiros romances-folhetins? A culpa não é deles, é do gosto do público, cuja psicologia é, aliás, muito compreensível". (*Idem, ibidem*)

A valorização do ineditismo também transforma o trabalho. O repórter passa a ser o elemento principal para a composição da notícia. Dele se espera "o furo de reportagem", a informação sensacional, todos os detalhes do fato. O que importa para o leitor é "a notícia, a impressão do fato, o fato com todas as suas minúcias, todos os seus pormenores, todos os seus detalhes",

"o leitor apressado não queria pensar, não tinha tempo para acompanhar longas reflexões filosóficas, passa por cima de todas as considerações de ordem social e política; diga-lhe o que passou, como se passou, em que condições se deu o fato que o ocupa, pinte-lhe o tipo e o caráter dos protagonistas, e se for possível fazê-lo sem palavras, pela fotografia tanto melhor!" (*O Paiz*, 26 junho de 1914, p. 1)

Observa-se, pois, que as bases para a construção do ideal de objetividade do jornalismo, que seriam aprofundadas com as reformas por que passariam os jornais cinquenta anos mais tarde, estão lançadas na virada do século XIX para o XX. A rigor, o mito da objetividade deve ser percebido na longa duração, como um simbolismo construído pelas próprias empresas jornalísticas e pelos jornalistas para assim cunhar uma distinção, no sentido que confere a esta palavra Bourdieu (1989), ou um lugar autorizado de fala.

Quando no início dos anos 1900, o texto aconselha que o jornal deve – em função da nova temporalidade em que está imerso o cotidiano da cidade e de seus habitantes – dizer o que se passou, como se passou e em que condições; está, de fato, inventado aquilo que anos mais tarde seria conhecido como lide. Tudo isso, utilizando-se do ideal máximo de reprodução da realidade e da verdade. Daí a importância cada vez mais crescente da fotografia, que, longe de representar o real, é construída como sendo em essência o próprio real.

Terminada a reportagem, esta é entregue ao secretário, que, por sua vez, a passa ao chefe da paginação. Decididos os aspectos gráficos – tipologia do título, destaque, ilustração, etc. – a página é enviada à estereotipia e daí à impressão.

O trabalho na redação dos matutinos se intensifica por volta das 9 horas da noite. O fechamento se dá por volta da meia-noite. A voz do secretário, em tom grave, avisa que não há mais tempo a perder. Todos se levantam. Os que ainda não concluíram suas notícias juntam as tiras escritas para terminar o trabalho nas oficinas.

Os que ficam de plantão têm que aguentar até as 3 ou 4 horas da manhã. Há um revezamento permanente de repórteres e redatores neste trabalho de aguardar que na cidade, no país ou no exterior aconteça algo que mereça a descrição pormenorizada de suas penas. Há noites em que o trabalho é tranquilo. Apenas os telegramas das agências nacionais e estrangeiras ou notícias policiais sem importância.

Há dias, entretanto, que um grande incêndio, uma impressionante tragédia passional, um terrível desastre ferroviário movimentam os repórteres. O secretário se agita e dá instruções: "Olha a hora! O jornal não pode atrasar!".

O secretário planta-se ao lado dos repórteres. Passa as vistas rapidamente pelas tiras, entrega-as ao chefe da oficina que, por sua vez, as retranca[8] e distribui aos

---

[8] Chama-se *retrancar* a identificação necessária à paginação que é indicada em cada texto: a página que irá ocupar, o tipo de ilustração que receberá, a rubrica onde ficará localizada, entre outras.

linotipistas. Tudo feito rapidamente: cinco minutos depois da entrega, a composição está revisada e paginada (Netto, 1977, p. 21, 67 e 70).

Os paginadores, em volta da mesa, distribuem-se no trabalho de colocar fios, e outro ajuda os emendadores. O secretário acompanha os retoques finais com ansiedade, consultando o relógio a cada momento. Chega a gravura. Seu lugar já está reservado na página, na medida exata que o gravador antecipadamente fornece. Fundida a telha, a gravura é nela adaptada por meio de solda, em segundos apenas. Começa então o processo de estereotipia. Três minutos depois o material já pode ser ajustado à rotativa. E ao leve toque do impressor em um botão, a pesada máquina vai se mexendo lentamente, solta um silvo agudo, que sai da polia, e ganha gradativamente velocidade. De suas entranhas mecânicas começa a sair a folha, encadernada e dobrada.

Das Marinonis, das Walter Scott e de outras rotativas, as notícias, transformadas em folhas impressas, saem aos milhares e ganham as ruas em busca dos leitores, assinantes assíduos ou compradores eventuais, para quem o grito dos meninos apregoando os jornais diários é a senha para o conhecimento do que se passa no mundo.

Senhores do tempo

Essa senha é dada, sobretudo, pelos mais importantes periódicos em circulação na cidade na alvorada do século XX. Segundo informação do escritor Olavo Bilac, as cinco mais importantes folhas da cidade – o *Jornal do Brasil*, o *Jornal do Commercio*, *Gazeta de Notícias*, *Correio da Manhã* e *O Paiz* – tiram juntas 150 mil exemplares[9]. Numa cidade de pouco mais de 600 mil habitantes, observa-se o extraordinário poder de difusão desses impressos.

Cada um desses periódicos, ao lado das revistas de críticas e de costumes que não cessam de surgir, destina-se a um público em potencial. Em função disso, adaptam seu texto e o suporte que lhe dá sustentação ao gosto desse leitor. Enquanto a *Gazeta de Notícias* procura atingir um público cujo gosto literário dava o tom da preferência, o *Jornal do Brasil* multiplica as estratégias no sentido de atingir um leitor de menor grau de instrução e, sobretudo, menor poder aquisitivo. Também popular procura ser o *Correio da Manhã*, desde a circulação de seu primeiro número em 15 de junho de 1901.

Tal como ocorre a partir de 1875 com a *Gazeta de Notícias*, o *Correio* revoluciona o jornalismo ao valorizar a informação em detrimento da opinião. As notícias

---

[9]Segundo o crítico José Veríssimo, os jornais mais importantes da cidade possuíam uma tiragem conjunta em torno de 100 mil exemplares. Cf. Veríssimo, *A instrução e a imprensa*. Rio de Janeiro: s.e, s.d. Já Olavo Bilac, no *Momento Literário* (1994), se refere a uma tiragem global de 150 mil exemplares.

policiais, o dia-a-dia dos grupos populares, as reportagens, as entrevistas assumem lugar de destaque. Por outro lado, a crônica passa a ser mais valorizada, ligada a temas do cotidiano, do que o próprio folhetim, impresso no rodapé de uma página de seu interior.

Fundado pelo advogado e ex-colaborador de Rui Barbosa, em *A Imprensa*, o *Correio da Manhã* é caracterizado por Edmundo Bittencourt, desde o início, como um jornal de oposição.

Funcionando no antigo endereço do periódico dirigido por Rui Barbosa, de quem Edmundo adquire as máquinas e arrenda o prédio 117 da Rua Moreira Cézar, o matutino é impresso inicialmente em oito páginas, com oito colunas em cada uma.

O jornal, que valoriza, ao lado dos temas políticos, a literatura, dedica o rodapé da terceira página ao folhetim diário, ao contrário do que acontece com os jornais na década anterior, quando esse tipo de texto ocupava espaço nobre na página 1.

As estratégias editoriais, redacionais e administrativas do *Correio da Manhã* para se tornar um jornal popular atravessam toda a primeira década do século. As mais expressivas são, sem dúvida, a inclusão de colunas de queixas e reclamações na esteira do sucesso conseguido pelo *Jornal do Brasil*, com a publicação de suas "Queixas do Povo". Ainda em junho de 1901, incluem a coluna "Pelos Subúrbios", publicando notas diversas sobre os bairros servidos pela E.F. Central do Brasil e arredores e seus moradores[10].

A publicação dessa fala é constante no jornal. Além das cartas avulsas, algumas assinadas e outras não, edita as queixas dos habitantes da cidade, recebidas pessoalmente ou por carta, intermediando pedidos ao poder público, também através da coluna "Reclamações". Ainda no primeiro ano de seu funcionamento começam a publicar os telegramas distribuídos pela Agência Havas na coluna "Pelo Telégrafo".

Em 1902, publicam as primeiras fotos na capa e no interior (a primeira foto aparece em 30 de novembro de 1902, na coluna "Correio dos Teatros") e, no ano seguinte, iniciam na página 4 a seção de anúncios com o resultado do jogo de bicho sob a rubrica "Roda da Fortuna". Passam também a editar charges, às vezes funcionando como chamada, no alto da primeira página, que a partir de 1905 aparecem sob o nome de "Cinematógrafo".

Jornal de oposição ao Governo, empreende uma virulenta campanha contra Campos Sales. Em função disso tem a sua publicação suspensa em 19 de novembro de 1904, só voltando a funcionar em 15 de dezembro do mesmo ano, mesmo assim tendo que conviver com um censor diariamente na sua redação.

---

[10] *Correio da Manhã*, 18 e 22 junho de 1901, p. 2. Em 1910, "Pelos Subúrbios" muda de nome para "Correio Suburbano" e, ainda no mesmo ano, passa a se chamar "Subúrbios e arrabaldes". Para a análise do jornal que se segue, pesquisamos as edições do *Correio da Manhã* de 9 junho de 1901 a 31 dezembro de 1910.

Todas essas transformações são ainda maiores a partir de 1905. Nesse ano, além de publicar extensas reportagens, verdadeiras crônicas do cotidiano da cidade, abusa da transcrição integral de documentos e desloca a crônica literária para o lugar do artigo de fundo. O *Correio da Manhã* passa a ser fundamentalmente um jornal informativo nos dias de semana e literário aos domingos.

Paralelamente, o noticiário policial invade em manchetes, inicialmente em corpo 18, mas já nos anos seguintes em até corpo 48, as suas primeiras páginas. Logo abaixo da manchete o resumo da notícia, em pequenos títulos entrecortados, anuncia o novo estilo do jornalismo sensacionalista. "Desmoronamento – Duas Vítimas – Quadro Terrível – Os mortos – As providências – Encontrados corpos – No Necrotério – Notas Diversas – Um dia aziago – O prédio em que se deu o desastre – Antes de demolida a parede principal." O estilo entrecortado do texto faz supor um leitor titubeante seguindo as letras impressas das notícias de crimes e tragédias do cotidiano que se espalham por todo o jornal.

A ilustração passa a integrar a própria notícia, com a publicação de fotografias que reproduzem o momento da tragédia. Nas matérias policiais publica sempre o retrato do assassino e da vítima, sendo a foto invariavelmente da cena do crime. Mas não são apenas as notas policiais que merecem o destaque e a sensação de veracidade da fotografia: os grandes homens, os grandes feitos, o desenvolvimento e o progresso dos nossos navios são reafirmados pela imagem fotográfica.

Dez anos depois do aparecimento de seu primeiro número, o *Correio da Manhã* muda quase que inteiramente. Nos dias de semana, o artigo de fundo, crítico e que destaca a campanha oposicionista do jornal no momento, ainda é assinado por Gil Vidal. Aos domingos, com uma feição mais literária, é impresso em 14 páginas. Na primeira, Carmem Dolores, o pseudônimo da jornalista Emília Moncorvo Bandeira de Melo, divide o espaço com "Traços da Semana", uma resenha política dos sete dias anteriores, assinada por Costa Rego e com a crônica de Arthur Azevedo. Na página 2, outras crônicas, algumas destinadas ao público infantil, e poesias, além de transcrições de pequenas peças teatrais. As seguintes reproduzem, com pequenas variações, as mesmas seções dos dias de semana.

As fotos agora utilizam novos recursos gráficos para ganhar ainda mais destaque, como o recorte e a superposição. Na matéria principal, mais de uma foto é quase sempre editada ao lado do texto. As entrevistas podem ser feitas para esclarecer matérias publicadas anteriormente e não envolvem apenas personagens de relevo da sociedade. E ainda do ponto de vista gráfico o jornal assume definitivamente a edição das matérias em duas colunas, introduzindo a manchete de página, seguida de subtítulos maiores.

Se as estratégias redacionais e editoriais introduzidas pelo mais novo matutino carioca são inúmeras, não menos numerosos são os recursos administrativos e empresariais utilizados para conquistar um público cada vez mais amplo e heterogêneo. Para isso deve ser um produto de venda fácil e intensa. E o preço determina essa característica.

Assim, é um dos mais baratos da cidade, custando o exemplar avulso 100 réis[11]. De 1901 quando aparece o primeiro número até 1910 aumentam sua tiragem de 3 mil para 30 mil exemplares. No final da primeira década do século alardeiam com orgulho o fato de o jornal ser distribuído não só na cidade como em outras unidades da federação. Também é motivo para orgulho seguidamente referendado o fato de ser impresso em modernas máquinas Marinoni e utilizar papéis importados da Casa Prioux & Cia, de Paris.

Nesse breve panorama da imprensa na cidade do Rio de Janeiro na alvorada do século XX, dois outros jornais são também dignos de nota: o *Jornal do Commercio* e *O Paiz*.

Ainda que seja, do ponto de vista das estratégias redacionais e editoriais, o que menos muda, o *Jornal do Commercio* é, sem dúvida, o que mais modifica sua feição empresarial para atender aos anseios do poder público, que efetivamente lhe dá sustentação. Mantendo seu caráter conservador e de apoio irrestrito à sociedade política, o jornal, fundado em 1827, passa por uma drástica mudança na sua estrutura empresarial, a partir de 1890, quando assume o controle do periódico José Carlos Rodrigues.

Em 17 de outubro daquele ano, o antigo correspondente nos Estados Unidos, em conjunto com mais 23 associados, adquire o jornal pela quantia de três milhões e quinhentos contos de réis (3.500:000$000), uma verdadeira fortuna na época. Com isso se torna sócio solidário, gerente e redator chefe. Para isso, um empréstimo por subscrição pública é solicitado ao Banco do Brasil. Como garantia são dados os prédios que a empresa possui nas ruas do Ouvidor, Quitanda e Travessa do Ouvidor.

Nova orientação é dada ao jornal: as seções são ampliadas, dilata-se o noticiário, com o intuito de torná-lo mais abrangente, sem deixar de ser "o verdadeiro defensor das classes conservadoras do Brasil" (Senna: 1901).

Cinco anos depois, o lucro anual do jornal é da ordem de 300 mil contos de réis (300:000$000). Emprega 429 pessoas, sendo 220 tipógrafos nas oficinas do jornal diário e de obras e 66 pessoas na redação, sendo 20 efetivos e 46 colaboradores. Entre tipógrafos, pessoal das máquinas, entregadores e dobradores trabalham nas oficinas 349 operários. Há ainda dois paginadores e 50 revisores, enquanto na administração

---

[11] Na época, cem réis ($100) correspondia ao valor de uma passagem de bonde.

12 pessoas se revezam. Nestes números não estão incluídos os suplentes, aprendizes e serventes (*Jornal do Commercio*, 1908). As inovações técnicas também são marcantes a partir de então.

No início do século possuem três máquinas Marinoni, capazes de imprimir, de uma única vez, entre oito e 16 páginas, num total de 10 mil exemplares por hora. Há também duas máquinas menores que podem imprimir duas ou quatro páginas, com tiragem de 12 mil exemplares por hora. A oficina de obras possui sete máquinas. O jornal tem ainda uma oficina para fundir tipos com seis máquinas, sendo três para fundir, uma para laminar o fio, outra para laminar entrelinhas e a última para cortar espaços de corpo 5 a 14.

Em junho de 1906, ao ser lançada a pedra fundamental do seu novo edifício à Avenida Central, já possui 12 máquinas de impressão e nove para fundição de tipos, ocupando cinco prédios da Rua do Ouvidor e dispondo de luz elétrica em todas as suas instalações, desde 1901.

Do ponto de vista editorial, na primeira década do século, o *Jornal do Commercio* introduz algumas modificações, sem, entretanto, abandonar o seu estilo eminentemente opinativo, com uma mancha gráfica que ocupa toda a sua extensão, sem a valorização da ilustração ou outros recursos gráficos. É editado em oito colunas, com 272 linhas em cada uma e invariavelmente em corpo 7.

Na primeira página os "Telegramas" reproduzem notícias divulgadas pela Agência Havas e por seus correspondentes nacionais e internacionais; a "Gazetilha", coletânea das notícias mais importantes do dia, e o "Folhetim", que ocupa todo o rodapé da página. Na "Gazetilha" destaque igual é dado às notícias nacionais, enviadas pelos correspondentes, às notas teatrais e a um ou outro caso de polícia. Ao contrário dos periódicos mais populares da cidade não valorizam os dramas cotidianos, os crimes passionais, as tragédias diárias.

Sem a aspiração de ser popular, fazendo questão de acentuar o seu trânsito entre a classe dominante – orgulha-se de ser "o jornal das classes conservadoras, lido pelos políticos, pelos homens de negócios, pelos funcionários graduados" –, o *Jornal do Commercio* é o periódico mais caro do Rio: a sua assinatura é o dobro da do *Jornal do Brasil*.

Se por um lado, não há grandes mudanças editoriais no mais tradicional periódico, as seções e colunas, introduzidas em profusão, permitem a explosão das pequenas notícias, tornando-o mais fácil de ser lido. Por outro lado, o jornal passa – tal como os seus concorrentes – a valorizar as reportagens[12].

---

[12]Em maio de 1907 publicam, por exemplo, uma série de reportagens assinadas por Euclides da Cunha sobre a Transacreana. Cf. *Jornal do Commercio*, maio 1907, p. 1.

Como em qualquer indústria – ou fábrica – parodiando a própria definição de seu sócio majoritário quando do lançamento da pedra fundamental de seu prédio de seis andares em concreto armado, situado na Avenida Central, há uma rígida divisão e hierarquia do trabalho. Na redação, os responsáveis pelas seções dividem a tarefa de escrever. Tudo isso premido pelo tempo. O jornal agora tem hora certa para sair das oficinas para as ruas e, neste contexto, o tempo se torna fator preponderante. O tempo da apuração das notas, o tempo da redação das notícias, o tempo da sua distribuição, tudo é regulado pela premência de um uma nova realidade temporal que também toma conta da cidade.

Vizinho ao *Jornal do Commercio*, na Rua do Ouvidor, um outro matutino participa deste processo de modernização da imprensa na cidade: *O Paiz*. Fundado em 1º de outubro de 1884, é dirigido nos primeiros anos por Quintino Bocayúva, seu mentor intelectual, que com a ajuda financeira do proprietário, o comerciante João José dos Reis Junior, vai construindo gradativamente o jornal.

Se inicialmente passa por sérios problemas financeiros, que se refletem nas suas instalações – "um casarão velho, sombrio, a pedir a esmola de uma boa picareta, a graça de um desabamento, ou então, um incêndio providencial" (Edmundo, *op. cit.*: 929) –, a partir do momento em que passa a ser propriedade de João Lage, começa também o seu período áureo, construído em função das suas ligações com o poder. Vivendo das benesses do poder público e do que recebia em troca de apoio explícito aos dirigentes, sejam estaduais, municipais ou nacionais, *O Paiz* constrói sua prosperidade na razão direta de suas ligações com a sociedade política.

Essa prosperidade faz com que, em pouco menos de dez anos após a nova fase, mude, em novembro de 1904, para uma suntuosa sede, de quatro andares, na esquina de Avenida Central com Rua Sete de Setembro, ocupando 36 metros de frente da rua e com 20 metros de altura.

A entrada de João Lage como gerente comercial do jornal se dá em 1899. Cinco anos depois passa a ter o controle acionário do jornal, aproveitando-se da ida do principal acionista a Portugal para, com um empréstimo conseguido junto ao Banco da República, comprar suas ações.

Com a mudança de propriedade, muda também a chefia de redação do periódico. Quintino Bocayúva se afasta da Presidência da Diretoria da Sociedade desde abril de 1902, passando a ter o cargo de Presidente Honorário. Nessa mesma Assembleia, Eduardo Salamonde é mantido na chefia de redação. A Assembleia Geral dos Acionistas em agosto de 1904 elege nova diretoria – composta por João Lage, Quintino Bocayúva e Rodolpho Abreu – e ratifica a substituição de Eduardo Salamonde da chefia de redação, em razão de seu estado de saúde, por Dunshee de Abranches.

No ano seguinte, Alcindo Guanabara assume o cargo. Salamonde volta a ser redator chefe do periódico em 1910.

O Paiz desse início de século ainda lembra o periódico de 1884, quando anunciam uma tiragem diária de 12 mil exemplares. Em 1900, ainda com as mesmas quatro páginas impressas, escondem propositadamente esse número no *slogan* "O Paiz é a folha de maior tiragem e de maior circulação da América do Sul".

O exagero é flagrante. A sua própria estrutura redacional, comparada com a de outros diários, invalida essa afirmativa. Com parcos recursos gráficos, com poucas ilustrações, também dão destaque à literatura. A crítica literária assinada por Frota Pessoa ocupa o espaço nobre da primeira página. Ao lado, os "Telegramas" reproduzem as notícias do exterior, dividindo a página com pequenas notas policiais. Na 2, publicam o "Memorial", "Avisos Especiais", "Declarações" e o "Folhetim". Eventualmente divulgam as críticas e anseios do público na coluna "Queixas e Reclamações". Medeiros e Albuquerque, Aluísio de Azevedo, Gonzaga Duque, Júlia Lopes de Almeida são os seus colaboradores mais ilustres.

Adotando mudanças gráficas e editoriais com mais lentidão do que os seus concorrentes, *O Paiz*, a partir de 1905, aumenta extraordinariamente o número de suas páginas, em função dos anúncios, principalmente oficiais, que publicam diariamente. Os Atos Oficiais da Prefeitura ocupam por vezes até 10 páginas. Paralelamente à publicação desses editais, os elogios a todos os governos aumentam em suas edições.

Só cinco anos depois, *O Paiz* adota, com mais intensidade, as inovações. Em 1910, as ilustrações são frequentes tanto no interior, como na primeira página, e há a edição das primeiras fotografias.

Tendo sempre elogios para os governos de quem recebe claramente apoio sob forma de publicidade, *O Paiz* atravessa toda a década de 1910 envolvido em escândalos, criticando os jornais concorrentes e sendo achincalhado por eles, mas, sobretudo, valendo-se de suas estreitas relações com o poder para continuar se mantendo, apesar de ser cada vez maior a sua distância em termos de crescimento empresarial em relação aos concorrentes.

A relativa prosperidade do jornal no início da década de 1910 não impede a sua "quase falência", já em 1915. Começa aí uma longa crise, atribuída ao aumento do preço do papel de imprensa e à diminuição geral da sua receita, e que culmina com o incêndio na sede do jornal dois anos depois. O prejuízo expresso no balanço de 1915 é superior a 300 contos de réis. No ano seguinte, mais uma vez, amargam novos prejuízos. Em 1917, o jornal deve mais de quase 600 contos de réis[13].

---

[13] Cf. Ata da Assembleia Geral Extraordinária de 18 nov. 1909, publicada em *O Paiz*, 18 dezembro de 1909, p. 3; Balanço da Sociedade Anônima *O Paiz* de 1915, publicado em *O Paiz*, 16 janeiro de 1916. Ata da Assembleia Geral Extraordinária de 30 junho de 1917, publicada em *O Paiz*, 22 julho de 1917, p. 2.

Esses cinco periódicos participam intensamente do movimento da criação de um novo tipo de jornalismo que muda drasticamente o padrão editorial das publicações. Editando com destaque notícias policiais e reportagens envoltas em carga de neutralidade, procuram construir uma representação ideal da sociedade. E para isso são fundamentais as estratégias redacional e editorial de isolar os artigos pretensamente informativos e classsificados como neutros e objetivos, daqueles que são claramente opinativos. A opinião se isola definitivamente no artigo de fundo que ocupa a principal coluna na primeira página em todas essas publicações.

Os principais jornais da cidade se constituem como empresas visando ao lucro, ainda que sobrevivam fundamentalmente das benesses do poder público. A venda avulsa é extremamente restrita e a publicidade apenas engatinha.

A drástica transformação por que passa o jornalismo inclui, como vimos, do ponto de vista da impressão, inovações técnicas que permitem a reprodução de ilustrações e fotos e uma maior rapidez no processo de produção. Do ponto de vista editorial, a mudança no teor das notícias publicadas e na forma como são distribuídas nas páginas. A valorização do caráter imparcial do periódico leva à criação de colunas fixas para a informação e para a opinião, ao mesmo tempo em que se privilegia a edição de notícias informativas.

Para conquistar maior número de leitores, um tipo de notícia passa a ter mais espaço: a policial. Com o mesmo objetivo assiste-se à difusão do folhetim. Os jornais publicam também charges diárias, os escândalos sensacionais, os palpites do jogo do bicho, as notícias dos cordões e blocos carnavalescos, entre uma gama variável de assuntos, com a preocupação maior de atingir universo significativo, vasto e heterogêneo de leitores.

A lenta e gradual mudança no processo de produção dos matutinos da cidade são marcantes, sobretudo, nos cinco maiores periódicos e segue um caminho mais ou menos uniforme até o início dos anos 20, quando o jornalismo ganha nova configuração. Além do aparecimento de uma imprensa inteiramente sensacionalista, que fará do escândalo e dos dramas do cotidiano o destaque de seu conteúdo, surgem não apenas jornais estruturados em moldes empresariais, mas grupos isolados que passam a dominar mais de um título. A instalação de novas agências noticiosas, desta vez norte-americanas, e a vinda das primeiras grandes agências de publicidade dão a senha para a entrada do jornalismo num novo tempo.

II. Entre tragédias e sensações: o jornalismo dos anos 1920

"Quando fui trabalhar no jornal do meu pai, *A Manhã*, o secretário me perguntou: – Você quer ser o quê? Dei a resposta fulminante: Repórter de polícia. Porque preferi a reportagem policial, posso explicar. Um velho profissional costumava dizer, enfiando o cigarro na piteira: – as grandes paixões são as dos seis, sete, oito anos. Segundo ele, só as crianças sabem amar; o adulto não. Eu fui, sim, um menino à procura de amor." (Nelson Rodrigues, 1977:201)

A razão que levara o jovem Nelson Rodrigues, com apenas 17 anos, a querer ser repórter de polícia, ainda que seja explicada em suas palavras pela emoção passional que passaria a ter ao apurar as chamadas notícias de sensação, indica também a importância que este tipo de noticiário ganha na maioria dos jornais diários do Rio de Janeiro a partir do início dos anos 1920.

A rigor, desde os anos 1910, as notas sensacionais invadem as páginas das principais publicações. Abandonando as longas digressões políticas, os jornais passam a exibir em manchetes, em páginas em que editam, em profusão, ilustrações e fotografias, os horrores cotidianos.

"É corrente entre certos jornais ilustrados do Rio a exibição de horrores. Qualquer crime ou acidente serve de pretexto para gravuras repelentes: crânios abertos, braços decepados, olhos esgazeados e mãos crispadas pela dor. Se é demasiado consagrar a notoriedade dos criminosos pela divulgação do retrato – a não ser nos casos em que tal publicidade auxilie a ação policial – não se compreende essa maneira de interessar os leitores. Que sadismo barato esse que se pretende atribuir ao nosso público!"(*O Paiz*, 2 novembro de 1916, p. 2)

O texto publicado no jornal *O Paiz* em 1916 é exemplar da popularidade dessas notícias que apelam a toda ordem de sensações do público. Envolvendo crimes, desastres, roubos, incêndios, enfim, as tragédias diárias, transportam para os textos um Rio de Janeiro construído de lugares existentes e personagens perfeitamente identificáveis. A sociedade parece de tal forma contida nessas narrativas que o leitor tem a impressão de participar daquela realidade. Compondo o texto a partir de um mundo, o repórter gera um novo mundo: um mundo que mescla realismo e romance, uma vez que a estrutura narrativa lembra a dos romances folhetins, ainda que os personagens sejam retirados da realidade.

Podemos dizer que o que dá coerência a esses textos são os leitores, que assim os constroem como unidades de sentido.

"Abro os jornais à noite. Os jornais, no capítulo sensacional do crime, ainda <u>são o reflexo exato da curiosidade, do horror ou da piedade dos leitores</u>. Procuro os pormenores, a ânsia informativa em torno do crime da porta do teatro Phenix. Notícias reprisadas e o ar enfadado que as reportagens tomam, quando perdem interesse. Nada mais. O crime impressionou nulamente o público. Por que?" (*O Paiz*, 2 dezembro de 1916, p. 1. Grifos nossos)

A crônica "Tragédia Falha", de João do Rio, ilustra o destaque que os jornais dão ao "capítulo sensacional do crime", o que para ele reflete um sentimento ou uma apropriação da leitura de forma a aplacar a curiosidade, manifestar o horror ou despertar a piedade dos leitores.

Ao procurar transpor a realidade para a narrativa, o autor dessas notícias procura construir personagens e representações arquétipas. Quando isso ocorre, a narrativa passa a representar a existência, atingindo, em consequência, diretamente o público. Não é representação de dados concretos que produz o senso de realidade, mas a sugestão de uma certa generalidade. O público é, assim, movido tanto pelo inusitado da trama quanto pela participação – ainda que indireta – na vida daqueles personagens.

Essas notícias podem também inseri-lo em ambientes estranhos. Podem também remontar a realidade como um conto folhetinesco ou uma cena dos cinematógrafos. Produzem, enfim, elos de identificação com o público.

A edição fantasiosa deve, entretanto, ser apresentada dentro de determinados parâmetros, onde a verossimilhança é o principal deles. É preciso construir narrativas atendendo a esses dois aspectos: a realidade e a fantasia. Os elementos passionais não podem ser ocultados, sob pena de não despertar o interesse do leitor, mas ao mesmo tempo não é possível exagerar nas tintas descritivas, sob pena de transportar a notícia para o lugar do folhetim.

Construindo textos documentos, na esteira de um naturalismo realista que também triunfa na literatura, os diários procuram convencer e seduzir, criando uma espécie de intimidade com o público, interlocutor reconhecido e, sobretudo, identificado, que existe naquele contexto comunicativo. A experiência do texto evoca a interação discursiva permanente entre os veículos e o seu público.

As notícias policiais passam a ser, quase sempre, entremeadas por pequenos subtítulos que resumem o conteúdo, motivando a leitura ou possibilitando o entendimento a partir da visualização de breves elementos textuais. Não basta mais estampar na manchete a "Explosão Formidável". É preciso particularizar, resumindo, o seu conteúdo em pequenos subtítulos: "morteiro em estilhaços; um morto; mais de trinta vítimas, a festa da Lapa dos Mercadores; como se deu o desastre; no local; as providências; a polícia age". (*Correio da Manhã*, 6 setembro de 1912, p. 1)

Mundo do leitor

Na sua complexa teorização, Paul Ricouer (1987) afirma que a escrita é a plena manifestação do discurso. Entendendo discurso como evento ou proposição, onde a função predicativa e de identificação convivem numa mesma frase, insere na sua discussão a ideia de abstração, inerente à noção de discurso, e, portanto, dependente da unidade dialética de evento e significação. Para o autor, se todo discurso se atualiza como evento, todo o discurso é compreendido como significação.

É porque esta dialética do evento e da significação se torna óbvia e explícita na escrita que esta se transforma na plena manifestação do discurso. O que escrevemos, diz Ricouer, não é o evento enquanto evento, mas a significação do evento linguístico. Assim como, no discurso falado, a significação é diretamente dependente da mímica, dos gestos e de outros aspectos não articulados do discurso, na escrita a significação está diretamente vinculada ao receptor da mensagem. A forma é também fundamental para esta significação[14].

Ao narrarem o seu texto sob a forma de memórias ou de crônica, como fazem Nelson Rodrigues e João do Rio, torna-se possível a eles, como construtores de mensagens, apresentarem a situação vivenciada como real, ao mesmo tempo em que externam opiniões e juízos de valor sobre o acontecimento que se antepôs às suas narrativas.

---

[14] Para Ricoeur os gêneros literários nada mais são do que expedientes generativos para produzir o discurso. Antes de serem classificatórios, são para o discurso regras técnicas que presidem a sua produção e o estilo de uma obra. O que distingue o pensamento de Ricoeur de outras análises semiolinguísticas é o fato de que para ele toda a explicação se enraíza em uma compreensão prévia ou experiência de mundo. Cf. também *A metáfora viva*. Porto: Editora Rés, 1983.

Mas, certamente, para o leitor de hoje, esses textos possuem significações peculiares geradas pela distância temporal. A não existência de situações comuns; as ausências das marcas externas da voz, da face, do corpo do escritor como construtor daquele tempo e daqueles lugares – a rua e a redação do jornal –, e a autonomia semântica do texto, que o separa do escritor e o coloca no âmbito de leitores inteiramente desconhecidos do futuro, tudo isso altera a significação do texto.

Recuperando o tempo e o espaço da descrição contidos na narrativa é possível introduzir marcas distintivas, apreendendo a sua referência ostensiva, inserindo o leitor na trama, como se dela partilhasse, graças a procedimentos de identificação singular. A pluralidade de significações, construída na rede espacial e temporal, faz com que possam pertencer ao escritor e ao leitor de ontem ou ao de hoje. A escrita liberta o texto do próprio autor, recolocando-o no lugar de sua significação. O que importa agora não é mais o que o autor quis dizer, mas a significação explícita contida no seu dizer.

É mais uma vez Paul Ricoeur que trabalha com essa noção de "autonomia semântica". A inscrição do texto num código torna-se, segundo ele, sinônimo de autonomia semântica, resultando numa desconexão da intenção mental do autor em relação ao significado verbal, ou seja, do que o autor quis dizer ao que o texto significa. A significação no momento de apreensão do texto interessa mais do que o que o autor quis dizer quando o escreveu.

Assim, naquele 1925 da memória de Nelson Rodrigues, emerge a redação de *A Manhã*, que faz dos crimes de sensação a razão de seu sucesso junto ao público.

> "No meu primeiro mês de redação, houve um desastre de trem que assombrou a cidade. Morreram cem pessoas. Quando nós, da reportagem, chegamos, muitos ainda agonizavam; e uma moça, com as duas pernas esmagadas, pedia pelo amor de Deus: – Me matem, me matem. Eu via, atônito, os vagões trepados uns nos outros. Lá estava a locomotiva entornada. Um trem cavalgando outro trem. E o pior era a promiscuidade de feridos e mortos. De vez em quando, uma mão brotava das ferragens. E um colega tropeçou numa cabeça sem corpo".

Em seguida completa:

> "Houve um momento em que me encostei num poste e tranquei os lábios, em náuseas medonhas. Um colega achou graça: – Seja homem". (Rodrigues, 1977:201-202)

Na descrição percebe-se que os repórteres, em bando, se dirigiam rapidamente aos locais das tragédias, para transcrever nos jornais as cenas visualizadas em toda a sua intensidade. Não havia tempo para a emoção, mesmo diante da dor e da agonia. Era preciso descrever a tragédia urbana e estampá-la com as cores da violência nos periódicos da cidade.

Segundo Nelson Rodrigues, a imprensa, naquele início dos anos 1920,

"Gostava de sangue. O futebol ainda não se instalara na primeira página (...) A reportagem invadia o necrotério, a alcova, e fazia um saque de fotografias e cartas íntimas". (Rodrigues, 1993:88)

O que leva esses periódicos a destacarem cada vez mais esta tipologia de notícias? O que faz com que sejam agora quase que inteiramente dedicados às "tragédias que apaixonavam a cidade" (Rodrigues, 1977:203)? Que tipo de sensação estas notícias causam no público? Por que se inunda a cidade, no limiar dos anos 1920, de notícias que descrevem toda sorte de barbaridades e horror?

Essas narrativas, em primeiro lugar, apelam a um imaginário que navega entre o sonho e a realidade. As tragédias quotidianas, por outro lado, descrevem conteúdos imemoriais, que aparecem e reaparecem periodicamente sob a forma de notícias. Mudam os personagens, não as situações. De tal forma que podemos dizer que existe uma espécie de fluxo do sensacional que permanece interpelando o popular a partir da narrativa que mescla ficcional com a suposição de um real presumido. São temáticas que repetem, com as inflexões necessárias ao tempo e lugar de sua construção, os mitos, as figurações, as representações que falam de crimes e mortes violentas, de milagres, de desastres, enfim, de tudo o que foge a uma ideia de ordem presumida, instaurando a desordem e um modelo de anormalidade.

"Comecei fazendo atropelamento (...). Um dia, mandaram-me fazer um pacto de morte na Pereira Nunes. Com mais confiança em mim mesmo, inundei de fantasia a matéria. Notara que, na varanda da menina, havia uma gaiola com respectivo canário. E fiz do passarinho um personagem obsessivo". (Nelson Rodrigues, 1977:202-203)

A memória de Nelson Rodrigues, descrevendo sua introdução no mundo do jornalismo, mostra que as narrativas fantasiosas dão o tom das matérias policiais. Mesclando realidade e fantasia, falam dos dramas cotidianos e devem descrever com minúcias todos os detalhes da trama, para que o leitor possa se identificar e presumir – a partir da sua imaginação criadora – a cena dramática colocada em evidência.

"Descrevi toda a história – a menina, em chamas, correndo pela casa e o passarinho, na gaiola, cantando como um louco. Era um canto áspero, irado, como se o passarinho estivesse entendendo o martírio da dona. E forcei a coincidência: – enquanto a menina morria no quintal, o canário emudecia na gaiola". (*Idem, ibidem.* Grifos nossos)

À dramaticidade da cena é preciso acrescentar um aspecto inusitado, algo que apele à fantasia do leitor. O passarinho não pode entender o martírio da dona, mas a descrição da imagem com o inusitado da proposta traz para a narrativa aspectos fantásticos e que não se explicam baseados no ideal racional. O irracional é a marca principal dessas narrativas.

Entretanto, como a narrativa pertence ao mundo do jornalismo é necessário mesclar o ficcional e o imemorial, com dados de uma pretensa realidade objetiva. A morte do canário seria, sem dúvida, um efeito magistral para a construção da carga dramática da notícia. Mas representaria também a inclusão da inverdade, o que do ponto de vista das convenções do jornalismo seria um desastre. A ficção jornalística, como diz Nelson Rodrigues, obriga a sobrevivência do canário.

> "Quase, quase matei o canário. Seria um efeito magistral. Mas como matá-lo, se a rua inteira iria vê-lo feliz, cantando como nunca? O bicho sobreviveu na vida real e na ficção jornalística. E foi um sucesso no dia seguinte". (*Idem, ibidem*)

Os detalhes que apelam ao improvável voltam periodicamente na trama relatada. Nelson Rodrigues repórter vai buscar na sua memória narrativa os elementos presentes no seu texto. Um repórter de sucesso tinha imaginado anos antes a morte de um canário num incêndio. Assim, Castelar de Carvalho inventou – como ele agora faz – o canário.

> "Entre parênteses, a ideia do canário não era lá muito original. Direi mesmo: – não era nada original! Eu a tirara de uma velha e esquecida reportagem de Castelar de Carvalho. Anos antes, ele fora cobrir um incêndio. Mas o fogo não matara ninguém e a mediocridade do sinistro irritara o repórter. Tratou de inventar um passarinho. Enquanto o pardieiro era lambido, o pássaro cantava, cantava. Só parou de cantar para morrer". (*Idem, ibidem*)

A popularização dessas temáticas se dará definitivamente com o surgimento de jornais diários inteiramente dedicados aos escândalos e tragédias quotidianas, como *A Manhã* (1925) e *Crítica* (1928). São textos que se adaptam também no que diz respeito à forma, ao gosto e aos hábitos de leitura populares: manchetes resumindo em poucas palavras o drama narrado em corpo 48 e por vezes 64 ou 72. Ao lado do texto, a cena da tragédia em desenho ou em fotografia. O estilo é entrecortado. Os títulos são seguidos por subtítulos que resumem o drama a ser reconstruído por um repórter autorizado a realizar esse papel. Tudo sugere uma leitura entrecortada, uma leitura titubeante, uma leitura de um leitor real que ainda não está de todo familiarizado com as letras impressas.

As interpretações para a inclusão das chamadas notas sensacionais nas páginas dos diários e para a absorção dessas narrativas pelo gosto popular podem ser, portanto, de inúmeras ordens, mas devem ser explicadas no contexto histórico de sua produção.

É preciso considerar, antes de qualquer coisa, a questão da narrativa. Do ponto de vista do texto, essas notícias possuem marcas singulares: alicerçadas nos fatos anteriores ao próprio acontecimento, contêm, a rigor, duas histórias, a do crime e a de seus antecedentes que englobam outras notícias semelhantes.

O jornalista-narrador conta não apenas "o que se passou efetivamente" ou explica de que forma tomara conhecimento daqueles fatos, como também transporta para o relato algo que já é, de alguma forma, do conhecimento do público. Outra característica é a ênfase nos detalhes singulares. Ao particularizá-los, o narrador constrói uma sequência textual onde o leitor também pode se visualizar. Lugares conhecidos, relatos comoventes de fatos que adquirem a marca da excepcionalidade. O fato e a trama evocam uma realidade, tragédias que não puderam ser presenciadas, mas que foram sentidas através da narrativa produzida pelos repórteres, que passam a ver e ouvir por delegação e outorga desses mesmos leitores.

A narrativa dos acontecimentos implica uma integração do leitor àquele mundo. Ao se identificar, sai de seu lugar natural (o de leitor) e se integra ao mundo do relato, para depois voltar novamente ao seu lugar natural. Ao voltar é uma outra pessoa: cada narrativa produz uma mutação naquele que a realiza. Evidentemente, quando evocamos essas premissas não nos referimos a um leitor particular ou específico, mas a uma "função" de leitor, implícita no texto, da mesma maneira que implícita também está a função de narrador.

É Todorov (1989) quem trabalha com essa noção de "função de leitor". Segundo ele, essa função estaria inscrita no próprio texto, com a mesma precisão que os movimentos dos personagens. Ao interpretar a leitura, ao se apropriar das mensagens de forma diferenciada, ou simplesmente, como diz Todorov, ao proceder a uma interpretação, o leitor sai do mundo dos personagens e volta ao seu lugar natural.

Assim, descreve-se a situação não apenas como um mundo dos personagens, mas de pessoas efetivamente humanas, o que faz com que haja identificação com os sujeitos particularizados na narrativa.

Na trama do acidente de trem com cem mortos e duzentos feridos, que foi publicada pelo jornal, todos os detalhes do horror aparecem. A descrição dos pormenores, o sofrimento das vítimas, as cenas de um desastre que "assombrou a cidade".

No processo de identificação induzido, o leitor/espectador se comove e se aproxima – na dor e no medo – das vítimas. Está construída a cena dual: o mau contra o bom ou a pessoa indefesa que diante do inesperado pode perder a vida; o amor *versus* o ódio ou a compaixão diante da dor alheia; a frieza em contraposição à inocência ou a certeza de que os limites entre ser vítima ou não dependem meramente do acaso. Estão em cena os ingredientes fundamentais do jornalismo sensacional, que apela para valores culturais, para o imaginário e para as sensações de uma memória social e coletiva.

Narram-se acontecimentos que se constituem pelo seu aspecto causal e pela coincidência. Existindo, perturbam a ordem pelo inusitado, por estabelecer uma ruptura, produzindo anormalidade. São desastres, assassinatos, raptos, agressões, acidentes, roubos, tudo "que remete ao homem, à sua história, à sua alienação, aos seus fantasmas, aos seus sonhos e aos seus medos" (Barthes, 1965). As notícias construídas sobre este tipo de conteúdo convertem-se em espécie de grade de sentido, manejando em seu interior uma ideia de destino inexorável.

É preciso, pois, considerar essas publicações e seu conteúdo no espaço da recepção, já que é neste universo que as mensagens adquirem sentido. O receptor constitui um universo cultural complexo, explorado pelos veículos de comunicação de massa. Mas não são apenas as marcas textuais que produzem o protocolo de leitura. As marcas da edição são profundamente significativas.

O leitor recebe um segundo tipo de instrução contido no próprio texto: a edição. A disposição na página, a ilustração, os cortes produzidos na narrativa, a tipologia empregada, a diagramação, tudo indica um leitor e uma forma de leitura.

A leitura se faz também pela apreensão de um outro sentido: a visão. Não apenas porque muitos desses leitores são parcamente alfabetizados, mas porque a materialização do acontecimento, através da imagem, produz um sentido de realidade que a descrição textual sozinha não contém. A narrativa detalhada e coloquial se faz necessária para que produza ele mesmo, leitor, o seu texto, a partir de sua imaginação criadora.

Existe, pois, um protocolo de leitura que esses dispositivos textuais tendem a impor. Toda escrita inscreve nos textos convenções sociais e literárias que permitem uma espécie de pré-compreensão, e as formas narrativas escolhidas provocam efeitos de leituras quase que obrigatórios. Esses protocolos induzem a maneiras de ler. Um texto entrecortado, com o uso de expressões correntes, reproduzindo fragmentos de um cotidiano familiar, faz supor um leitor que procura naquelas páginas a emoção, a sensação de veracidade, ainda que entremeada por um mundo de sonho.

Os fatos e, sobretudo, a composição das narrativas policiais mostram o que se passou, evocam a realidade, acontecimentos semelhantes que se desenrolam na vida dos leitores. Ao se perceberem na narrativa, aumentam a identificação com o veículo que é capaz de materializar suas vidas, ainda que envoltas numa atmosfera de anormalidade.

A cidade e a imprensa

O Rio de Janeiro da década de 1920 definitivamente "civilizara-se", pelo menos no dizer dos cronistas de época. As revistas de críticas e de costumes que proliferavam pela cidade – *Revista da Semana* (fundada em 1900), *Fon-Fon* (criada em 1908), *Careta* (1907), *O Malho* (1902), apenas para citar as mais importantes – abrem espaço para o *footing* na Avenida Central, para as festas na Beira Mar, para os torneios que reúnem as elites mundanas. A quantidade de publicidade – ocupando habitualmente as quatro últimas páginas, além dos anúncios que se distribuem ao longo de todas as publicações – indica um público ávido por consumo e modernidade.

Mas esse público urbano e entusiasmado com os ícones da modernidade e que desfruta da transformação da cidade se concentra nos bairros nobres da cidade. A população mais pobre, que na década anterior fora obrigada a deixar as casas de cômodos e cortiços, com o "bota-abaixo" iniciado pelo prefeito Pereira Passos para "embelezar" o centro urbano e expulsar os pobres da paisagem nobre da cidade, se concentra agora nos subúrbios da Central ou da Leopoldina. Em 1920, os subúrbios abrigam quase a metade dos 1.167.500 habitantes, notadamente, Inhaúma, Irajá e Andaraí, ainda que os distritos próximos ao centro possuam as maiores densidades populacionais (São José, Santo Antonio, Santa Rita, Gamboa e Sant'Anna) (Censo de 1920).

O Recenseamento de 1920 indica também aumento no grau de alfabetização, bem como da população economicamente ativa: considera-se letrada 74,2% da população maior de 15 anos. Mas o analfabetismo continua atingindo, sobretudo, as mulheres.

Observa-se também o crescimento de áreas rurais, ocasionado pelo deslocamento de algumas indústrias e pelo surgimento de vilas e residências operárias na periferia da cidade. Irajá cresce 263% na década, enquanto Inhaúma, 92%, e Campo Grande, 67%. A especulação imobiliária toma conta do Rio e os aluguéis aumentam de 300% a 400%.

Crescem a população e o número de veículos, sem que "a disposição atual das ruas do centro dê vazão ao trânsito que tem", denuncia *A Nação* em 17 de julho de 1923. O Distrito Federal conta com 7 mil automóveis em 1922. Em 1929, importam-se 54 mil veículos dos Estados Unidos.

Vivendo as consequências da crise econômica que abala o mercado internacional, o Rio de Janeiro é agora a segunda economia mais importante do país (perde a liderança desde o início da década para São Paulo), apesar de esta concentrar-se no setor comercial e de serviços. A década de 1920 caracteriza-se pelo declínio das grandes plantações nos subúrbios, pela tendência à estagnação da produção secundária e por uma política anti-industrial por parte do Governo (Lobo, 1978:532).

A crise mundial, refletindo-se de maneira drástica na economia brasileira, ocasiona a suspensão das obras públicas, com múltiplas consequências para a indústria, o comércio e o mercado de trabalho. O decréscimo do ritmo de desenvolvimento industrial no período é expressivo: 3,9%, atingindo principalmente as fábricas de tecidos, fumos e bebidas e transferindo para São Paulo a hegemonia industrial do país. Sofrendo particularmente os efeitos decorrentes da crise comercial de 1924/1926, a indústria carioca vê sua produção reduzida.

Deficiência dos serviços públicos, baixos salários e arbitrariedades das mais diversas são os temas preferidos dos leitores dos jornais para as suas "queixas e reclamações". A maioria das publicações diárias continua dando destaque às colunas que estampam as reclamações do público que, indo diretamente às redações, procura a intermediação do jornal para tentar solucionar seus problemas. Para os grupos populares, o jornal é a voz pública de suas agruras quotidianas. E os periódicos usam o serviço como arma para a sua própria autopromoção.

> "Um menor descoberto graças a uma nota nossa. D. Anna Maria dos Anjos veio ontem à Crítica comunicar que seu filho Gaspar dos Santos, que se achava desaparecido há dois meses, fora descoberto, graças à notícia, por nós publicada na edição de 27 do mês passado". (*Crítica*, 8 maio de 1929, p. 5)

Um levantamento das publicações existentes no Rio de Janeiro ao longo da década de 1920 indica a existência de pelo menos oitocentos periódicos. A maioria publica poucos números, sendo que os que duram mais tempo não atingem cinco dezenas (ABI: 1980).

Alguns fatores podem explicar a proliferação de tantos títulos: o desenvolvimento urbano, as cisões políticas produzindo divisões mais profundas na sociedade, os aperfeiçoamentos tecnológicos e uma certa especialização dessa imprensa.

No final da década de 1920, conta-se, na Capital Federal, 19 jornais diários, 13 estações de rádio e várias revistas semanais, com tiragens que chegam a 30 mil exemplares, como é o caso de *O Cruzeiro,* lançada em 1928, após uma campanha publicitária em moldes modernos. Marca também a década, o aparecimento do primeiro conglomerado de mídia brasileiro, inicialmente com a criação de *O Jornal* (1925-1974), que viria a ser o primeiro veículo de uma série pertencente a Assis Chateaubriand.

A revolução na forma de fazer jornal, que ocorrera no início do século, tem continuidade na década de 1920 e é marcada agora pela difusão de rotogravuras a cores, pelo reaparelhamento das oficinas gráficas e pelas modificações na organização empresarial, incluindo novas formas de assinaturas e vendas avulsa. Em 1928, o jornal *A Noite* (fundado por Irineu Marinho, em 1911) adquire modernas rotativas de fabricação americana Man, que substituem as velhas Marinonis, permitindo, já no ano seguinte, o lançamento do *Suplemento Ilustrado de A Noite*. A década vê também surgir um periódico que só ganharia importância a partir de 1940: *O Globo*, fundado pelo mesmo Irineu Marinho que criara o vespertino *A Noite*.

A grande sensação no mundo do jornalismo, no último ano da década de 1920, é a inauguração do moderno prédio de *A Noite*, na Praça Mauá.

"A inauguração do novo e imponente edifício da A Noite, a realizar-se hoje às 16 horas e 30 minutos, não somente é uma grande festa do jornalismo brasileiro como também se reveste do caráter de um notável acontecimento da vida da cidade. É que A Noite, além de representar a imprensa do país, uma luminosa vitória que a todos nós tanto envaidece, constitui, sem dúvida, um dos mais valiosos elementos do patrimônio intelectual do Rio de Janeiro. Fundada, lá se vão anos, por um grupo de rapazes, tendo à frente essa figura por tantos e meritórios títulos admirável que foi Irineu Marinho, A Noite tornou-se, logo a aparecer, graças as suas reportagens sensacionais e a agudez de seus comentários, uma folha, por excelência popular". (*Crítica*, 7 setembro de 1929)

Destacando dois aspectos do jornal fundado por Irineu Marinho – as reportagens sensacionais e a agudez de seus comentários – enaltecem a construção do novo edifício como marco da modernização do jornalismo daquele final dos anos 1920.

Fundada em 18 de junho de 1911, por Irineu Marinho que, em função de desentendimentos com a direção da *Gazeta de Notícias*, da qual era secretário-geral, decide abandonar o cargo, *A Noite* define-se inicialmente por uma linha política de oposição ao Marechal Hermes da Fonseca (DHBB: 4105). Em 1925, Irineu Marinho, depois de ter sido obrigado a caucionar a maioria de suas ações em favor de Geraldo Rocha, deixa o periódico, fundando no mesmo ano *O Globo*.

A transferência de propriedade do periódico para Geraldo Rocha inaugura a segunda fase do jornal, marcada por mudanças substanciais. A primeira alteração ocorre na sua linha política, que de oposição passa a defensor intransigente das oligarquias dominantes. Inicia-se também neste período a construção de sua nova sede de 23 andares. Novas máquinas são adquiridas e o seu aspecto gráfico também sofre alterações substantivas. É, sem dúvida, o vespertino mais popular da cidade no final dos anos 1920.

"A Noite possuía uma circulação muito grande. Era um jornal feito em moldes novos e apesar de ser vespertino saía exclusivamente com noticiário do dia. Essa característica obrigava os redatores, repórteres e os gráficos a desenvolverem uma atividade enorme. Acho que havendo circulação, há automaticamente publicidade". (Depoimento de Ferrone. Pascoal. In: *Memória da ABI*)

Jornal de oposição ao Governo Bernardes, *A Noite* chega a ter uma tiragem no final da década de 1920 de 200 mil exemplares. No mesmo período, a tiragem de *O Paiz* é 3 mil exemplares, estando em franca decadência. O *Correio da Manhã* edita 40 mil, já

"A Noite devia ter uma tiragem maior ainda, por se tratar de um jornal popular, que explorava bastante essa coisa de reportagem policial. Era um grande vespertino, com grandes redatores". (Depoimento de Peixoto, Armando Ferreira. In: *Memória da ABI*)

As seções mais apreciadas pelo público são as de política, de esporte e, naturalmente, o noticiário policial.

"A Noite tinha uma grande reportagem de polícia. O Eustáquio Alves e o Bacelar de vez em quando se deguisavam de mendigos e andavam pelas ruas, colhendo notícias (...). A Noite fazia a melhor cobertura policial da época". (Depoimento de Gonçalves, Manoel Antonio. In: *Memória da ABI*)

É esse mesmo noticiário policial que faz de *Crítica* o matutino mais popular da década de 1920 na cidade. Com uma tiragem de 120 mil exemplares, o jornal criado por Mário Rodrigues em 28 de novembro de 1928 durou menos de dois anos, mas foi responsável pela explosão das páginas de sensação na imprensa da cidade.

Páginas de sensação

Com apenas oito páginas, pelas quais se distribuem as "notas sensacionais" (páginas 1, 2, 4, 6, 7 e 8) e o esporte, ocupando toda a página 3, o primeiro número de *Crítica* circula no Rio de Janeiro em 20 de novembro de 1928. Dirigido por Mário Rodrigues e funcionando num modesto prédio da Rua dos Ourives, 89, o jornal destaca invariavelmente os crimes e as atrocidades que chocam a cidade.

"Matou o próprio irmão a facadas" grita a manchete em grise, na página 4, no dia 12 de dezembro de 1928. Na mesma edição, "A mulher que engoliu o escarro do marido tuberculoso". E completa: "Quer que um jornal publique o seu diário, logo após a sua morte."

Todos os dias, cenas de horrores da vida quotidiana transportam-se para as suas páginas: incêndios, estupros, adultérios, atropelamentos, assassinatos, suicídios, entre dezenas de temas cujo mote é a miséria humana.

Muitas vezes essas notícias são publicadas na última hora e, no dia seguinte, o jornal "completava as rápidas informações de ontem, compensando-as da exiguidade, com detalhes variados, abundantes e colhidos no próprio local". (*Crítica*. 27 dezembro de 1928, p. 5)

Orgulhando-se de ser "o único matutino desta capital vendido no preço de cem réis" (*Crítica*, 23 dezembro de 1928, p. 8), uma série de estratégias é adotada para aumentar sua proximidade com o público. Continua a receber na redação "figuras extraordinárias e extravagantes da cidade" (*Crítica*, 17 de novembro de 1929, p.2), entre uma gama variada de leitores, e cria a "Caravana de Crítica" com o objetivo de ir aos locais onde são chamados para registrar os acontecimentos, apurar denúncias e investigar crimes. Passa a publicar uma coluna dedicada aos "Programas dos Cinemas" e a responder a cartas de leitores sob o mesmo tema na seção "Correspondência".

"Iniciamos com prazer a nossa correspondência cinematográfica. A soma de perguntas feitas já nos autoriza a afirmar que esta seção está sendo lida com interesse. Assim é que as respostas serão dadas, em poucas linhas, bastando que as informações sejam pedidas ao redator cinematográfico de Crítica". (*Crítica*, 28 dezembro 1928, p.7)

Adotando o *slogan* "o matutino de maior circulação no Brasil", a partir de setembro de 1929, continua seguindo a estratégia de materializar para o público o sucesso de suas edições. Em maio de 1929, a reportagem sobre o padre Eugênio de São João de Meriti alcança, segundo o jornal, êxito extraordinário. Nos vestígios deixados pela notícia, observa-se o hábito de divulgação do periódico que ia além da sua venda avulsa ou sob a forma de assinatura: os exemplares são pregados em postes e muros das principais ruas para serem lidos. A leitura causa, em contrapartida, outras reações: é o público o principal municiador das informações retumbantes que ocupam as páginas da publicação.

"Coroada do mais completo êxito, sob todos os aspectos, foi a nossa reportagem sobre o repugnante procedimento do padre Eugênio Hoetting, vigário da localidade fluminense de São João de Meriti. <u>Vários números de Crítica foram pregados aos postes e muros das principais ruas de Meriti</u>. O povo, que em sua mor parte conhecia a escandalosa crônica do padre Eugênio, aplaudia a desassombrada atitude de Crítica ao tornar público o escândalo. Assim, <u>vários moradores de São João do Meriti, ora pessoalmente, ora por telefone, nos fizeram cientes de outros fatos referentes ao libidinoso sacerdote</u>" (*Crítica*, 2 maio de 1929, p. 8. Grifos nossos)

Pouco importa o que tenha feito o "libidinoso sacerdote", também classificado pela reportagem como "alma satânica". A repercussão da matéria, em função de suas marcas narrativas, leva o leitor – direto ou indireto – a tomar partido, contra ou a favor do personagem da trama, transformando a sua leitura em julgamento de valor e, posteriormente, em ação. A ação pode ser fornecer ao jornal novos detalhes que o possibilitariam construir um novo capítulo da história ou tentar promover o linchamento do acusado. Há também aqueles que acreditam na inocência do padre. Assim, enquanto "Hermógenes de Oliveira promove um abaixo-assinado em defesa do vigário culpado", "o povo de São João de Meriti quer justiçá-lo com as próprias mãos". (*Crítica*, 2 maio de 1929, p. 8)

Os vestígios deixados por essas publicações mostram também as práticas de leitura existentes. O jornal é lido nos bondes, nos trens, no horário do almoço, nas idas e vindas de casa para o trabalho e vice-versa. É lido ao ar livre, nas ruas, preso nos muros e postes.

Essa leitura de pé, ao lado de outros leitores, induz ao comentário. O leitor, que fica sabendo do fato ao ver a informação nos jornais fixados nos muros e postes, tem uma apreensão de sentido completamente diferente de um outro cujo contato com a mesma notícia se faz num ambiente fechado e solitário. Ao ler ou ao tomar conhecimento do fato – por um outro que comenta o inusitado da trama, transformando-o num leitor de segunda natureza – produz uma interpretação que é transmitida sob a forma de comentário. O jornal, nesta prática de leitura singular, de certa forma, intima o leitor à ação.

Por outro lado, a leitura realizada através de uma apropriação coletiva se presta aos rituais de sociabilidade, a partir de um texto que é decifrado em comum. Protocolos de leitura são impostos pelas práticas de leitura.

O sucesso das notas de sensação arrebata novos leitores e, em consequência, aumenta o poder do jornal. Na redação, o telefone toca para informar sobre a popularidade do periódico. E no dia seguinte esses ícones de notoriedade são destacados sob a forma de novas notícias.

> "Pelo telefone Norte 5424, desde as 15 horas, recebíamos chamados para irmos a São João do Meriti constatar, pessoalmente, o êxito de reportagem de Crítica. Assim, resolvemos ir à simpática localidade fluminense. Constatamos plenamente a popularidade de Crítica. <u>Em quase todos os postes e muros viam-se exemplares de nosso jornal</u>". (*Crítica*, 2 maio de 1929, p. 8. Grifos nossos)

Outra estratégia utilizada passa a ser a investigação realizada pelos próprios repórteres para denunciar "desmandos públicos e privados". Sob o título "Crítica descobre um falsificador de café moído", publicam, na página 2 da edição de 21 de julho de 1929, a notícia informando como se dera a investigação.

> "Os nossos redatores <u>investigaram</u> e conseguiram descobrir que num terreiro da Rua Rego Barros um profiteur secava ao sol a borra de café, em grande quantidade, e depois revendia como se fosse um produto natural". (Grifos nossos)

Em consequência, se transforma, na opinião do público, num "jornal que descobre tudo, diziam ontem, os moradores da rua Rego Barros, nas faldas da Favela" (p.2).

Mas a sensação continua sendo as notícias envolvendo as tragédias urbanas. "Não respeitando a alcova conjugal, a adúltera foi surpreendida, em flagrante, nos braços do amásio." Ou ainda: "Ante o ultraje de sua honra, vilmente conspurcada pela esposa, desditoso marido desfecha um tiro na cabeça." "Pagou o enterro e o tipo foi sepultado como indigente." "Um escrivão da política niteroiense seduziu 12 moças!" Era esse o principal ingrediente para fazer de *Crítica* "jornal das multidões, fez-se para as multidões, que não admite, não atende senão aos sentimentos das multidões, juízes de sentenças irrecorríveis pelo instinto". (*Crítica*, maio-julho de 1929)

A dialética do fenômeno leitura inclui estratégias de persuasão desenvolvidas pelo autor para atingir seu leitor potencial. Para isso dispõe do recurso, só dele, de poder ler diretamente a alma de seus personagens. De outro lado, há que se considerar o poder de ilusão que se instaura por esta estratégia. Mas esta mesma persuasão pode caminhar numa outra direção: a retórica da dissimulação ou da ironia pode, ao invés de persuadir, produzir estranhamento no leitor. É neste sentido que a leitura se torna campo de combate entre autor e leitor (Ricoeur, 1994).

Em setembro de 1929, a sensação do noticiário é dada pelo "caso singelo da morte de um homem em circunstâncias misteriosas, entre uma dúzia de fanáticos espíritas", transformado na manchete "quis livrar-se do espírito mal e foi morto a socos e pauladas". Entremeando a descrição do crime, expressões como "hediondez da alma, perversidade dos criminosos, indivíduos de sordidez notável, instintos mais baixos e repelentes" constroem a trama narrativa que se destaca também pelos juízos de valor presentes na qualificação dos atos criminosos. As manchetes, entretanto, em estilo direto e sintético, apelam sempre para as sensações corpóreas ou para os mistérios inomináveis do espírito: "Vendeu-se ao diabo por dez mil contos!" (*Crítica*, 1 e 4 setembro de 1929, p. 2 e 8)

A partir de setembro de 1929, o jornal institui um concurso em que oferece cem mil-réis (100$000) de prêmio a melhor reportagem. Como justificativa informam:

> "Crítica tem, entre os seus cento e trinta mil leitores, uma grande maioria que nasceu com a bossa da reportagem. Cada leitor conhece um caso sensacional, que desejaria ver publicado. Entretanto, muitos silenciam a informação por motivos vários. Ora, temos norteado nossas reportagens, em quase sua totalidade, em informações, direta ou indiretamente, fornecidas por leitores que, colaborando na obra de profilaxia social que vimos empreendendo, tem contribuído grandemente para o êxito de nossa campanha. É justo, portanto, que se estimule o esforço e o interesse de nossos leitores repórteres". (*Crítica*, 5 setembro de 1929, p. 3)

O prêmio é distribuído todas as terças feiras e para concorrer é

"Suficiente enviar à nossa redação uma carta que deverá conter detalhes claros e abundantes, firmada pelo próprio nome ou pseudônimo do informante. Guardaremos rigoroso segredo sobre a identidade do Crítica – Repórter, caso esta nos seja confiada. As sindicâncias a respeito serão procedidas pelos nossos redatores". (*Idem, ibidem*)

O leitor passa a ser produtor da narrativa que será composta pelo repórter. Assim, produz uma construção primeira no ato de leitura – já que qualquer texto só se integraliza no ato configurante de sua apropriação no instante em que passa a ser lido e interpretado – passando, no momento seguinte, por uma estratégia mercadológica do jornal, a ser desencadeador da própria notícia. O objetivo do periódico é claro: inundar as páginas da publicação de casos horripilantes que atravessam o cotidiano da cidade e devem fazer parte do cotidiano da leitura.

Qualquer texto possui um caminho natural que vai de sua configuração interna à influência que passa exercer fora dele mesmo. É o que Paul Ricoeur chama refiguração. Ao produzir sentido, induz a uma ação, o que nos leva a afirmar que a leitura produz uma mudança intrínseca em quem a realiza.

Simulando a experiência vivida, essas narrativas que apelam às sensações dos leitores se projetam fora delas mesmas. A narrativa falando de um outrem enfoca a rigor a experiência do próprio leitor, já que todo texto desenha um mundo que, mesmo sendo fictício, continua sendo um mundo. Um mundo que será sempre ofertado à apropriação crítica dos leitores. Se o mundo do texto é sempre imaginário, o mundo do leitor é real, mas, ao mesmo tempo, capaz de remodelar a esfera do imaginário.

Trazendo o seu mundo para as páginas daquela publicação, ofertando seus sentidos para transformar a realidade sob a forma de texto, o leitor começa a preencher as lacunas do texto antes mesmo de sua produção. O confronto existente entre autor e leitor, cada um trazendo recursos opostos para o combate que se realiza na leitura e na interpretação (Ricoeur, 1990:39), começa, portanto, antes mesmo da produção textual. Caso a informação do leitor seja validada pelo jornal – transformando-se em notícias –, o seu mundo real se transforma em ficção impressa, passando a ser de um universo abrangente de leitores.

Esses, por sua vez, preenchem os vazios do texto, descobrindo lugares de indeterminação. Assim, o texto completa o seu itinerário pela leitura, tornando-se obra, isto é, produção comum do autor e do leitor. Essa leitura induz a novas formas de ver o mundo, de configurar a realidade, ao produzir interpretações que muitas vezes retornam às páginas do jornal sob a forma de novos textos, num círculo interminável produção/leitura.

Cada ação narrativa, por sua vez, instaura o mundo das coisas contadas, o reino do "como se". E, assim, o jornal segue falando sobre o mundo como se fosse real, como se o fato relatado tivesse acontecido daquela forma, como se tivesse existido. Neste sentido é que podemos dizer que o mundo das coisas contadas é sempre do reino do "como se" da ficção e a experiência irá depender sempre da voz narrativa que contém uma multiplicidade de vozes: a voz do autor e de todos aqueles que são designados pelo ato de narrar. Existem, pois, inúmeros atos memoráveis na voz narrativa.

O mundo projetado cruza-se com um outro mundo, o do leitor, fazendo com que o ato de leitura se torne médium decisivo, através do qual se produz a transferência da estrutura da configuração narrativa à sua refiguração e a transformação da ação humana passada ou futura.

O "como se" dessa experiência da leitura coloca em destaque a questão da voz narrativa, que, como já dissemos, não é apenas a voz narrativa do autor, mas uma voz que em essência é cultural (da tradição, do mundo onde ele se insere, das representações, das visões de mundo sub-reptícias ao texto). Esta é uma das razões pelas quais as histórias contadas parecem pertencer à memória de alguém que "fala" no e pelo texto. "A voz narrativa tem antes de qualquer coisa seu tempo próprio e seu próprio passado, de onde emergem os acontecimentos recontados." (Ricouer, 1990:34)

O desfecho da trama

A edição comemorativa de primeiro aniversário de *Crítica*, em 21 de novembro de 1929, com 40 páginas, testemunha o sucesso do empreendimento de Mário Rodrigues. Os anúncios distribuem-se de maneira indiscriminada por toda a publicação, mas, mesmo assim, "devido ao acúmulo de matérias", são "forçados a deixar de publicar nesta edição vários anúncios e artigos de colaboração".

Referindo-se a sua recente história, destacam as inovações gráficas que introduzem.

"A folha com suas páginas movimentadas, os seus comentários palpitantes se afastavam, e muito, da feição de todos os outros jornais. Era no letreiro luminoso, alguma coisa de novo, de leve, de atraente. Os distribuidores têm o faro agudo, por isso mesmo, o nosso Perrotta mandou que a máquina rodasse logo de saída cem mil... À tarde, ainda se lia e comentava o novo matutino. Os velhos profissionais afeitos à rotina estranharam <u>aquela variedade de títulos, os grises</u>. Não é um jornal – diziam – é um carrossel. É que tudo em Crítica se movimentava, ocasionando surpresas, fora do usual. Mas o público compreendeu. E gostou. Não houve encalhe". (*Crítica*. 21 novembro de 1929. Quarta seção, p. 3. Grifos nossos)

A profusão de títulos utilizando os mais variados efeitos gráficos – tipologias díspares, grises[15], recortes e, sobretudo, ilustrações – faz do jornal uma espécie de calidoscópio de imagens. Ao lado da "feição gráfica" inovadora, oferecem ao público como unidade textual um cardápio envolvendo toda espécie de tragédia urbana.

Na análise realizada por ocasião de seu primeiro aniversário, o sucesso do empreendimento é atribuído a essas inovações. Graças aos protocolos de leitura que incluíam nas suas páginas, chega à marca dos 130 mil exemplares diários.

"A sua circulação nunca fora atingida. Aos seus guichets corriam, por isso mesmo, os anunciantes. Muitos se decidiram, então, a imitá-la. Outros a copiá-la servilmente. Alguns foram até ao plágio o mais evidente, adotando não só a feição gráfica como, também, borboleteando sobre os artigos e comentários..." (*Crítica*, 21 novembro de 1929. Quarta seção, p. 3)

A adoção do novo padrão gráfico, "chocando com os moldes antiquados e rotineiros da maioria dos nossos periódicos", é, em grande parte, a razão para o sucesso da iniciativa. Ao lado disso, também é fundamental a presença dos repórteres no local mesmo dos acontecimentos. Para isso criam "a Caravana da Crítica", nomeada "impávida patrulha, perscrutadora de segredos e mistérios".

E explicam:

"A Caravana de Crítica nasceu do entusiasmo dos nossos repórteres e, nesse mesmo ambiente, tornou-se uma força remarcada na nossa imprensa com a personalidade que o seu desenvolvimento lhe granjeou. Plasmou-se este grupo de empolgantes 'sherlocks' em um núcleo corajoso de farejadores de crimes, de tragédias, dos pesquisadores de curiosidades, dos decifradores de mistérios. A Caravana é o fulmen da ação profícua deste jornal. Veloz, ativa, desconhecendo perigos, arrostando todos os sacrifícios com o pensamento fixo no imprevisto, ela está em todo lugar; é o olho vivo da nossa reportagem". (*Crítica*, 21 novembro de 1929. Quinta Seção, p. 8)

Atribuem, portanto, ao repórter a tarefa de investigar os crimes, "farejar" tragédias, "decifrar" mistérios. Aos repórteres cabe o papel de investigador, descrevendo com todas as minúcias os crimes e outros fatos que interrompem o cotidiano e produzem uma espécie de ruptura na ordem casual. Aos repórteres correndo pelas ruas da cidade cabe a tarefa de desvendar fatos, confundindo-se sua ação com a da polícia.

---

[15] Grise é o nome que se dá ao recurso de impressão que publica tons dégradés na escala de cinza.

"Com a criação deste grupo impávido de criaturas perspicazes e intemeratas, que revoluteia por toda cidade em corrida desordenada, buscando anotações sobre os fatos mais sensacionais, revolucionou-se a nossa capital, onde, até então, a reportagem policial era feita com imperfeição e sem o vulto que merecem as passagens mais rumorosas da vida de vertigem da grande metrópole brasileira. Crítica, efetivamente, implantou o sensacionalismo. Foi, aliás, ao encontro do gosto do público que se interessa avidamente pelos acontecimentos do meio que o circunda". (*Idem, ibidem*)

Mas não basta a descrição pormenorizada da tragédia. É preciso sintetizar a notícia sob a forma de imagem. Só a imagem poderia revelar a "emoção da tragédia, o horror dos crimes bárbaros, o *frisson* dos desastres".

"O controle desse conjunto de nossos repórteres é feito pelo artista Roberto Rodrigues e por Carlos Leite, dois temperamentos aventureiros, espíritos renovadores e cérebros privilegiados, sob cuja orientação se movimenta esta formidável organização que ausculta a cidade, recolhendo-lhe às menores vibrações. Roberto Rodrigues, o ilustrador *sui generis*, criou, na reportagem moderna, um novo gênero que o consagra. Os seus trabalhos, inspirados nos episódios mais impressionantes do fato do dia, dão ao noticiário; transmite aos leitores curiosos, as emoções de uma tragédia, o horror de um crime bárbaro, o frisson de desastres. A luminosidade do talento multiforme deste jovem artista empresta às nossas páginas, ao vivo, todas as emoções por que pode passar o cérebro humano, desde a expressão horripilante de um monstro, até a reconstituição perfeita de um delito bárbaro, em lugares algumas vezes inacessíveis..." (*Idem, ibidem*)

A imagem dá ao leitor a proximidade necessária para visualizar a veracidade da trama. A imagem traz o "ao vivo" para a notícia, reconstituindo com perfeição o crime bárbaro ou a expressão horripilante de um monstro. Mais do que "auscultar a cidade, recolhendo-lhe as menores vibrações", as imagens que acompanham invariavelmente os textos é que fazem com que outras sensações sejam contempladas pela descrição da notícia. Ao lado da imaginação criadora, colocada em evidência com a descrição da cena, assiste-se à reconstrução da tragédia ao visualizar a imagem. A imagem induz à sensação do olhar.

Crítica investe, pois, neste tipo de estratégia editorial, multiplicando os personagens que passam a fazer parte da "Caravana". Além do repórter Carlos Leite e do ilustrador Roberto Rodrigues, esta é composta também de Fernando Costa, Eratostenes Frazão, Carlos Cavalcanti, Carlos Pimentel, Floriano Rosa Faria, além de outros membros "secretos". "Também as nossas senhoritas repórteres têm colaborado com grande eficiência para o êxito dos nossos trabalhos, isto sem aludir ao incansável Moraes, fotógrafo oficial da Caravana, a quem se devem os furos fotográficos de Crítica". (*Idem, ibidem*).

É preciso considerar que a tipologia da narrativa depende em essência das exigências dos seus leitores e de sua necessidade de expressão. Falando de personagens do cotidiano, remontando histórias que pertencem ao universo do leitor, abrem espaço para as narrativas comuns, negando o valor dos personagens lendários e célebres. A celebração se faz via narração das peripécias daqueles que saindo do mundo dos leitores passam a pertencer momentaneamente ao mundo dos personagens para, em seguida, voltar de novo ao mundo. Os personagens anônimos envolvidos nas tramas complexas e enigmáticas do cotidiano atendem, pois, às exigências dos leitores e de suas leituras, ao mesmo tempo em que as estratégias narrativas produzem repostas emocionais.

Construindo personagens sem passado lendário, histórias sem tradição anterior e, sobretudo, tecendo uma descrição fiel às múltiplas experiências do público, essas notícias sensacionais produzem uma espécie de correspondência entre o texto e a realidade que ela imita. Com isso, constroem a proximidade desejada com o leitor, ao mesmo tempo em que os documentos – incluindo aí as ilustrações e as fotografias – produzem a crença na autoridade do impresso, suprindo a ausência da viva voz. Desta forma, a imagem transforma-se no "ao vivo", destacada pelo texto que celebra a produção noticiosa.

Vinte e nove dias depois da edição que destaca o sucesso de *Crítica*, uma tragédia produz uma peripécia na trajetória do próprio jornal. Invadindo a redação, revoltada com a notícia publicada na véspera, Sylvia Tibau "alvejou a bala em premeditada emboscada" Roberto Rodrigues. E continuam: "Atraindo o nosso companheiro a um gabinete reservado, a criminosa, traiçoeiramente, baleou-o no ventre, com frieza sanguinária sem nome". (*Crítica*, 27 dezembro de 1929, p. 8)

Ao noticiar o fato, o jornal enfatiza de maneira emocional a brutalidade que se abate sobre a cúpula do jornal, com o atentado que Roberto Rodrigues sofre na redação. O filho do diretor Mário Rodrigues é descrito com minúcias, fazendo com que se torne personagem reconhecido do leitor.

"Apesar de sua pouca idade, Roberto Rodrigues não tem na sua vida de artista e de homem um fato desses que a adolescência explica e absolve. Austero nos seus costumes íntimos, já chefe de família, sua vida é um exemplo de circunspeção". (*Crítica*, 27 dezembro de 1929, p. 8)

No calor dos acontecimentos, o leitor tem a reconstrução do fato em uma descrição pormenorizada.

"Como era dos seus hábitos, já às 15 horas da tarde de ontem, Roberto Rodrigues encontrava-se na redação palestrando com vários companheiros. Em dado momento, sem fazer-se anunciar, de maneira insólita a criminosa, útero dos apaziguados de Assis Chateaubriand, penetra esta redação e, dirigindo-se ao primeiro que lhe veio ao encontro indaga, em desembaraço e impolidez, se o nosso diretor, Dr. Mário Rodrigues, estava presente". (*Idem, ibidem*)

E continua:

"Obtendo resposta negativa, isso não a impediu, contudo, de ir até a porta do gabinete da chefia de redação cuja porta empurrou, examinando o interior do aposento inteiramente vazio e propício, pois, ao seu plano sanguinário. Ato contínuo dirigiu-se ao nosso companheiro Roberto e, sem alteração nenhuma da voz, gesto ou fisionomia, disse-lhe desejar falar-lhe". (*Idem, ibidem*)

A descrição coloca o leitor na redação de *Crítica*. Roberto, que se encontrava sentado, levantou-se à aproximação da mulher e "cortesmente indicou-lhe uma cadeira ao lado", dispondo-se a ouvi-la. A seguir informam que a mulher preferiu encaminhar-se ao gabinete ao lado, por tratar-se de um lugar mais reservado, tendo em vista o aspecto particular do assunto que iria tratar. Criando um efeito suspensivo, o texto apela a todos os sentidos.

"Minutos após, do gabinete da chefia da redação, para onde os dois se haviam retirado, partia uma detonação, seguida de um apelo de socorro clamado pelo nosso Roberto. Imediatamente, ao estampido, ao grito e ao baque do corpo, os que se achavam na sala da redação lançaram-se ao local de onde viera a denotação, indo encontrar a criminosa, em cinismo sorridente, de arma fumegando à mão e, ao solo, estorcendo-se com o ventre perfurado, Roberto, vítima da emboscada e da vilania da amante de todos os flibusteiros da imprensa dessa terra". (*Idem, ibidem*)

A narrativa implica uma interação do leitor àquele mundo. Para isso é necessário descrever o crime, detalhando tudo aquilo que faz pulsar os sentidos. Os sons ecoam na imaginação do leitor, construindo a cena pelo sentido auditivo que introduz: primeiro o estampido, depois o grito e por último o baque do corpo ao chão. Tal como o leitor, também quem está descrevendo a cena presenciou-a apenas através dos sons que ecoaram na sala. E, tal como o repórter, o leitor reconstrói – por memória – as sensações que a notícia destaca.

Mas a sua função de narrador privilegiado dá ao repórter a prerrogativa de se constituir como ser onipresente, capaz de visualizar o que se passara num cômodo no qual apenas a vítima e a criminosa estavam presentes. O redator descreve os detalhes, agora a partir de um outro sentido – o olhar –, imaginando a cena para que também o leitor possa imaginá-la.

"Sylvia Thibau a sós com Roberto Rodrigues verberou asperamente a reportagem que ontem foi publicada sobre o seu desquite. Gentleman Roberto procurou, com a mesma delicadeza explicar a atitude do jornal, mas a meretriz não deu tempo, trazia o crime premeditado. Queria matar. Roberto estava sentado a uma mesa, em cuja cabeceira se encontrava também sentada a criminosa. Disfarçadamente Sylvia Thibau abriu a bolsa onde trazia um revólver Galant, tipo pequeno e de lá retirou a arma".

Visualizando todos os detalhes, mescla a descrição com opiniões veladas, que colocam em campos opostos o vilão e a vítima. Em contrapartida à delicadeza do ilustrador sobressaem a premeditação do crime e a dissimulação da assassina.

"Roberto nada percebera. De repente, erguendo-se a prostituta fez pontaria e deu ao gatilho. A bala foi atingir em pleno ventre. Roberto ergue-se da cadeira, soltando um grito de dor para cair, ensanguentado no assoalho. Sylvia arma em punho ainda tentava alvejar Roberto, quando foi presa em flagrante pelo inspetor Garcia". (*Crítica*, 27 dezembro de 1929, p. 8)

Durante quatro dias, o leitor acompanha o desfecho da trama. Roberto Rodrigues agonizando no hospital, as manifestações de solidariedade, a prisão de Sylvia Thibau, a morte e o enterro da vítima.

Narrativas emocionadas criam um mundo imaginado, fazendo o público sentir-se participativo daquela realidade mitificada. Ao mesmo tempo em que se informa sobre o mundo, o leitor estabelece uma relação com o jornal. Pode admitir que os fatos descritos são homólogos à realidade ou perceber exagero na descrição, de tal forma que podemos afirmar que as relações estabelecidas entre o público e os periódicos se fazem em função das táticas e estratégias de recepção.

Para construir um mundo tido como real, os periódicos irão multiplicar as estratégias de transformar o verossímil em verdadeiro. Se a criação da verossimilhança se faz num primeiro momento pela aproximação com as narrativas familiares, comuns e quotidianas, num segundo instante verossímeis são os textos que falam de um mundo conhecido, que por ser semelhante é real e, portanto, verdadeiro. Entre as convenções narrativas fundamentais estão aquelas que se configuram como testemunho autêntico, tal como os textos que noticiaram dia após dia o crime na Rua dos Ourives.

Há que se considerar ainda que a notícia possui uma perenidade, fazendo com que cada texto tenha no subsequente uma espécie de contínuo, oferecendo ao leitor a oportunidade de se familiarizar com aquela rede de textos. Dessa forma, pode em cada história recapitular uma outra história.

As narrativas sensacionais produzem heróis isolados da sociedade (como Roberto Rodrigues), que podem ou não ser reincorporados ao mundo social, graças ao seu poder de ação (como Sylvia Thibau). Assim, as notícias deslocam a centralidade de seu herói para o mundo comum. Descrevendo seres ordinários – como os leitores –, elevam também a sua capacidade de construir valores miméticos (o leitor ora se identifica com o herói da tragédia, ora se revolta com a iniquidade do vilão), aumentando a ideia de plausibilidade do fato narrado e o poder de verossimilhança da narrativa.

Essas notícias de tanto sucesso nos anos 1920, na cidade do Rio de Janeiro, constroem heróis patéticos, perdedores, que, tais como os leitores, estão em posição inferior. De tal forma que se deixa vencer pela trama narrativa. O seu fim é trágico. A morte materializa sua inferioridade em poder e inteligência.

Essa rede de textos ganha, portanto, significações múltiplas que dependem fundamentalmente da tessitura da intriga construída, do grau de proximidade que estabelece com o leitor, da possibilidade de instaurar uma espécie de modelo de mundo a partir das descrições. Cada começo induz a um fim esperado ou inesperado, que reproduz, de certa forma, a intriga grandiosa do mundo. As notícias policiais são uma espécie de narrativa imanente, cujo começo já pressupõe um desfecho esperado.

Farrapos de lembrança

A tragédia de Roberto Rodrigues desencadeia num curto espaço de tempo o fim do próprio jornal. Abatido, Mário Rodrigues morre dois meses depois.

"Foi o fim de meu pai, que morria dois meses depois. A mesma bala que cravou na espinha de Roberto, ah, matou o Velho Mário Rodrigues. Mas o que preciso dizer, aqui, é que eu me sentia mais ferido do que os outros".
(Rodrigues, 1977:339)

A memória de Nelson Rodrigues ao recordar o fato coloca em cena um outro texto feito de detalhes que não figuram na narrativa construída no calor dos acontecimentos. Entretanto, as particularizações das sensações se repetem nos dois textos. Na memória das sensações, o grito que envolve a cena forja o clímax da narrativa.

A crônica de Nelson Rodrigues, "Grito", relembra com exatidão o som que sela o fim trágico do líder da "Caravana de Crítica":

"Naqueles cinco, seis minutos, acontecera tudo (e como, nesses momentos, a figura do criminoso é secundária, nula. Eu me lembrei da ira; eu não pensei em também ferir ou em também matar. Só Roberto existia. Estava ali, deitado, certo, certo, de que ia morrer. Pedia só para não ser tocado. Qualquer movimento era uma dor jamais concebida). Vinte e seis de dezembro de 1929. Nunca mais me libertei do seu grito. Foi o espanto de ver e de ouvir, foi esse espanto que os outros não sentiram na carne e na alma. E só eu, um dia, hei de morrer abraçado ao grito do meu irmão Roberto. Roberto Rodrigues". (*Idem, ibidem*)

No texto escrito três décadas depois do crime, muitos dos detalhes que figuram na descrição do jornal voltam à cena pela memória de Nelson. Outros são completamente esquecidos.

"De vez em quando, antes de dormir, começo a me lembrar. Vinte e seis de dezembro de 1929. E as coisas tomam uma nitidez desesperadora. A memória deixa de ser a intermediária entre mim e o fato, entre mim e as pessoas. Eu estou na relação física, direta, com Roberto, os outros, os móveis". (*Idem*: 338)

Na sua memória afetiva de personagem que presenciou a cena, sobressaem também detalhes que certamente passaram despercebidos aos leitores de outrora. A hora do crime, o inspetor presente na cena, as ações realizadas por Roberto minutos antes de Silvia Thibau irromper a redação.

"São duas da tarde ou pouco menos. É a redação da Crítica na Rua do Carmo. Ao lado, há uma serraria e, em seguida, um restaurante, chamado Virosca, ou coisa que o valha. Estamos eu, Roberto, o chofer Sebastião, que servia meu pai há anos e anos; o detetive Garcia, que ia muito, lá, conversar fiado. Roberto acaba de tomar uma cajuada. Eu não me lembro do contínuo que fora buscar o refresco. É essa a única presença que me falta". (*Idem*: 338-339)

Mas a recriação da cena da tragédia faz-se também da recomposição das sensações que ficam impressas nos sentidos do escritor. A criminosa não é identificada, transformando-se na crônica de Nelson em personagem do esquecimento. Mas os detalhes de seus gestos estão gravados para sempre: a voz doce, a naturalidade, os passos que caminham e voltam...

"Ouço a voz perguntando, cordial, quase doce: – Doutor Mário Rodrigues está? Não ocorreu a nenhum de nós a mais leve, tênue, longínqua suspeita de nada. Como desconfiar de uma naturalidade total? O chofer Sebastião respondeu: – Doutor Mário Rodrigues não está. Nova pergunta: – E Mário Rodrigues Filho está? Também não (...) Vejo os passos que vão até a sala da frente. É empurrada a porta de vaivém. Ninguém lá. Os passos voltam". (*Idem, ibidem*)

Na sua memória, tal como na notícia publicada pelo jornal no dia seguinte ao crime, figuram as sensações. Quem pede é a voz. Quem vai em frente são os passos.

"A voz pede (e há um vago sorriso): – O senhor podia me dar um momento de atenção? Roberto está do outro lado da mesa, sentado. Ergue-se: – Pois não. Enquanto ele faz a volta passando por mim e por Sebastião, os passos vão na frente. Entram pela porta de vaivém. Roberto entra em seguida. Ele tinha 23 anos". (*Idem, ibidem*)

Na descrição noticiosa interessa pontuar a gentileza da vítima (o "gentleman" Roberto), o seu caráter, detalhes como a informação que passaram a uma sala reservada por solicitação da criminosa, tornando-o, a partir desta composição textual, personagem reconhecido pelo público. Na descrição memorável do escritor sobressai a emoção.

"Enquanto Roberto caminhava para a sala, eu me dirigia para a escada. Ia ao café, na esquina da Rua do Carmo com Sete de Setembro. Lá dentro, não houve tempo para uma palavra. Roberto levou o tiro ao entrar. Parei com o estampido. E veio, quase ao mesmo tempo, o grito. Não apenas o grito do ferido, mas o grito de quem morre. Não era a dor, era a morte. Ele sabia que ia morrer, eu também sabia". (*Idem, ibidem*)

Os detalhes da cena desaparecem. O diálogo imaginado na notícia publicada no dia 27 de dezembro de 1929 – que revela a razão do crime – não mais existe. Eles ficaram nas leituras realizadas e na memória do público, não na do cronista. As suas lembranças retêm traços que dizem respeito à ação individual. É a narrativa de seus passos, em contraposição a dos passos de seu próprio irmão.

"Todos corremos. Na frente, de revólver na mão, ia o detetive Garcia. Atrás, Sebastião, eu me lembro, agora me lembro – um bom crioulo, o Quintino, cego de um olho. Eis o que vi: – Roberto caíra de joelhos, crispava as duas mãos na mão que o ferira. O detetive apontava o revólver. A voz estava dizendo: – Vim matar Mário Rodrigues ou um dos filhos. Simplicidade, doçura. Matar Mário Rodrigues ou um dos filhos". (*Idem, ibidem*)

A frase, que revela o ato cruel proferido pela vilã, figura nas duas narrativas: na crônica de Nelson Rodrigues e na notícia publicada em 27 de dezembro. No jornal apenas o verbo vir é substituído pelo verbo querer: "Eu queria matar Mário Rodrigues ou um de seus filhos."

A intencionalidade da criminosa é reforçada na notícia, construindo uma imagem-lembrança em que se prioriza a crueldade. No jornal, a frase aparece várias vezes. Ao ser subjugada, segundo *Crítica*, a criminosa declara mais uma vez: "Nada mais quero fazer. Eu queria matar Mário Rodrigues ou um de seus filhos."

Considerando que a memória é um trabalho do presente e que os textos produzem significações para os leitores que enxergam essas narrativas como redes de textos, formando unidades de sentido, a notícia que relata a tragédia que se abateu sobre a família Rodrigues é uma espécie de metáfora que destaca a ideia de crise. A tragédia dos Rodrigues assume proporções gigantescas, transformando-se numa espécie de Apocalipse. Além da morte, o céu ou o inferno e o mundo nas mãos de sobreviventes esgotados.

Restaurar a ordem anterior parece uma ação débil, diante do terror que toma conta de tudo e de todos. A crise instaura o tempo da eternidade, um simulacro de um presente que se eterniza de tal forma que subsistem – ainda que sob a forma de ato memorável – nas imagens-lembranças de Nelson Rodrigues, mais de três décadas depois.

As sensações que ecoaram da redação de *Crítica* colocam na cena um fim que está lá e lá ficará. O leitor, nesse jogo de espelhos, irá dissolver a intriga, construindo o final da obra. Ou o término se dará em 24 de outubro de 1930, quando *Crítica* publica seu último número, ou trinta anos mais tarde, quando, a partir da memória de Nelson Rodrigues, um novo fecho será dado àquela trama. Roberto Rodrigues encerra um capítulo de uma história na qual as sensações davam a senha da construção de um mundo como texto.

III. Vestígios memoráveis:
Construindo identidade e história (1920-1930)

"Artur Bernardes era um homem extremamente impopular no Rio de Janeiro e tornou-se extremamente impopular no Brasil inteiro. <u>Eu era garoto, nessa época, minha opinião não tinha a menor importância, só tem sentido aqui, porque se trata de um depoimento</u>. Eu era muito contra ele, porque era essa coisa de opressão e tal. Ele governou quatro anos sob estado de sítio. Já tendo a Lei de Imprensa, ele governou quatro anos sob estado de sítio. Bernardes era um homem de espírito autoritário". (Depoimento de Leite Filho, Barreto a Gilberto Negreiros. In: "Os Jornalistas Contam a História". *Folha de S. Paulo*. Grifos nossos)

A memória dos jornalistas constrói um mundo particular da profissão e particulariza a função específica do ato de lembrar que vale pela sua significação futura e não pelo lugar que ocupa no momento da lembrança. A memória de Barreto Leite Pinto na década de 1920 só tem importância pela história que trilhou como jornalista. É desse lugar que ele produz um depoimento validado para a história.

Barreto Leite Filho inicia sua carreira como jornalista, com apenas 16 anos, em 1923, no jornal *A Notícia*, como setorista da "Assistência Pública", como era chamado então o pronto-socorro do Hospital Souza Aguiar. Nas suas memórias relembra que, no final dos anos 1920, quando já se estruturam os primeiros conglomerados de imprensa no Rio de Janeiro, os jornais são ainda extremamente dependentes dos subsídios oficiais do governo federal.

Duas tipologias de jornais circulam na cidade: uma imprensa ainda de caráter artesanal, caracterizada por suas baixas tiragens e, sobretudo, por ser projeto executado normalmente por entusiastas na "arte" de fazer jornal e uma imprensa já estruturada em moldes empresariais, processo que se inicia – como vimos anteriormente – na virada do século XIX para o XX.

A rigor, as contradições entre estes dois tipos de jornalismo se acentuam no decorrer da década com a fundação daquele que seria o veículo principal do primeiro conglomerado de imprensa. A compra do *O Jornal* – fundado por Renato Toledo Lopes e um grupo de jornalistas que abandona o *Jornal do Commercio* por divergência com o então secretário de redação Felix Pacheco[16] – por Assis Chateaubriand, em 1925, inaugura o movimento de consolidação do poder de Chateaubriand frente à sociedade política, em função do prestígio que vai adquirindo como uma espécie de Barão da Imprensa. Mas inaugura, sobretudo, um novo período nesta imprensa: a da criação de grandes grupos de mídia.

O título do jornal é uma espécie de provocação ao tradicional *Jornal do Commercio*, cuja identidade construída na cidade é de tal ordem que ninguém precisa particularizá-lo. Basta pedir "O Jornal" para que todos saibam que se trata do *Jornal do Commercio*. Escrito em linguagem rebuscada, o agora novo *O Jornal* adquire certo prestígio entre as elites, mesmo que nunca tenha atingido – até a sua compra por Chateaubriand – tiragens expressivas.

> "Lembro-me que o Chatô no dia em que tomou conta de O Jornal, tinha no bolso 20 cruzeiros e a camisa que vestia estava com a manga rasgada no punho à axila. Ele conservou quase toda a redação aumentando-a com os articulistas Saboia de Medeiros e Antonio Leal, entregando a gerência a Argemiro Bulcão". (Hora, 1959:33)

As peripécias realizadas por Assis Chateaubriand para conseguir a soma pedida por Toledo Lopes para comprar o jornal também são descritas em outras memórias de época. Alguns afirmam que parte do dinheiro fora o resultado do pagamento recebido pelo trabalho realizado para o poderoso empresário norte-americano Percival Farquhar. Outros que conseguiu o dinheiro das mãos do agiota mais célebre da cidade, o conde Modesto Leal.

---

[16] Comentava-se na cidade que Renato Toledo Lopes era testa-de-ferro de Pandiá Calógeras, Arrojado Lisboa e Píres do Rio, os verdadeiros donos de *O Jornal*. Como em 1920 não precisavam mais do empreendimento, fundado para defesa de seus interesses em torno da questão siderúrgica, venderam-no a Renato Toledo Lopes que, no ano seguinte, o vendeu a Assis Chateaubriand.

Desde que chega ao Rio de Janeiro, Chateaubriand aproxima-se das cercanias do poder. É convidado por Nilo Peçanha, então chanceler, para ser consultor do Ministério do Exterior e por Alexandre Mackenzie para advogado da Light and Power. E essas relações farão dos veículos de comunicação, criados na esteira de *O Jornal* e formando o que viria a ser os *Diários Associados*, um verdadeiro Estado dentro do Estado.

"Às oito da manhã de 30 de outubro de 1924, Assis Chateaubriand atravessou as oficinas instaladas no térreo do pequeno prédio de quatro andares da rua Rodrigo Silva, subiu o primeiro lance de escadas, passou sem cumprimentar ninguém pela redação no primeiro andar, subiu a pé mais dois pavimentos e sentou-se na cadeira que até então pertencia a Renato Toledo Lopes. Aos 32 anos, ele realizava o sonho de ser dono de um jornal. E começava a sonhar mais alto ainda: aquele seria apenas o primeiro de uma coletânea de diários que ia gerar filhotes por todos os cantos do país." (Morais, 1994:140)

Chateaubriand inicia o seu império

Assim que assume a direção de *O Jornal*, Chateaubriand empreende uma série de mudanças: além da ampliação do número de páginas, da inclusão de textos de colaboradores de renome, como Afrânio Peixoto, Virgilio de Melo Franco, entre outros, passa a comprar artigos exclusivos do New York American Syndicate, para assim imprimir ao periódico o que na época se chama "um estilo cosmopolita".

Em menos de um ano, dobra o seu faturamento com publicidade. Anúncios da Companhia Antarctica Paulista, da General Motors, da Sul América de Seguros, de várias casas bancárias, de distribuidoras de combustíveis e, principalmente, de laboratórios de remédios tomam várias das 20 páginas da publicação.

Uma solução adotada para tornar o jornal mais ágil do ponto de vista gráfico é o aumento de seu número de páginas, dividindo-o em dois cadernos, sendo o segundo frequentemente impresso a cores. Em abril de 1925, o segundo caderno é impresso nas oficinas do *La Nation*, em Buenos Aires, em rotogravura, técnica ainda incipiente no jornalismo brasileiro.

A política, através das campanhas periódicas que realiza, é o grande assunto. As grandes reportagens também. Seus repórteres seguem os passos da Coluna Prestes, exagerando nas tintas descritivas o lado romântico e aventureiro do "famoso capitão gaúcho". As retaliações não tardam. Lidas obrigatoriamente pelos censores, durante o estado de sítio vigente no governo de Artur Bernardes, muitas dessas reportagens só são liberadas um mês depois de escritas.

"O ministro da Justiça, que tanto se preocupa em censurar, não devia permitir a ignomínia dessa comparação. Lampião é um bandido, um salteador vulgar, um miserável que assassina para roubar, um degenerado que se fez cangaceiro a fim de dilapidar os bens e tirar a vida de seus semelhantes. O capitão Prestes é um revolucionário, e, enquanto não for julgado por um juiz civil ou um conselho de guerra, faz parte do Exército brasileiro. O raid do capitão Prestes valerá pela tenacidade e pelo arrojo do soldado-menino de 26 anos, bravo, ardente, pugnaz, como decerto o Brasil nunca tinha visto nada comparável". (*O Jornal*, *apud* Morais, 1994:150)

Arthur Bernardes decreta o estado de sítio em 5 de julho de 1924, estabelecendo com ele a censura à imprensa.

"Durante o governo Bernardes havia uma diferença entre a imprensa de então e a imprensa de hoje. Ele foi o primeiro que proibiu a fórmula clássica, isto é, o jornal deixava em branco toda linha ou parágrafo censurado, o que alertava o leitor quanto à censura. Não sei se a ideia partiu dele ou do chefe da Polícia, Marechal Fontoura, mas acontece que o jornal era obrigado a compor o espaço vazio para não dar ao leitor a impressão de que fora censurado". (Depoimento de Peixoto, Armando Ferreira. In: *Memória da ABI*)

Adotando a defesa do capital estrangeiro e o antinacionalismo, Chateaubriand se mantém na oposição até a Revolução de 1930. Nesse período, de modo geral, todos os movimentos contra o governo são apoiados por ele. Essa posição fez o jornal aproximar-se do movimento tenentista. No final do governo de Washington Luís, apoia a formação da Aliança Liberal (*DHBB*:2863).

Segundo depoimento de Austregésilo de Ataíde ao CPDOC-FGV, Getúlio Vargas, quando candidato à Presidência da República pela Aliança Liberal, ia frequentemente ao jornal conspirar com Chateaubriand contra Washington Luís. Assim, *O Jornal*, em julho de 1930, acusa o governo federal de ser responsável pelo assassinato de João Pessoa, candidato à vice-presidência da República na chapa de Getúlio. E, em outubro do mesmo ano, dá total apoio à Revolução de 1930[17] (*DHBB*:2863).

---

[17] *O Jornal* mudaria de posição logo depois da instalação do Governo Provisório de Getúlio Vargas. Apoia a Revolução Constitucionalista de São Paulo, em 1932, o que custou a Chateaubriand o confisco da sede do jornal e de seu maquinário e o exílio de Chateaubriand (na sede do jornal passa a ser impresso o periódico governista *A Nação*). Chateaubriand só volta em 1933, quando consegue reaver seu jornal passando a direção geral do órgão ao seu sogro Zózimo Barroso do Amaral. Após o golpe de 10 de novembro de 1937, que instaura o Estado Novo, *O Jornal* passa a sofrer rigoroso controle do governo. Este momento e os outros subsequentes, até o fechamento do jornal, em abril de 1974, em consequência das péssimas condições financeiras em que se encontra, serão retomados nos próximos capítulos.

Passado mítico

Os vestígios memoráveis dos jornalistas que se iniciaram na profissão no período imediatamente anterior ao Estado Novo compõem não só um perfil particular daquele que viria a ser um dos mais importantes magnatas da imprensa no século XX, como também fundam uma espécie de passado mítico da profissão. Instauram um momento fundador para os que ingressam no mundo do jornalismo, caracterizando os jornalistas como detentores da missão para a qual não é possível medir sacrifícios, ao mesmo tempo em que se destacam pelo combate. "Nessa época, jornalista e conspirador eram na verdade a mesma coisa", afirma Barreto Leite Pinto (*Memória da ABI*). Nas suas falas vão construindo, *a posteriori*, a imagem distintiva da profissão. Uma distinção conseguida pela função primordial atribuída pelos jornalistas como grupo no seu discurso memorável.

Particularizando uma identidade especial – a de ser detentor da informação e definidor das manobras políticas do Brasil da época – os jornalistas destacam, como memória do grupo, sobretudo, a ideia de sacrifício e missão.

"Jornal é vocação, é amor; na década de 20 se caracterizava, sobretudo, porque a imprensa era feita com amor (...). Mas voltando a esse amor pelo jornal, não havia hora de sair. Se houvesse um acontecimento, nós ficávamos solidários com o secretário, que não precisava nos fazer apelos. Não havia nada disso, nem livro de ponto; era o orgulho, a satisfação de servir, de furar um companheiro, ou melhor, furar o outro jornal". (Depoimento de Cotrim Neto, Álvaro. In: *Memória da ABI*)

Daí ser possível trabalhar sem remuneração. Daí também ser naturalizado o fato de trabalharem mais de 12 horas por dia...

"Quanto ao horário de trabalho diário, posso dizer que só havia um dia do ano em que os prelos não gemiam; era na terça feira de carnaval. Nem Natal ou Semana Santa. No jornal se trabalhava todo dia, domingo. Mas ninguém tinha ponto, todo mundo, em geral, respeitava seu horário, levava sua máquina e ficava dentro da redação. Havia uma boa convivência nas redações com pequenas divergências de alguns perversos que criavam certas desavenças. Mas tudo isso era compensado pela maioria". (Depoimento de Perdigão, José Maria dos Reis. In: *Memória da ABI*)

A mítica do amor verdadeiro à profissão e da vocação, o que impõem necessariamente sacrifícios, atravessam primeiramente a sociedade, para depois se constituírem como memória do grupo. Só porque existe um certo enlevo por aqueles que, mais do que uma profissão, têm uma missão política e social, é que para o grupo se torna fundamental a existência dessa premissa na construção de seu passado. A memória de um certo passado comum atravessa primeiramente a sociedade, para depois aparecer na consciência do grupo e se transformar em discurso uno em torno dos ideais da profissão. E são esses restos do passado que constroem a memória coletiva dos jornalistas no momento em que eles são instados a falar como grupo.

"A gente desanima muito, os jornais deixaram de ser aquilo que eram, um conjunto de pessoas que vibravam dentro da mesma ideia. Hoje não é isso. Antigamente ninguém podia pensar em horário de jornal porque o sujeito vivia dentro do jornal, porque ele queria e só saía dali depois que as colunas rodavam". (Depoimento de Perdigão, José Maria dos Reis. In: *Memória da ABI*)

Esse tipo de fala que arquiteta o passado como sendo em muito superior ao tempo presente, instaurando um momento de glórias e virtudes, em contraposição a um presente onde todos os valores existentes anteriormente se perderam, repete-se com frequência na mítica do mundo do jornalismo. Assim, o jornalismo feito no passado é sempre construído como sendo de outra ordem: antes havia a vibração, o amor verdadeiro à profissão, o que fazia com que não houvesse pressa em deixar o local de trabalho e ninguém pensasse em horário. O jornalista, na mitificação construída como discurso memorável, queria ver o produto de seu trabalho pronto, não se importando com a hora de deixar o jornal. Agora, no discurso memorável do jornalista que relembra o passado, tudo é diferente.

Os indivíduos, ao se perceberem (ou ao se imaginarem, como diz Benedict Anderson) como membros de um grupo, produzem diversos tipos de representação quanto a sua origem, história e natureza neste grupo. E uma das marcas mais recorrentes no discurso dos jornalistas, ao lado da idealização da profissão como lugar de sacrifícios, é a construção de um dado ideal de modernidade. A cada década uma nova modernidade é construída. Assim, também nos anos 1920, um novo movimento no sentido de mudar e atualizar a profissão é forjado na memória do grupo. Ao considerar a modernização como espécie de palavra de ordem, utilizam-na também como signo da identidade do grupo, ainda que essa fosse sempre de responsabilidade de profissionais claramente identificados. São os grandes nomes do jornalismo que, na memória do grupo, promovem as revoluções periódicas da imprensa. E não seria diferente em relação à memória forjada para a década de 1920.

"O Chateaubriand transformou O Jornal em um órgão austero, independente, do mais alto nível, que tinha os melhores colaboradores, inclusive estrangeiros. (...) Foi o Chateaubriand que introduziu, sem dúvida, no Rio, a separação completa entre informação e comentário. A opinião era emitida em editoriais, em artigos dele ou em cartas no máximo. Ele lia toda matéria importante do jornal e <u>se houvesse alguma que ele não aprovasse como objetividade</u>, chamava o jornalista responsável e passava uma reclamação". (Depoimento de Pinto, Barreto Leite. In: *Memória da ABI*. Grifos nossos)

Se para Barreto Leite Pinto, o ato solitário de Chateaubriand cria o mundo do jornalismo objetivo, para outros, teria sido Irineu Marinho o grande nome da década ao construir um jornalismo preocupado com a informação.

"A imprensa naquela época era por essência informativa, havia notícias sobre todos os assuntos. Era muito raro, ou mesmo, não tinha jornais enfocando apenas um assunto. A Noite primava por sua espetacular cobertura de reportagens nos mais diversos assuntos, publicando notícias de todas as partes do mundo e do Brasil. <u>O Irineu</u> nunca teve a postura de vangloriar-se pela vitória de seu jornal, foi <u>simplesmente um grande jornalista</u>". (Depoimento de Castro, Luiz Werneck de. In: *Memória da ABI*. Grifos nossos)

Como a identidade só pode ser formulada na relação do sujeito com o outro, a partir de diferenças reais ou inventadas, se formando sempre em relação (alteridade), na qual desempenha papel fundamental a tradução desse lugar via formulação discursiva e memorável, os jornalistas, ao falarem de si mesmos como grupo, instauram signos distintivos em relação a diversos outros. É a memória como lugar de produção de discursos que funda as particularidades desse lugar de pertencimento.

A presença do passado no presente é muito mais complexa e menos explícita do que se supõe. Assim, é importante distinguir entre competência e *performance* memorial. Nesse sentido, a recorrência das lembranças dos jornalistas, como grupo, não se confunde com as lembranças que possuem do passado, sendo apenas a memória como lembrança manifesta de um dado momento desse passado que constrói, no presente, a idealização fundamental para o grupo. Existe uma política da memória, fornecendo elementos essenciais para os jornalistas, como grupo, construírem a importância da profissão, a característica de visionários de alguns, de homens além de seu tempo.

Outro aspecto recorrente nas narrativas memoráveis dos jornalistas como grupo é o da valorização da informação. Em todas as falas, a separação entre o mundo da opinião e o mundo da informação vai construindo o ideal de objetividade como valor imprescindível para a notícia e, sobretudo, como aspecto fundamental da profissão. Com isso, instauram a mítica da imparcialidade, indispensável para quem quer se afirmar como tradutor do mundo para o público. E, em função disso, aquinhoar maior poder simbólico.

Paralelamente a este trabalho da memória, constrói-se a imagem dos jornalistas formando um único grupo, ganhando, portanto, uma identidade particular, que se define não apenas pela inclusão, mas, sobretudo, pela distinção entre aqueles que eram jornalistas e todos os outros que não estavam incluídos nesta categoria.

A identidade social pode incluir ou excluir um indivíduo ou os grupos uns dos outros, sendo uma categoria que modula a alteridade entre nós e eles e que está invariavelmente presente na diferença cultural. Mas a identidade social é sempre multilocalizada. Ela aparece de forma homogênea e uniforme, porque é a prática memorável que permite ultrapassar o registro individual, formulando coletivamente o que é ser jornalista nesse passado mítico. Na prática, não havia nem a uniformidade pretendida, nem o sentimento de presente comum.

A memória funciona, pois, como uma espécie de lugar de nutrição da identidade, conformando-a, negociando o que cada um deve fazer e lembrar em relação ao seu passado (Muxel, 1996). A identidade pode ser definida como consciência da continuidade da vida, mesmo com mudanças, crises e rupturas. A identidade está, pois, enraizada como um processo de memória.

Se memória pode ser considerada como presença viva e ativa dos sujeitos que produzem falas como resultados de traços materiais, mas também como materialidade de seus lugares de pertencimento, podemos dizer que a memória é generativa da identidade, ao mesmo tempo em que a identidade é memória em ato.

Assim, a identidade do jornalista da década de 1920, construída pelo registro memorável do grupo, vai moldando algumas premissas da profissão que serão fundamentais na definição do ser jornalista, não no passado, mas no futuro. A mítica da vocação, do amor à profissão, dos sacrifícios impostos, da necessidade de informar com isenção e longe dos arroubos políticos momentâneos, ao mesmo tempo em que cabia como missão ter claro papel político, tudo isso formula um lugar de fala no mundo do jornalismo que ultrapassa em muito os limites de uma década.

Por outro lado, fica patente também a construção mitológica do tempo de antes. Na memória do grupo, apenas no passado havia o verdadeiro jornalismo, distante do profissionalismo, e cultuado como momento em que os afetos determinavam o grau de aderência àquele mundo. Considerando a natureza dialógica da memória, no sentido de estabelecer uma correlação com o outro e com o tempo, isto é, com o par presença/ausência, é a ausência do cotidiano da profissão que instaura a mítica do passado verdadeiro. Apartados do dia-a-dia da profissão, os jornalistas, no seu trabalho memorável, constroem a presença – o mundo do jornalismo – a partir da ausência desse mesmo mundo. Assim, o tempo de antes é o mundo do verdadeiro jornalismo, onde o que existe é o amor à profissão, os sacrifícios cultuados, num momento em que a imprensa possuía uma importância singular: mostrar para o público um mundo em constante mutação.

A memória do grupo constrói-se como memória coletiva na medida em que ela é partilhada em uma vivência em comum. E, como tal, modula mitos coletivos a partir de histórias particulares de vida. Falando de um passado comum, fornecem a ilusão de torná-lo presente. Nesse sentido, a memória do grupo é dividida por outros que viveram experiências semelhantes, tornando-se evocação, lembrança de acontecimentos vividos como se fossem coletivos, testemunhos, escolhas, interpretação instrumentalizada desse passado, mas também um saber particular. A memória individual de cada um dos jornalistas que lembrou aqueles longínquos 1920 forja a memória dos jornalistas que conservam, pela lembrança, um passado em comum[18].

Para Halbwachs (1990), a lembrança se reconstrói sempre a partir do presente e é o grupo ao qual pertence o indivíduo que fornece a ele meios de reconstruir o passado (as palavras que exprimem a lembrança, as convenções, os espaços, as durações que dão ao passado sua significação). A seletividade da memória nada mais é do que a capacidade de ordenar e dar sentido ao passado, em função das representações, visões de mundo, símbolos ou noções que permitem aos grupos sociais pensar o presente.

Uma história memorável

Dando sentido ao passado, os jornalistas que faziam das redações meio de distinção e de sustento constroem uma particular caracterização dos jornais do Rio de Janeiro daquele final dos anos 1920. De um lado, a imprensa que sobrevive graças aos subsídios do governo oficial e, de outro, aqueles que forjam sua autoidentidade na esteira da propalada independência política.

"Naquele tempo, havia dois tipos de jornais ou publicações no Brasil. Havia os jornais que viviam dos subsídios oficiais, subsídios do governo federal, por exemplo. O modelo desses jornais era O Paiz, do Rio de Janeiro. Aqui no Rio eu poderia citar, como representantes mais importantes dessa imprensa subsidiada O Paiz, A Gazeta de Notícias, A Notícia, do Cândido de Campos, que foi o primeiro jornal onde eu trabalhei (...) Mas os principais

---

[18] Para Halbwachs (1990), a memória é lembrança, resto, evocação do passado, mas é também um saber. E apenas na medida em que o pensamento individual existe no que ele conceitua como quadros sociais de memória (língua, tempo e espaço) é que somos capazes de lembrar. Assim, a memória individual se realiza sempre num quadro social e lembramos em comum com outros, formando grupos humanos que se instituem como tal pela conservação de um passado em comum.

jornais do governo, aqui no Rio eram: O Paiz, A Gazeta de Notícias e A Notícia, e não me lembro, francamente, de mais nenhum". (Depoimento de Peixoto, Armando Ferreira. In: *Memória da ABI*)

Só no Rio de Janeiro, há o registro do aparecimento de mais de 800 periódicos naqueles anos 1920. Destes apenas uma dezena atravessa a década. Os mais importantes são de um lado *O Paiz*, o *Jornal do Commercio*, a *Gazeta de Notícias*, *A Notícia*. De outro: o *Correio da Manhã*, o *Jornal do Brasil*. Aparecem ainda dois outros periódicos que terão importância pela história futura: *O Globo*, fundado em 1925, e *O Jornal*, que viria a ser líder da cadeia dos Diários Associados, de Assis Chateaubriand.

"Porque naquele tempo havia muito jornal provisório, jornais que apareciam e desapareciam. Apareciam nas campanhas presidenciais, mas depois desapareciam. Agora, os jornais de oposição, esses tinham os seus próprios meios de vida, porque esses eram jornais... O Correio da Manhã enquanto existiu foi o maior jornal do Rio de Janeiro. Depois, começou a decair a partir da época do Juscelino, mas isso não tem nada que ver. De qualquer maneira foi o grande líder, em primeiro lugar. Era um jornal notável". (*Idem, ibidem*)

Na própria caracterização dos periódicos, aparece na fala dos jornalistas a construção de um registro memorável do grupo. Os jornais que historicamente se automodularam como sendo de oposição aparecem sempre na memória do grupo como os mais importantes, adjetivados como notáveis periódicos. Assim, *O Paiz* – um jornal nitidamente governista em todas as fases de sua existência – é referido com desprezo, enquanto o eterno oposicionista *Correio da Manhã* aparece como uma espécie de ideal de imprensa. É a polêmica, o destemor, a coragem de ser opositor que faz do *Correio da Manhã*, reiteradamente, "o maior jornal do Rio de Janeiro".

Ao lado de jornais de importância política e de tiragens que ultrapassam os 40 mil exemplares – como é o caso do *Correio da Manhã* –, há aqueles de pouca expressão, apesar de terem exercido uma liderança incontestes em décadas anteriores. Esse é o caso do *Jornal do Brasil*, que no início do século atingira a cifra de 60 mil exemplares e que

"Não tinha nenhuma expressão naquele tempo. Inclusive, é um fato curioso este, porque o Jornal do Brasil só era lido por causa dos pequenos anúncios. Não havia ninguém que comprasse. Havia umas caricaturas do Raul Pederneiras, que saíam na primeira página, então, dava um certo interesse, mas, editorialmente, o Jornal do Brasil, que tinha mudado de dono, (...) depois foi absorvido pelo conde Pereira Carneiro, por motivos financeiros. Mas o Jornal do Brasil não tinha nenhuma expressão, eu não poderia dizer, sob tortura, qual era a orientação do Jornal do Brasil, se era contra ou a favor, mas devia ser muito a favor; agora, o Jornal do Brasil era independente, ele vivia dos seus anúncios". (*Idem, ibidem*)

O aperfeiçoamento e a difusão de novas tecnologias – entre elas a incorporação de novos processos de impressão –, ao lado de estruturação empresarial que inclui novos planos de assinaturas e vendas avulsas, são determinantes para o desenvolvimento da imprensa da cidade em novos moldes. A aquisição de novas rotativas Man, de fabricação americana, possibilita o aparecimento de suplementos a cores, como o *Suplemento Ilustrado de A Noite*, lançado em 1929.

A chegada de novas agências internacionais de notícias – que vão se juntar a Havas, que aqui estava desde o século XIX – contribui para o novo formato dos jornais, que passam a destacar notícias provenientes da Europa e agora também dos Estados Unidos. A United Press, que desde 1918 presta serviços ao *Estado de S. Paulo*, passa a fornecer noticiário também ao *Jornal do Brasil*, a partir de 1922 e a partir do final da década ao *O Jornal*. No mesmo período a Associated Press inaugura seu escritório no Rio de Janeiro, passando a atender inicialmente apenas ao *Correio da Manhã*.

"O período entre a ocorrência do fato e sua transmissão para o Brasil era o seguinte: Nova Iorque era o centro irradiador do noticiário para a América Latina. O noticiário era mandado pelo telégrafo para Buenos Aires, onde estava localizada a United Press para a América Latina. De lá, então o noticiário era transmitido para outros países, entre eles o Brasil. O noticiário vinha também em telegrama para o Brasil, através da Western, a Pal American e da Italcabo. Os telegramas vinham em inglês". (Depoimento de Peixoto, Armando Ferreira. In: *Memória da ABI*)

Nesse cenário de mutações econômicas, políticas e tecnológicas, a imprensa continua dependente dos favores e favorecimentos oficiais para garantir a sua sobrevivência. A independência dos jornais existe apenas como discurso memorável construído pelos próprios jornalistas.

"Aqui no Rio, além de O Paiz, outros jornais viviam de subsídio do governo, entre eles, a Gazeta de Notícias e A Notícia. Eu não me lembro de qualquer outro jornal. Naquela época surgiam alguns jornais que desapareciam durante as campanhas presidenciais". (Depoimento de Leite Filho, Barreto. In: *Memória da ABI*)

Num cenário de transformações urbanas marcantes – o crescimento demográfico foi da ordem de 28% e há um aumento de 37% no número de prédios e domicílios da cidade (Lobo, 1978:551) – poucos jornais conseguem tiragens superiores a 10 mil exemplares. Esse era o caso do *Correio da Manhã* e de *A Noite*. Dessa forma, trabalhar nesses jornais de sucesso é uma forma de reconhecimento para os próprios jornalistas.

"A Noite saía em duas edições, e estou lhe falando do começo da década de 20. Agora, o Correio da Manhã era um grande jornal. <u>O sujeito trabalhar lá era uma honra</u>. Esses jornais tinham vida própria, porque tinham grande circulação, de modo que tinham também muito anúncio". (Depoimento de Leite Filho, Barreto. In: *Memória da ABI*. Grifos nossos)

Segundo o discurso memorável dos jornalistas, esses são os dois jornais mais populares do Rio de Janeiro de então.

"O Correio da Manhã devia ter, variava muito, segundo a época, eu não poderia jurar, mas eu tenho uma reminiscência qualquer, que naquele tempo o Correio da Manhã tinha uma tiragem de 40 mil exemplares, o que era, para o Rio de Janeiro, uma tiragem muito grande. A Noite devia ter uma tiragem maior, porque era um jornal popular e explorava muito essa coisa da reportagem de polícia. Era um grande jornal, um grande vespertino, tinha esplêndidos redatores também e o Irineu Marinho era um grande secretário de jornal, quer dizer, a cozinha do jornal ele fazia admiravelmente". (Depoimento de Leite Filho, Barreto. In: *Memória da ABI*)

Ainda que a inclusão das chamadas notas sensacionais seja brevemente lembrada no depoimento, o que faz o sucesso de *A Noite* não é, na visão do jornalista, a aproximação que esse tipo de conteúdo estabelece com o público. O que faz de *A Noite* um grande jornal é o fato de possuir "esplendidos redatores" e também "o Irineu Marinho".

Assim, o jornalismo como atividade depende do gênio criador de alguns poucos nomes, responsáveis diretos pelo sucesso da iniciativa. É a criatividade do jornalista que produz invariavelmente o sucesso de público. Forma-se, pois, uma espécie de memória forte do grupo em relação à caracterização dos jornais e das atividades jornalísticas. É isso que explica a repetição sistemática dos mesmos signos de reconhecimento.

Joel Candau (1998:40) chama memória forte à memória massiva, coerente, compacta e profunda que se impõe à maioria dos membros de um grupo. Uma memória forte é organizadora, sendo importante na estruturação do próprio grupo e da representação que faz de sua identidade.

Enquanto os jornais classificados como independentes – *A Noite*[19] e o *Correio da Manhã* – são lembrados como os mais populares, aqueles que eram nitidamente governistas não têm leitores. Esse é o caso de *O Paiz* e do *Jornal do Commercio*.

---

[19] Em função de desentendimentos com a direção da *Gazeta de Notícias*, onde era secretário-geral, Irineu Marinho abandona o cargo e junto com mais 13 companheiros, funda, em 18 de junho de 1911, o jornal *A Noite* (1911-1956). *A Noite* define-se desde o início como jornal de oposição, sendo crítico severo do

"Até 30, jornal do governo não era lido. Por exemplo, O Paiz era uma obra-prima de jornal erudito. Não era muito jornalístico, era mais um jornal assim, vamos dizer, semiliterário; publicava longos artigos, coisas muito leves, era muito bem escrito. Hoje em dia seria um jornal inconcebivelmente atrasado, mas, naquela época publicava artigos notáveis, nacionais e estrangeiros, mas ninguém lia. Tinha três mil exemplares de circulação". (Depoimento de Leite Pinto, Barreto. In: *Memória da ABI*)

Na divisão que constrói ao caracterizar as publicações que circulam na cidade, o jornalista apela a valores do presente para, mais uma vez, qualificar os jornais. O estilo literário de *O Paiz*, segundo sua visão, é um dos fatores que inviabiliza o seu sucesso, ao lado do já propalado alinhamento com o governo. Entretanto, somente a partir dos anos 1950 é que o jornalismo diário abandona – e mesmo assim lentamente – as digressões literárias. Portanto, a memória do jornalista reconstrói o passado, a partir de um presente que materializa o distanciamento do jornalismo da literatura. A autonomização do jornalismo em relação à literatura seria fundamental para a construção de seu profissionalismo e para o seu reconhecimento como lugar de fala específico, mas isso só ocorre muitas décadas depois.

Se as memórias de época servem à reflexão sobre a construção de uma dada identidade jornalística, são fundamentais também para particularizar detalhes dessa imprensa. Assim, também será a partir dos registros dos repórteres e redatores da década de 1920 que procuraremos caracterizar algumas das publicações da cidade. Mas como a memória é feita do jogo entre lembrar e esquecer, certamente a construção que faremos está baseada em nuanças desse jogo, que coloca em cena outras motivações que não apenas o ato de lembrar.

Ao produzir um discurso destacando alguns periódicos em detrimento de outros, os jornalistas arquitetam, a partir de sua fala, uma dada história da imprensa. Essa história sofre as interferências da interpretação que construímos a partir desses vestí-

---

governo do marechal Hermes da Fonseca. Em 1918, quando da disputa eleitoral entre Epitácio Pessoa e Rui Barbosa, apoia, mais uma vez, o ex-ministro da Fazenda. Com a vitória de Epitácio, o jornal continua na oposição. Em 1921, apoia a candidatura de Nilo Peçanha, na disputa com Artur Bernardes. A vitória de Bernardes ocasiona uma série de problemas para o jornal, já que o seu governo caracteriza-se por forte repressão às oposições. Durante todo esse período, que se estende até 1925, é comandado por Irineu Marinho. Nesse ano, Marinho, doente, parte para a Europa, e causiona a maioria de suas ações em favor de Geraldo Rocha, que realiza, em seguida, uma assembleia de acionistas e elegendo nova diretoria. Com a transferência de propriedade de Irineu Marinho para Geraldo Rocha, o jornal empreende amplas mudanças. A primeira delas é na linha política: de oposição passa a apoiar a situação. Assim, o jornal seguiria apoiando as oligarquias dominantes até o governo de Washington Luís. Também no mesmo período muda a feição gráfica, com a aquisição de novas máquinas de impressão. Em setembro de 1930, lança a revista *Noite Ilustrada*, toda impressa em rotogravura (*DHBB*, 4105-6).

gios. É essa dupla reconstrução, que figura como elemento fundamental para a descrição das publicações, que faremos a seguir.

Memória: particularizando as publicações

O Jornal, ao final da década de 1920, possui 25 mil assinantes e vende 35 mil exemplares nas bancas. Mas o periódico de maior prestígio político é o *Correio da Manhã*, sobretudo pelo seu estilo combativo. *O Jornal*, na visão dos jornalistas, é um jornal de informação, enquanto o *Correio* é panfletário.

"A linha do Correio da Manhã era desabrida, com xingamentos. Já O Jornal era um jornal de informação, com uma série de colaboradores importantes, uma informação pesada, com uma linha de orientação não conservadora, mas equilibrada". (Depoimento de Peixoto, Armando Ferreira. In: *Memória da ABI*)

Marcada pelas transformações econômicas e políticas da sociedade, a imprensa na década guarda ainda muitas relações com a do início do século. O ingresso no mundo do jornalismo se faz – tal como nos anos 1900 – pelas indicações. Jovens estudantes de Direito constituem a maioria dos jornalistas, que faz das redações o lugar necessário para garantir a subsistência e o pendor literário. Ingressando nas redações com idades entre 16 e 20 anos, valem-se das relações de amizade e da simpatia pessoal para entrar no mundo do jornalismo. Os méritos profissionais em nada contam.

"Era aluno da Faculdade Livre de Direito do Rio de Janeiro, que funcionava na Praça da República. Em 1920, quando terminei o curso, já me encontrava trabalhando no jornal. Comecei minha vida de jornalista na segunda quinzena de maio de 1919, em A Noite. <u>Tinha boas relações com a família Marinho e isso facilitou muito a minha entrada no jornal</u>. Atendi a um convite do Irineu Marinho para conhecer o jornal e lá fui apresentado ao secretário de redação Eurycles de Mattos, e aos demais redatores, repórteres e funcionários da empresa. Decidi então ficar trabalhando em A Noite". (Depoimento de Várzea, Afonso. In: *Memória da ABI*. Grifos nossos)

Tal como para Afonso Várzea, para quem as boas relações com o dono do jornal *A Noite* são determinantes para sua iniciação como jornalista, para outros essas são fundamentais para conseguir o emprego desejado. A partir do primeiro emprego, novos conhecimentos são fundamentais para a continuidade na profissão.

Quando cheguei ao Rio, <u>procurei o Nogueira da Silva, que era meu conterrâneo e amigo, e ele, imediatamente me colocou na redação da Rua</u>.

Mas logo depois passei para O Imparcial. (Depoimento de Perdigão, José Maria da Silva. In: *Memória da ABI*. Grifos nossos)

É fundamental ainda o aprendizado que se faz a partir de ensinamentos ministrados por aqueles que dominam as técnicas da imprensa.

"Comecei a trabalhar na Agencia Havas em 1916, portanto, em plena guerra. <u>Entrei para ocupar o cargo de redator, convidado pelo jornalista Lisboeta Lança Cordeiro, que me ensinou as primeiras noções de trabalho da agência</u>". (Depoimento de Castro, Luis Werneck de. In: *Memória da ABI*. Grifos nossos)

O conhecimento anterior, aprendido no dia-a-dia da profissão, é muitas vezes determinante para a mudança de jornal. É o que acontece, por exemplo, com Manuel Antonio Gonçalves, que, quando desempregado pela venda do jornal onde trabalha, vai para o vespertino de maior sucesso da cidade.

"Comecei minha atividade jornalística no Imparcial, localizado na Rua da Quitanda, durante a primeira guerra mundial. (...) Eu trabalhava na revisão e depois passei para a redação, onde fui fazer Câmara Municipal e mais tarde Câmara Federal. O Macedo Soares acabou vendendo o jornal (...) Deixei o Imparcial e fui para A Noite, que funcionava no Largo da Carioca. <u>Expliquei a minha situação ao Dr. Irineu Marinho, disse-lhe que precisava continuar trabalhando para custear os meus estudos e que tinha uma certa experiência da Câmara</u>. Após um rápido teste na redação, fui admitido com o salário de 300 mil-reis, que para mim representava uma fortuna. E fiquei cobrindo a Câmara, então no Palácio Monroe. Trabalhei ao todo seis anos na Noite, até me transferir para O Globo, onde fui secretário durante quinze anos". (Depoimento de Gonçalves, Manuel Antonio. In: *Memória da ABI*. Grifos nossos)

Se a posição de classe é fundamental para galgar postos no mundo do jornalismo dos anos 1920, a condição de classe (Bourdieu, 1989a) é determinante para ingressar na profissão. As relações pessoais fazem a diferença entre aqueles que desejam se tornar jornalistas.

"Quando revelei ao meu pai, no começo de 1914, minhas intenções jornalísticas, <u>ele redigiu um cartão a Souza Marques e a Irineu Marinho</u>, que eram então diretores de A Noite. Irineu Marinho me disse que eu ia começar como ele havia começado. Entrei para o quadro de reportagem de polícia, à noite, e as notícias tinham que ser apanhadas no local, pois os telefones praticamente não funcionavam. Corríamos os subúrbios e bairros a procura de notícias". (Depoimento de Peixoto, Armando Ferreira. In: *Memória da ABI*. Grifos nossos)

Os jornais circulam seis dias por semana, o que garante um dia de descanso semanal. Trabalhando muitas vezes até 12 horas por dia, não há horário estabelecido para o exercício da profissão. Os salários variam entre 700 e 800 mil-réis mensais para o chefe de redação e 150 mil-réis para um redator comum. "Os salários eram péssimos. Naquele tempo quando um jornalista tinha 250 mil-reis estava ganhando muito. O secretário ganhava entre 500 e 600, era um grande salário". (Depoimento de Perdigão, José Maria da Silva. In: *Memória da ABI*. Grifos nossos)

"Em 1928 precisava compor meu salário e ainda não era redator chefe da United Press, fui trabalhar também no O Jornal, levado pelo Austragésilo de Athayde (...) Eu passei a entrar lá por volta das seis horas e trabalhava até as 11, meia-noite, quando estava de plantão ia até as duas horas. Às vezes, mesmo sem estar de plantão eu era obrigado a ficar lá, porque o Chateaubriand chegava às 10 horas e gostava de conversar comigo. Então fiquei no jornal até ser nomeado redator chefe da United Press". (Depoimento de Peixoto, Armando Ferreira. In: *Memória da ABI*. Grifos nossos)

"Eu entrava às 7 horas da manhã e saía às 7 da noite. Não tínhamos hora nenhuma, como também não havia setores, todo sujeito pertencia a um setor, mas em matéria de prestigiar um noticiário do jornal todos faziam as funções dos outros". (Depoimento de Magalhães, Mário. In: *Memória da ABI*. Grifos nossos)

A má remuneração é apontada como fator determinante para que tivessem sempre um outro emprego, normalmente público, e que se torna acessível em função da distinção que os jornais possibilitam. Enquanto um funcionário público ganha em média 600 mil-réis, um jornalista recebe 200 mil-réis. Há ainda um número considerável de colaboradores que nada recebem. Apenas a distinção de ser jornalista...

"A propósito da posição do jornalista, ele sempre teve *status*, não sei se porque concomitantemente ele arranjava uma outra função, mas também os jornalistas de maior destaque dentro do jornal, aqueles que de uma maneira ou de outra, poderiam ter uma influência dentro da linha do jornal". (Depoimento de Peixoto, Armando Ferreira. In: *Memória da ABI*. Grifos nossos)

Ser jornalista é, portanto, uma espécie de lugar intermediário para conseguir a distinção necessária para ocupar um cargo na administração pública. Ter um emprego público é a aspiração primeira. Ocupar um lugar na política, a aspiração máxima.

"Em geral, os jornalistas que faziam essa parte política tinham sempre um emprego no Senado ou na Câmara. Alguns bons jornalistas, como João

Leitão e Jacy Monteiro, eram taquígrafos, de maneira que eles apanhavam dentro da câmara, em primeira mão, tudo e depois mandavam escrito. Alguns iam levar". (Depoimento de Perdigão, José Maria da Silva. In: *Memória da ABI*. Grifos nossos)

"<u>Na maioria dos casos os jornalistas do governo eram contemplados com nomeações para cargos públicos</u>, em repartições onde não tinham obrigação de aparecer". (Depoimento de Lima, Paulo Motta. In: *Memória da ABI*. Grifos nossos)

Modernos e permanentes edifícios

A grande sensação do mundo do jornalismo no último ano da década de 1920 é a inauguração do moderno prédio do vespertino *A Noite*, na Praça Mauá.

O arranha-céu situado no início da então Avenida Central representa para os profissionais uma vitória. Assim, o sucesso de *A Noite* envaidece todo o campo jornalístico que se identifica com a modernidade expressa em concreto pelo jornal.

"A inauguração do novo e imponente edifício de A Noite, a realizar-se hoje às 16 horas e 30 minutos, não somente é uma grande festa do jornalismo brasileiro como também se reveste do caráter de um notável acontecimento da vida da cidade. É que A Noite, além de representar a imprensa do país, uma luminosa vitória que a todos nós dá se tanto envaidece, constitui, sem dúvida, um dos mais valiosos elementos do patrimônio intelectual do Rio de Janeiro". (*Crítica*, 7 setembro de 1929, p. 1)

Assim *Crítica* anuncia a inauguração do novo prédio. O sucesso do periódico, materializado no edifício-sede, é partilhado pelos outros jornais, que viam no fato de desenvolverem a mesma atividade – construir o mundo a partir das notícias – uma espécie de entrelaçamento de objetivos.

Também na notícia aparece a idealização dos grandes nomes da imprensa como responsáveis diretos pelo sucesso da iniciativa. Dessa forma, o jornal torna-se vitorioso pela orientação editorial que Irineu Marinho implementou.

"Fundada, lá se vão anos, por um grupo de rapazes, tendo à frente essa figura por tantos e meritórios títulos admirável que foi Irineu Marinho, A Noite tornou-se, logo a aparecer, graças as suas reportagens sensacionais e a agudez de seus comentários, uma folha por excelência popular". (*Crítica*, 7 setembro de 1929, p. 1)

Na notícia utilizam-se também dos trabalhos da memória, já que nessa época já fazia mais de quatro anos que Irineu Marinho saíra do jornal para fundar *O Globo*, tendo falecido 21 dias depois do aparecimento do novo jornal. Mesmo assim, ao destacarem o ícone maior da modernidade do novo jornalismo – o arranha-céu da Praça Mauá –, relembram aquele que é construído como essência do próprio jornal, o que faz com que mesmo ausente continue presente sob a forma de lembrança. Assim, foi o mérito pessoal de Irineu Marinho o responsável pelo sucesso do jornal, que culmina agora com a construção do moderno edifício.

Dois aspectos editoriais são destacados – as reportagens sensacionais e a agudez de seus comentários – e, com isso, chama a atenção para aquilo que consideram sua marca mais característica. Partilham, assim, ainda que idealmente, o sucesso de *A Noite*, com a construção e ocupação do mais arrojado arranha-céu da cidade.

> "A Noite possuía uma circulação muito grande. Era um jornal feito em moldes novos e apesar de ser vespertino saía exclusivamente com noticiário do dia. Essa característica obrigava os redatores, repórteres e os gráficos a desenvolverem uma atividade enorme. Acho que havendo circulação, há automaticamente publicidade". (Depoimento de Ferrone, Pascoal. In: *Memória da ABI*)

No final da década de 1920, sua tiragem chega a mais de 50 mil exemplares e nem a saída de Irineu Marinho, em 1925, diminui de imediato o sucesso do mais popular vespertino da cidade. As seções mais apreciadas pelo público são as de política, de esporte e o noticiário policial.

Nelson Rodrigues, em suas memórias, destaca o sucesso editorial do jornal.

> "A Noite foi amada por todo um povo. Eu penso nas noites de minha infância em Aldeia Campista. O jornalismo vinha, de porta em porta. Os chefes de família ficavam, de pijama, no portão, na janela, esperando. E lá longe o jornaleiro gritava. 'A Noite. A Noite!'. Eu me lembro de um sujeito, encostado num lampião, lendo à luz de gás o jornal do Irineu Marinho. Estou certo de que se saísse em branco, sem uma linha impressa, todos comprariam A Noite da mesma maneira e por amor". (Rodrigues, 1977:179)

Na crônica intitulada "Memória", Nelson Rodrigues relembra hábitos cotidianos do público em relação aos periódicos: a espera à tarde pelo grito do jornaleiro que anuncia a chegada do vespertino em subúrbios distantes, como Aldeia Campista. Também as práticas de leitura aparecem na narrativa memorável do dramaturgo: a leitura no ambiente privado, com a indicação de que os chefes de família esperam o jornal na porta de casa já ao anoitecer, e a leitura no espaço público. Lia-se na rua, encostado aos postes para aproveitar a luz tênue e fraca do lampião a gás. A profusão de leitores indica também uma multiplicidade de leituras.

Na primeira página, invariavelmente, publicam as notícias policiais, algumas vezes acompanhadas de fotografias.

> "A Noite tinha uma grande reportagem de polícia. O Eustáquio Alves e o Bacelar de vez em quando se deguisavam de mendigos e andavam pelas ruas colhendo notícias (...) A Noite fazia a melhor cobertura policial da época".
> (Depoimento de Gonçalves, Manoel Antonio. In: *Memória da ABI*)

Não raras vezes, as matérias de crimes violentos, prisões de delinquentes, catástrofes de todas as ordens são substituídas por notícias que exploram o sobrenatural. É o que ocorre, por exemplo, em várias edições de maio de 1931, quando publicam a série de reportagens sobre "A Santa de Coqueiros".

> "Ontem, as últimas horas da tarde, estive em casa de Manoelina e com ela palestrei, durante largo espaço de tempo. A 'Santa' estava de pé, gozando de perfeita saúde. Hoje, muito cedo, mandou ela um portador chamar-me (...) Entramos no quarto de Manoelina. Ela estava prostrada: Que tem? perguntamo-lhes. A moça, com temperatura muito elevada, segurou-me pela mão e disse: Fui avisada... E não disse mais nada". (*A Noite*. 1 maio de 1931, p. 1)

A agonia da Santa de Coqueiros ocupa durante semanas espaço na primeira página do jornal. "Manoelina agoniza, lentamente seus olhos cerraram-se, sua boca emudeceu. Apenas o coração lhe arfa, com compasso desmedido. Contempla-lhe a fisionomia e ela tem a serenidade dos justos". (*Idem, ibidem*)

A essa altura vivem-se os últimos meses da administração de Geraldo Rocha. Tendo apoiado a candidatura de Julio Prestes, de maneira radical, sofre as consequências com a eclosão da Revolução de 1930. Combatendo o grupo que propugna pelas ideias revolucionárias, realiza uma série de entrevistas com líderes que são, àquela altura, contra a solução de tomada do poder pelas armas. Um dos primeiros a ser entrevistado é Borges de Medeiros, ex-presidente do Rio Grande do Sul, que conclama o povo a acatar os resultados eleitorais. Nem a eclosão da Revolução de 1930, em 3 de outubro, arrefece os ânimos de Geraldo Rocha, que continua publicando artigos contra os insurgentes. Essa campanha desperta a ira dos revolucionários, que após a vitória do movimento empastelam o jornal e prendem seu proprietário (*DHBB*: 4106).

Com a sede do jornal incendiada e depredada, *A Noite* suspende por alguns dias suas edições. Impossibilitado de continuar a dirigir o jornal, Geraldo Rocha é substituído por Augusto Lima, que inicia os preparativos para o relançamento do periódico.

Inúmeras dificuldades – dívidas acumuladas, precariedade de funcionamento em razão dos danos sofridos, má administração – contribuem para a decadência de *A Noite*. Para culminar, a direção da Brasil Railway verifica a existência de uma dívida de Geraldo Rocha com a empresa, relativa ao tempo em que fora representante da São Paulo-Rio Grande, subsidiária da Brasil Railway. Obrigado a assinar uma escritura de confissão de dívida, dá em garantia todos os seus bens.

Como não consegue saldar sua dívida, a São Paulo-Rio Grande fica com a posse de todos os seus bens, incluindo as ações de *A Noite*. A partir daí a propriedade do jornal passa a Guilherme Guinle, presidente da Brasil Railway no país, que escolhe, para diretor, Carvalho Neto, funcionário do jornal (*DHBB*:4106).

Começa neste momento a terceira fase da empresa, marcada pelo crescimento – incluindo a criação das revistas *Carioca* e *Vamos Ler* e a inauguração de uma emissora de radiodifusão, a *Rádio Nacional* – e pela expansão de suas tiragens. Apesar disso, o grande temor – que se concretiza no início dos anos 1940 – é a encampação do jornal, na medida em que, desde 1930, a São Paulo-Rio Grande se encontra sob o controle do governo federal.

O Decreto-Lei nº 2.073, de 8 de março de 1940, legaliza a ocupação pelo governo da Estrada de Ferro e de todas as empresas a ela filadas, incluindo *A Noite* e a *Rádio Nacional*. Integrado ao patrimônio da União, o jornal viveria sua última fase, em crise permanente (*DHBB*: 4107).

Memórias dos homens de imprensa

A rememoração da fundação de *O Globo*, em 29 de julho de 1925, revelada pelas estratégias memoráveis dos jornalistas, o constrói como iniciativa do gênio criador de seu fundador: Irineu Marinho. Por outro lado, as memórias projetam uma história de sucesso para o novo matutino que, a rigor, só se efetivaria muitas décadas depois.

> "O Globo nasceu praticamente de uma viagem que o Irineu Marinho fez a Europa para tratamento de saúde. Digo isso porque ele caucionou as ações da Noite com Geraldo Rocha e na sua volta quando ele quis resgatá-las ou não teve meios ou o Geraldo Rocha não aceitou mais, apoderando-se do direito do jornal. O Irineu tomou então a decisão de fundar O Globo e antes consultou seus antigos companheiros para expor o seu projeto". (Depoimento de Gonçalves, Manuel Antonio. In: *Memória da ABI*)

A mesma história da fundação do jornal, a partir de um ato ilícito – a apropriação das ações de *A Noite* – aparece no depoimento de outros jornalistas. Alguns detalhes são repetidos, outros são acrescentados. A enfermidade e a viagem para tratamento de saúde são detalhes comuns em muitas narrativas. Mas a forma como se dá a passagem do controle acionário do jornal para o novo proprietário aparece de forma diferenciada nas múltiplas lembranças.

> "Não conheço todos os detalhes. Mas sei que o Irineu Marinho contraiu uma enfermidade e teve de viajar para a Europa para seguir um tratamento, afastando-se provisoriamente da direção do jornal. No meio da viagem – o que o obrigou, inclusive a interromper o tratamento – ele foi avisado que o Geraldo Rocha tinha assumido o controle acionário da Noite. Foi assim que se deu o seu afastamento". (Depoimento de Ferrone, Pascoal. In: *Memória da ABI*)

Dependendo do lugar de onde fala, no futuro, os mesmos fatos aparecem com nuanças distintivas. O que em alguns depoimentos figura como traição, em outros é construído como venda do jornal por Irineu Marinho a Geraldo Rocha.

> "Eu trabalhei na A Noite até 1924. Foi quando o Irineu Marinho saiu para fundar O Globo. E ele vendeu A Noite para o Geraldo Rocha e eu continuei na A Noite, como diretor substituto, antes eu era redator". (Depoimento de Magalhães, Mário. In: *Memória da ABI*)

Os mecanismos de transmissão dessa história particular constroem uma tradição que identifica a fundação de *O Globo* como parte de uma traição, cujo desfecho foi modificado graças à ação empreendedora de Irineu Marinho.

Essa mítica da reconstrução, a partir de uma perda, aliada ao fato de ter seu fundador morrido exatos 21 dias depois do aparecimento do novo periódico, vai construindo na memória do grupo uma identidade particular para o jornal, que passa a ser identificado como uma espécie de lugar indestrutível. Nesse sentido, nada mais evidente do que seu sucesso como empreendimento empresarial.

O sucesso, no futuro, é construído pelo ato memorável como sendo previsível no passado. Por outro lado, nos depoimentos aparece como elo comum o fato de um jornalista – na acepção plena –, a partir do aprendizado que se efetivara na prática, ter sido o único responsável pela fundação do novo periódico.

A transmissão realizada pelos jornalistas que falam do projeto reproduz não a história particular do jornal, mas a mítica do sucesso. Com a adaptação do passado ao presente como lembrança e reiteração, vão forjando uma identidade particular, ao mesmo tempo em que pela transmissão repetem várias vezes para diversos indivíduos a mesma narrativa que, assim reproduzida, produz uma identidade particular. Reprodução e invenção, fidelidade ou traição, lembrança e esquecimento fazem parte da transmissão como trabalho de memória.

Como um grupo profissional, os jornalistas valorizam comportamentos apropriados e reprimem outros, de forma a construir uma memória que seja adequada à reprodução de seu próprio saber e, sobretudo, de seu saber fazer, o que confere também ao grupo identidade.

Um grupo de redatores e repórteres decide continuar trabalhando com Marinho, segundo os relatos. No novo projeto, Herbet Moses (que seria anos mais tarde presidente da ABI) viria a ser diretor-tesoureiro. Eurycles de Mattos, que também fora fundador de *A Noite*, assume a chefia de redação, ficando no cargo até a década seguinte.

Num único andar do edifício da Rua Bittencourt da Silva, 21, no antigo Largo da Carioca, funcionam precariamente a redação, as oficinas de gravura e composição, a fotografia, a revisão e a gerência de *O Globo*. No térreo, nos fundos, fica a rotativa, a distribuição e o caixa.

Noticiando o aparecimento do novo periódico, a imprensa destaca o que classificam como "a modernidade do jornal", em função de tentar reproduzir o caráter noticioso que também possui *A Noite*. O destaque à informação estabelece a sua diferença em relação aos outros.

> "O Globo é um jornal moderno, com o feitio de um diário europeu, desapaixonado, muito noticioso, com uma infinidade de seções informativas e parece pouco propenso a formar correntes vibráteis de opinião, a não ser através do exato e minucioso noticiário". (*Diário do Povo*, Apud *O Globo*, 31 julho de 1925)

Na definição dos jornalistas ser um jornal moderno é destacar as notícias informativas, relegando a opinião a plano secundário. Valoriza-se o novo estilo jornalístico no qual o noticiário "exato e minucioso" tem papel central. Observa-se, portanto, a continuação da construção gradativa do ideal de objetividade no jornalismo carioca, que começa antes mesmo da década de 1910. Com um longo trabalho para definir o papel do jornalista e do jornalismo – ser isento, imparcial e açambarcar múltiplos aspectos de uma realidade a quem é outorgado o direito de figurar –, os próprios jornalistas vão construindo um lugar peculiar para a profissão, no qual a ideia de representação fiel da realidade se sobressai. Ao espelhar o mundo, através das notícias, ocupam lugar emblemático e definem o valor da profissão.

Outro ideal que aparece com frequência está associado às novidades introduzidas pelo periódico: a noção de moderno. Como um conceito, moderno, nas palavras dos jornalistas, é o jornal que divulga a informação, numa linguagem que procura a isenção. A informação passa a ter lugar de destaque. A valorização dessa pretensa neutralidade – apresentada pela formatação discursiva do periódico e pela delimitação dos espaços destinados à opinião que não mais se confundiria com as colunas de informação – retira da narrativa jornalística a ideia de suspeição.

Os jornais não devem opinar e muito menos persuadir. Os conteúdos revelam uma realidade existente *a priori*. O jornal deixa de expressar concepções, para se valer da isenção que vão construindo em torno da ideia de notícia. Assim, a uniformização de múltiplos aspectos numa retórica que procura despir a linguagem de elementos opinativos constrói, gradativamente, a noção de linguagem jornalística neutra, elevada à condição de ciência, afinada com o mito da isenção, da neutralidade e da prestação de serviços.

"O Globo desenvolveu o jornalismo noticioso, porque a imprensa antiga era mais de crônicas e artigos. Dificilmente dava notícia. Para dar uma notícia era preciso que a notícia fosse muito importante mesmo, senão não dava. O Globo desenvolveu o serviço de notícia, noticioso, passou a ser um jornal noticioso, não comentarista. Os comentários de O Globo se restringiam a Ecos, eram os três Ecos que fazia, no princípio. Nesses três Ecos pequenos eles davam a sua opinião de tudo. No mais era tudo notícia, era um serviço noticioso: foi a parte justamente que desenvolveu mais, foi a parte noticiosa". (Depoimento de Gonçalves, Manuel Antonio. In: *Memória da ABI*)

Na prática, entretanto, essa valorização da notícia informativa não ocorre. Mesmo a intenção do jornal de ser voltado para os temas da cidade também não é evidente. As narrativas procuram, a rigor, construir a imagem do jornal a partir de elementos importantes para o jornalismo no futuro e não no passado, como já dissemos. As memórias de época fornecem uma espécie de mapa futuro do lugar fundamental que deverá ser construído pelo grupo.

Nada na primeira página do jornal de 29 de julho de 1925 parece evidenciar a intenção de ser um jornal isento e voltado para os temas da cidade. A manchete destaca "Voltam-se às vistas para a nossa borracha", referindo-se a visita ao Brasil de Henry Ford. Ainda na primeira página outra notícia sobre o crescimento do número de automóveis no Brasil: de 2.772 para 12.995. Em seguida, informam da abertura dos arquivos secretos de Viena. Completando a página uma caricatura de Raul Pederneiras critica a política econômica do governo.

No período compreendido entre 1925 e 1930, *O Globo*, além do pequeno espaço dedicado à opinião – a coluna "Ecos", na segunda página – possui outras colunas do gênero: na página 4, "O Globo na sociedade", na 5 "O Globo nos Teatros" e na 6, "O Globo entre as senhoras". Na página 3, reproduzindo pequenas notícias fornecidas pelas agências Havas, Americana e United Press, publica a coluna "Última Hora". "O Globo na sociedade" relaciona noivados, casamentos, viagens, doenças e impressões sob a forma de crônicas. Críticas às peças teatrais e musicais, notícias dos espetáculos em cartaz e das casas de danças formam o conteúdo de "O Globo nos Teatros". A coluna "O Globo entre as senhoras" destinava-se "à leitora dona de casa e à mulher trabalhadora". Entretanto, os temas tratados não fazem parte do universo das mulheres trabalhadoras dos anos 1920.

"Não trataremos aqui de assuntos transcendentais, problemas de alta filosofia, questões de política ou de finanças, mas sim dessas serenas coisas encantadoras tão indispensáveis ao espírito da mulher de hoje. Esta seção tocará levemente em todos os assuntos: literatura, música, elegâncias, mundanismo, seja citando o sucesso do livro do dia ou a nota original de uma moda que surge, seja seguindo o desenvolvimento de uma ideia qualquer". (*O Globo*, 1 setembro de 1925, p. 4)

Um ideal de mulher leitora é claramente expresso na coluna, que busca uma mulher que resuma também um ideal feminino: deve ser a guardiã do lar, honesta, trabalhadora, mas ao mesmo tempo suave, leve e muito feminina.

"Esta coluna será animada dos bons desejos de defender os interesses da mulher que trabalha, da mulher que luta para manter honesta e corajosamente o seu lar. Terá um carinho muito especial para essas obscuras heroínas que fazem o orgulho do seu sexo. O principal intuito, entretanto, é ser suave, ser leve, despretensiosa e feminina, muito feminina, que é a sua única razão de existir". (*Idem, ibidem*)

A delimitação dos assuntos por páginas e por colunas e a amplitude dos temas abordados parecem indicar a intenção do periódico de atingir um público diversificado. Notícias sobre as festas que agitam a cidade estão lado a lado com outras que dizem respeito ao mundo do trabalho. O esporte e a religião contemplam um outro segmento de público. Mas mesmo assim, ao terminar a década a tiragem do jornal não atinge 30 mil exemplares.

O jornal queria um novo interlocutor: uma massa uniforme que começa a ser adjetivada para ganhar consistência na década seguinte. Para isso estandardiza sua linguagem, destacando na construção da sua autoimagem a retórica da imparcialidade. Com isso, reforça também a imagem de independência.

"É um penhor de nossa sinceridade, mas é também a garantia da independência com que vamos agir, independência tão ampla quanto a permitam as possibilidades humanas e que nos autoriza desde já a proclamar que este jornal não tem afinidades com governos, não encerra interesses conjugados com os de qualquer empresa, não está ligado a grupos capitalistas ou a plutocratas isolados – não existirá senão como uma força posta incondicionalmente ao serviço dos interesses gerais". ("Ecos", *O Globo*, 29 julho de 1925, p. 2)

Na memória dos que viveram este momento sobressai a idealização do tempo mítico de antes. Nos primórdios existe uma idade de ouro redentora onde impera a felicidade. As narrativas que constroem sobre a década de 1920, os jornalistas relembram o passado como mito que ainda conserva um valor explicativo do presente, esclarecendo a forma como se formula lentamente o profissionalismo do jornalista. O mito não é mistificação, ilusão, fantasma ou camuflagem, mas o relato ou a narrativa de um acontecimento que teve lugar num tempo imemorial, o tempo fabuloso dos começos (Eliade, 1992).

Esse tempo de antes foi vivido, mas, sobretudo, foi sonhado, e sofre os trabalhos de seleção, antes de sua transmissão. O passado a que se referem não é diretamente conhecido, sendo antes de tudo um modelo, um arquétipo que fornece uma espécie de exemplo ao presente. Oposto à imagem de um presente descrito como desencantamento, figura o passado em todo o seu fulgor. O tempo de antes é um mito, no sentido mais completo do termo: ficção, sistema de explicação e mensagem mobilizadora.

Nas redações, recordam os jornalistas, há sempre relações amistosas, o horário é fixado ao bel-prazer do jornalista e o dono do jornal é alguém sempre muito próximo. Essas idealizações constroem uma imagem da profissão envolta numa atmosfera de sonho e melancolia e particularizam um mundo do jornalismo que só existe como um tempo de antes e que é revigorado pelo trabalho de memória dos depoentes. Uma memória dominada por vestígios, nos quais figuram como categoria central a construção idealizada da profissão.

"Em pé, na calçada, depois do expediente, Roberto explicou seu papel. No O Globo, ninguém cuidava de espanar o pó do tempo, o pó que, desde A Noite, cada geração legava à geração seguinte. Ele estava disposto justamente a usar o espanador. Mas sem assombrar os redatores antigos. Queria também mudar, sem choque e gradualmente, a página de futebol. Mas confessou que tinha medo de nossos exageros. Disse mesmo: Vocês, um dia, puseram a fotografia de um penico com o Jaguaré". (Rodrigues, 1977:180)

Dessa forma, Nelson Rodrigues recorda, em suas *Memórias e Confissões*, a entrada de seu irmão Mário para a redação de *O Globo*, para dirigir a página de esporte, ganhando quinhentos e cinquenta mil-réis mensais. "Um salário de primeiríssima ordem", para a época. A contratação de novos redatores e editores faz parte do projeto de modernização do jornal que o novo dirigente quer implementar.

Nelson, na mesma época, também vai trabalhar no jornal, ainda que apenas como ajudante do irmão e, segundo seu depoimento, sem ganhar nada.

"Eu não ganhava um tostão e continuava desempregado. Mas para ajudar meu irmão, passei a trabalhar como qualquer funcionário de O Globo e mais que qualquer funcionário de O Globo. Chegávamos eu e o Mário às sete horas da manhã, e saíamos às cinco da tarde". (*Idem, ibidem*)

Apenas um ano depois, começaria a ganhar. "Um ano depois, comecei a ganhar. Eis o meu primeiro ordenado: duzentos mil-réis." (Rodrigues, 1977:181)

O fazer jornalístico passa à história como missão, uma árdua e ao mesmo tempo agradável tarefa, apesar dos baixos salários, da necessidade de trabalhar em vários lugares, do horário incerto nas redações, das relações nem sempre cordiais entre as chefias, dos conchavos que resultavam em traições como a de Geraldo Rocha.

Colocando, lado a lado, passado e presente, os depoimentos vão forjando um mundo dual. A evocação da chamada idade do ouro repousa na oposição, ontem e hoje, no qual o presente é o tempo da degradação, por oposição a um certo passado marcado pela grandeza, pela nobreza, por uma certa felicidade que precisa ser redescoberta. Esse passado de luz, mais feliz e, sobretudo, mais belo, cristaliza-se e se fixa em valores essenciais, sempre evocados: a amizade, a solidariedade, a comunhão.

"Eu saí, fui a A Noite, no Largo da Carioca, subi as escadas e lá em cima estava o Adolfo, que era o porteiro e eu nesse tempo tinha uma cara de menino. Eu era mesmo menino, era mocinho, era estudante ainda. – O que você quer? – Eu quero falar com o Dr. Irineu Marinho. Você conhece? – Não, não conheço. Ele foi, voltou: – ele não está. Eu ia me retirando quando abriu uma porta e apareceu um senhor meio calvo. Era o próprio Irineu Marinho. Virou-se e disse: – O que você quer, menino? – Eu queria falar com o senhor. – Pode falar. Eu acabei de deixar O Imparcial, eu sou estudante, sou pobre, preciso continuar trabalhando para poder continuar os estudos. Ele disse: – O que é que você sabe fazer? Digo: de jornal eu sei tudo, mais ou menos tudo porque eu tenho feito tudo, até Câmara dos Deputados, coisa e tal. Ele chamou Eurycles de Mattos, que era o secretário e disse: – Eurycles, vê o que esse menino pode fazer. Dá uma nota aí pra ele". (Depoimento de Gonçalves, Manoel Antonio. In: *Memória da ABI*)

No relato de Manuel Antonio Gonçalves sobressai a proximidade e a generosidade do dono do jornal que se solidariza com a necessidade do jovem jornalista. Sobressai também o caráter prático da profissão, aprendida no cotidiano, e cujas tarefas foriam um profissional capaz de executar qualquer função no periódico. É a prática que o construía – apesar da pouca idade – como um jornalista que "de jornal fazia tudo".

Essas memórias são discursos cuja principal função é forçar uma imagem do grupo e sua própria identidade, valendo-se de um imaginário que privilegia o tempo fabuloso do começo, ou seja, o mito da idade do ouro de um jornalismo de outrora. Por outro lado, ao lembrar um número restrito de acontecimentos, ao priorizar determinados fatos e relegar outros ao esquecimento, e ao manter o mesmo fio condutor nas narrativas, percebe-se essas histórias de vida como instrumentos de construção da identidade do grupo.

Nas memórias individuais está presente uma percepção do meio físico e social que circunda o sujeito. Esse presente contínuo se manifesta por movimentos (ações e reações) do corpo sobre o ambiente. O lugar ocupado por quem relata tem influência decisiva na preservação da lembrança (Bérgson, 1990).

O jornalista reconstrói sua vivência, baseado neste lugar social. Os pontos de significação da sua lembrança relacionam-se ao ambiente de trabalho, sendo marcos memoráveis a entrada na profissão (iniciação), a trajetória profissional e a aposentadoria (o fim).

Através de mecanismos peculiares, entre os quais a transformação da profissão em imagem significativa, essas memórias expõem um corpo de ideias e representações da sociedade acerca do papel que deveriam ter os jornalistas não no passado, mas no presente. Do ponto de vista profissional privilegiam o poder de serem detentores da informação, da atualidade inédita e imediata, e de serem uma espécie de orientadores do público, cumprindo com o que vão construindo como missão – espécie de sacerdócio – da imprensa.

A imagem de sacerdócio ligada à atividade profissional faz com que destaquem sacrifícios inerentes à profissão e ao cotidiano duro, com horários incertos e parcos recursos materiais. Nas suas memórias, os jornalistas transmitem ao futuro um legado de experiências adquirido no dia-a-dia da profissão, construindo-se como espécies de testemunhas privilegiadas de uma época. Ao fazê-lo, constroem uma imagem preponderante do seu eu – sujeito de sua própria descrição –, caracterizando-se de maneira peculiar e transmitindo essa idealização como memória do grupo.

Nessas narrativas, a imagem da profissão, através de parâmetros pessoais, é apresentada como comum ao grupo. Realizam, assim, uma transformação do objeto de memória – no caso a atividade jornalística – numa imagem significativa, criando mecanismos de transmissão da memória coletiva. O amor e a dedicação à atividade se sobressaem nesses vestígios do passado. Mediado pelo seu lugar no mundo, esses autores fazem da lembrança, objeto do seu relato, uma das memórias coletivas válidas do próprio grupo.

IV. Imprensa e Estado Novo:
O público como "massa" (1930-1940)

> "Era um alto negócio para os donos de jornais colaborar com a ditadura de Getúlio e não protestar contra a censura e todas as outras limitações impostas pelo regime. Os jornais mantinham a qualidade, os diretores podiam pagar menos aos repórteres, as vendas permaneciam altas e não havia conflito com o governo." (Joel Silveira[20])

O período inaugurado em novembro de 1930 e que passa à história como Estado Novo é marcado por ambiguidades também no campo jornalístico. Lembrado sempre, nos depoimentos dos homens de imprensa, como o momento em que os jornais têm sua liberdade inteiramente cerceada pela ação da censura e do Departamento de Imprensa e Propaganda (DIP), criado em 1939, não se pode considerar de forma unânime que toda a grande imprensa sofre negativamente com a ação política do período ditatorial de Vargas.

A complexidade das relações políticas, que se inicia com a coalizão de forças que assume o poder em 1930, se reflete na própria configuração do jornalismo do Rio de Janeiro, que funciona nas cercanias do poder. Ainda que haja a clara utilização dos meios de comunicação – inclusive os mais modernos, como o rádio – para atingir um público agora identificado como massa, há também o alinhamento dos dirigentes das principais publicações com o regime. Ainda que haja encampação de alguns periódicos, perseguição de outros tantos, há mais proximidades, acordos e relações conjuntas entre os homens de governo e os homens de imprensa do que divergências.

Falar, portanto, da imprensa durante os quinze anos em que Getúlio Vargas esteve à frente do Governo é falar das complexas relações de poder que se estabelecem, da

---

[20] Entrevista a Juliana Rodrigues Baião. 12 de janeiro de 2001.

questão do Estado, entendido de maneira ampliada, tal como concebeu Gramsci e, finalmente, compreender a formação de um pensamento que se constrói como dominante nesse cenário e que será fundamental para a formulação dos ideais estadonovistas. Há a preocupação de incluir um novo personagem: o público agora visto como massa. Há, ainda, a construção de um ideal de nação onde prevalece a ideia de direcionamento político e intelectual dos que ocupam posição dominante em face do restante da população.

De forma quase unânime, a historiografia aponta os primeiros anos da década de 1930 como de acentuada instabilidade política, diante da incapacidade de qualquer dos grupos dominantes em assumir o controle das funções políticas. Essa situação teria sido responsável por algumas das características mais marcantes da política brasileira de então, entre elas a personalização do poder, construindo-se a imagem – meio real e meio mítica – da soberania da sociedade política sobre o conjunto da sociedade. Paralelamente a este movimento, instaura-se como fundamental a ideia de participação – ainda que de maneira passiva – das massas populares urbanas. Constata-se como sendo fundamental para a formatação da ideia de Nação a construção de um auditório que simbolicamente referendaria a imagem do poder, personificado de maneira mítica na figura do líder carismático.

Estavam em gestação desde a década anterior as ideias que dominam o cenário ideológico dos anos 1930. O diagnóstico que se fornece para o país centra-se na questão da organização nacional: é preciso conceber o país como nação dentro de um projeto político que destina ao Estado (e aos seus intelectuais orgânicos) a missão de dar direção ao restante da população[21].

Nesse projeto político, a base sob a qual deve repousar o "edifício chamado Brasil" seriam as tradições, herdadas de um passado e de uma terra promissora. No campo estaria localizada a verdadeira riqueza da terra, sendo a cidade, em contrapartida, o lugar da ilusão, da desordem, da multiplicação de valores alienígenas.

Essa antítese cidade *versus* campo também vai dominar as ideias econômicas e políticas do Estado Novo. Constata-se, já na década de 1920, o declínio das instituições, materializadas numa crise institucional, política e social. Assim, é fundamental a ação dos homens de Estado e de governo para mudar este cenário.

A missão cabe naturalmente – dentro dessa visão ideológica – aos que melhor estão aparelhados para desempenhar funções tão complexas, na organização e na direção da educação. Enfim, na construção institucional que daria rumo àquele que deveria ser guiado, o povo, que passará a ser nomeado como massa.

---

[21] Essas ideias que podem ser sistematizadas sob a égide do pensamento conservador brasileiro são desenvolvidas por Oliveira Vianna, Alberto Torres e Francisco Campos. Para referências completas, cf. Bibliografia.

Na ideia de direção há que se observar ainda algumas construções ideológicas presentes durante todo o Estado Novo. A primeira é a de que os homens são por natureza diferentes, havendo aqueles a quem caberia, como missão, a árdua tarefa de educar e fazer as leis a serem cumpridas e os outros, que deveriam ser educados e obedecer. Introduz-se, em consequência, a naturalização da ideia de hierarquia entre os grupos sociais.

O segundo aspecto a ser destacado refere-se à noção nascente de sociedade de massas, em que o indivíduo tem comportamento social e moral marcado pela desorientação, formando um todo amorfo, anônimo e uniforme.

Caberia ao governo, através de múltiplos aparelhos burocráticos criados no período e com o concurso de intelectuais orgânicos dos grupos dirigentes, desempenhar funções cada vez mais complexas, inclusive a de dar orientação ao povo, massa amorfa e indiferenciada. Paralelamente, apresenta-se a necessidade de difundir conhecimentos e noções elementares e, assim, torna-se fundamental o papel dos intelectuais e dos veículos de difusão, isto é, a imprensa.

Essas ideias, que constituem o pensamento conservador brasileiro inspirado no pensamento autoritário europeu, ganharão no Brasil nuanças particulares. Enquanto, na Europa, a direção ideológica fundamenta-se na tentativa de os antigos grupos sociais manterem suas posições diante da pressão dos trabalhadores e dos grupos populares, no Brasil o avanço das ideologias autoritárias vincula-se à emergência de novos grupos sociais e forças políticas, dentro de um projeto que almeja a modernização da sociedade. Para isso, é fundamental a existência de um Estado forte que tutelaria a sociedade, os grupos sociais e o sistema econômico.

Assim, nas ideias da década de 1920 e que tomam corpo na configuração institucional dos anos 1930, é fundamental traçar um programa que atinja a todos através da educação e da massificação das informações. Instituições fortes, porque baseadas nas tradições, nos valores, na disciplina, na autoridade e na hierarquia, dariam, através de uma política nacional, direção ao povo brasileiro, agora classificado como massa. Todas essas concepções sintetizarão o projeto institucional implantado a partir da Revolução de 1930 e com mais intensidade a partir da instauração do período autoritário, em 1937.

Estado Novo: controle e pressões

O movimento revolucionário que depôs o presidente Washington Luiz, em 24 de outubro de 1930, instala no poder uma junta governativa provisória que, dias depois, transmite o governo ao candidato derrotado nas eleições presidenciais: Getúlio Vargas.

Oito dias depois de tomar posse na chefia do Governo Provisório, Vargas, em 11 de novembro do mesmo ano, promulga o Decreto nº 19.398 que institucionaliza os poderes discricionários do chefe do governo, reunindo em suas mãos atribuições do poder executivo e do legislativo. O decreto dissolve o Congresso Nacional, as Câmaras Estaduais e Municipais e quaisquer órgãos legislativos ou deliberativos existentes no país.

Caracterizado pelo caráter altamente centralizado e monolítico, o novo regime cria condições favoráveis para a autonomia da sociedade política, instituindo mecanismos para fortalecimento do poder do Estado, aperfeiçoando formas de controle das diferentes esferas da vida social, multiplicando as ações no sentido de se consolidar nacionalmente.

Para ser tornar um governo forte, centralizado e apartidário, monta um complexo quadro jurídico-institucional, criando mecanismos para interferir nos diversos setores da vida social e ampliar os poderes do Executivo, construindo normas reguladoras nas relações entre o poder central e o estadual (restringindo a autonomia dos governos estaduais), instituindo instrumentos de intervenção na economia e de controle político e criando uma estrutura corporativa, onde se sentiam aparentemente incluídos os diferentes grupos sociais, entre eles os trabalhadores urbanos (Fausto, 1986).

O Estado Novo é, portanto, o conjunto de mudanças ocorridas de 1930 a 1945, instaurando o que passaria à história como "Era Vargas". Nesse longo período viveu-se, do ponto de vista político e institucional, o Governo Provisório (1930-1934), o Governo Constitucional (1934-1937) e o Período Ditatorial (1937-1945). Esses três momentos distintos representam o desdobramento de um processo político que se inicia com a ascensão ao poder da coligação representada pela Aliança Liberal.

Sonia Regina de Mendonça identifica no Golpe de 1930 o momento de primeira ruptura no que diz respeito ao avanço da acumulação capitalista no país, para que fosse implantado um núcleo básico de indústrias de bens de produção. Para isso é fundamental a redefinição do papel do Estado no plano econômico, de forma a tornar o polo urbano-industrial o eixo dinâmico da sociedade (1986:13)[22].

O crescimento do aparelho do estado torna dispensáveis os tradicionais canais de expressão da sociedade civil (partidos políticos, associações etc.), consolidando-se uma nova fórmula de participação política no país. Para isso, o Estado vai multiplicar o número de agências, institutos, conselhos, autarquias que irão centralizar as deman-

---

[22] Na mesma obra, a autora identifica quatro interpretações principais sobre o caráter do golpe de outubro aqueles que o identificam como sendo um movimento das classes médias; os que o atribuem a ascensão da burguesia industrial ao poder político; os que explicam 1930 como resultante da atuação conjunta das oligarquias agrárias produtoras para o mercado interno, associadas aos militares, e, finalmente, os que sem se preocupar com os agentes que participaram do movimento, pretendem apreender o seu sentido geral, avaliando os beneficiários do novo direcionamento dado pelo Estado aos rumos da economia (*Idem*: 14).

das dos diferentes setores da sociedade, através da multiplicação dos órgãos burocráticos. Cria-se o que Mendonça chama Estado burocrático-autoritário.

A década de 1930 pode ser visualizada como o período áureo de crise das ideologias liberais e da ascensão das ideias e valores autoritários. Não se trata de um fenômeno brasileiro, como já enfatizamos. No decorrer da década de 1920, a Europa assistira ao êxito de movimentos de caráter totalitário de direita, levando à eliminação do sistema pluripartidário, da competição política, da liberdade de imprensa, ao mesmo tempo em que se edificava a supremacia do executivo.

Caracterizando o pensamento conservador moderno, inspiração do pensamento autoritário brasileiro, Karl Mannheim (1959) particulariza esse modelo como oposto ao pensamento do Direito Natural, na medida em que a ideia de Razão estática é substituída pela ideia de Razão em permanente mudança e movimento. Contra a construção de indivíduos como unidades isoladas, o conservadorismo opõe uma totalidade que não é a mera soma das partes. Assim, o Estado ou a Nação não deve ser compreendido como a soma de seus indivíduos membros, mas, ao contrário, os indivíduos devem ser vistos como fazendo parte de uma totalidade mais ampla. Forma-se uma espécie de "espírito do povo", que domina a ideia de Nação.

Todo indivíduo e acontecimento isolados são puramente acidentais e fortuitos, em contraste com a unidade territorial que forma um todo uno e indivisível. A Nação é a comunidade com suas gerações passadas, presentes e futuras, materializada a partir de uma linguagem, costumes e leis comuns, mas também no conjunto de instituições, em antigas famílias e, finalmente, em uma família imortal, que é a do governante (Müller, citado por Mannheim, 1982:129). O passado, nessa formatação ideológica, só tem valor na medida em que sobrevive no presente, já que a devoção é voltada para o presente, no que é definido como novo e atual.

Mannheim argumenta ainda que nem o pensamento conservador nem o liberal são sistemas prontos, sendo modos de pensar em permanente e contínuo processo. O conservadorismo, acrescenta, não desejava apenas pensar alguma coisa diferente de seus oponentes liberais, mas queria pensá-la de modo diferente e esse foi o impulso que proporcionou a nova forma de pensamento (*Idem*: 133-134).

Sendo uma oposição ao pensamento Iluminista, o conservadorismo coloca em lugar do primado da razão conceitos como história, vida e nação. Em contraposição à tendência dedutiva, opõe a irracionalidade da realidade, ao mesmo tempo em que radicaliza o problema da individualidade, percebendo diferenças entre os indivíduos. Assim, não haveria mais uma espécie de indivíduo de caráter universal. Combatendo a crença liberal na aplicabilidade de todas as inovações políticas e sociais, concebem a ideia de organismo social, válida apenas para determinada nação, o que impede a transferência arbitrária de modelos de liberdade institucionais de um lugar para outro.

Fechando as concepções do conservadorismo, podemos ainda acrescentar a negação do individualismo e do indivíduo e, por último, a concepção dinâmica de Razão. O que muda não é o mundo, mas a Razão e suas normas é que estão em constante mutação e movimento.

Com a emergência de novas forças políticas no Brasil dos anos 1930 – getulistas, tenentistas, integralistas, comunistas e aliancistas – no contexto de modernização da sociedade e de reorganização do aparelho estatal, torna-se emergente a construção de um Estado forte com funções tutelares sobre toda a sociedade. É por isso que, mesmo ocupando posições diferentes, as forças políticas pertencem a um mesmo universo ideológico caracterizado pelo autoritarismo, pelo intervencionismo e pelo nacionalismo (Fausto, 1986:517).

Uma história, uma imprensa...

O Estado Novo é também o momento de construção de uma dada história da imprensa no Rio de Janeiro, na qual se destacam as relações da imprensa com o poder e o papel engendrado pelos jornalistas para o seu lugar social e político, ante esta batalha de e pelo poder.

Os anos 1930 são um período de evidência da política e estes temas encontram o seu lugar natural na imprensa. A polêmica e o apoio institucional ao governo ou a oposição sistemática ganham espaço nobre nas páginas das publicações. Os jornais se constroem como domínio da política, recuperando um lugar que a rigor nunca perderam, no qual a polêmica ocupa espaço preponderante. O Estado ganha, cada vez mais, a exclusividade da divulgação – seja por coerção, seja por alinhamento político e, portanto, por concordância com as ações da sociedade política –, mas o público é afastado dos periódicos. De tal forma que em meados da década de 1930, o leitor está praticamente ausente das publicações. Sua fala é silenciada nos jornais, enquanto a fala do Estado é ampliada. Essa ampliação se dá através da constituição de um amplo aparato burocrático-repressor, via formação do Departamento de Imprensa e Propaganda (DIP) e pela ação da censura, ou através do alinhamento político da imprensa, que procura aferir lucros reais e simbólicos, a partir de sua aproximação com o poder. À medida que a fala política é ampliada nos meios de comunicação, há a inclusão da fala do público em novos lugares midiáticos. No rádio e nas revistas mundanas a voz do público aparece em meio a uma atmosfera onde o *glamour* e a fantasia tomam o lugar da realidade política.

Podemos dizer que a proliferação de novos tipos de conteúdo na mídia do período diz respeito a uma exigência do público que procurará cada vez mais na fantasia e na emoção de personagens mitificados a expressão de seu rosto silenciado. Ao se ver apartado da discussão política, mostrará a sua face nas colunas que enfocam o entretenimento e nas notícias que envolvem os dramas do cotidiano.

Em 1938, estão oficialmente registrados no então Distrito Federal 23 jornais, entre vespertinos e matutinos[23]. Desde o centenário *Jornal do Commercio*, até aqueles que aparecem no início da década como o *Diário de Notícias*. Dentre eles destacam-se pelo poder de difusão junto ao público, *O Jornal*, *Diário da Noite*, *A Noite*, *A Manhã* e o *Correio da Manhã*.

Ao lado desses circulam outros periódicos sem muita expressão como *A Batalha*, *A Nação*, *O Radical*, *Voz de Portugal*, *Correio da Noite*, *A Nota*, *Vanguarda* e *Democracia*. Há ainda os tradicionais diários que tiveram importância nas décadas anteriores, mas que estão em franco declínio de público, como o *Jornal do Brasil*, *O Imparcial* e *Gazeta de Notícias* (Porto, 1941:274-6). Há outros que só ganham relevo nas décadas seguintes, como o *Diário Carioca*, fundando em 1928, e *O Globo*, criado em 1925.

Os principais diários são editados em média em cadernos de 24 páginas, podendo atingir aos domingos até 60 páginas. As tiragens dos matutinos mais populares situam-se em torno de 40 mil exemplares, já vespertinos como *O Jornal* podem atingir 120 mil exemplares. *A Noite* publica até cinco edições diárias. Em 1937, esses jornais praticamente saem de duas em duas horas, apesar de só modificarem a primeira e a última página. No final da década, com um número de páginas maior, divididos em cadernos, custam quarenta centavos nos dias úteis e cinquenta aos domingos.

Falar em imprensa no Brasil dos anos 1930 é perceber as suas relações com o Estado, entendido não apenas como comando político, mas como formação que combina uma simbologia, onde os aspectos semióticos se sobressaem. Para Clifford Gertz, o Estado condensa pelo menos três temas etimológicos: o *status*, no sentido de posto, posição, condição; a pompa, no sentido de esplendor, dignidade, presença; e governança, no sentido de regência, regime, soberania, comando. Assim, o que designamos por Estado combina estas três ações – *status*, pompa e governo – que são sempre alardeadas (1991:153-163).

Gramsci, na sua Teoria Ampliada de Estado, chama a atenção para o caráter multidimensional dos processos sociais, já que, para ele, o Estado seria produto de múltiplas e dinâmicas inter-relações entre sociedade civil e sociedade política, num permanente movimento de pressões e contrapressões entre grupos de indivíduos orga-

---

[23] É comum, até a década de 1960, a existência de jornais cuja edição aparece às primeiras horas do dia, os matutinos, e os que circulam apenas à tarde, os vespertinos. No início da década de 1940, os vespertinos são os que possuem as maiores tiragens. Cf. Porto. 1941:276.

nizados, visando à produção do consenso, ou seja, a aceitação do projeto de um desses grupos por todos os demais.

Essa concepção inclui a ideia fundamental de direção intelectual que é imposta por um grupo a toda a sociedade, através do consentimento e não apenas da coerção explícita. As representações, valores e concepções, apresentadas muitas vezes como divergentes ou conflituosas, fazem parte de um único processo, onde o que está em jogo é a imposição de projetos elaborados pelos grupos dominantes. A hegemonia deve ser lida tendo em conta a contra-hegemonia.

Gramsci rejeita a ideia do Estado-força e do Estado-objeto, ampliando seu conceito ao considerar os aparelhos privados de hegemonia existentes na sociedade civil e formados por adesão voluntária. Na medida em que a hegemonia é resultado da ação orgânica que envolve a política e a cultura, ganha relevo na problematização gramsciniana o papel do intelectual como "produto de toda e cada uma das classes".

Considerar o Estado Ampliado da maneira como formulou Gramsci impõe que se avalie o conjunto dos meios que possibilitam a direção intelectual e moral de uma classe sobre toda a sociedade, de forma que possa realizar sua hegemonia – a produção do consenso –, o que pressupõe sempre e necessariamente múltiplos equilíbrios de compromisso. Hegemonia em Gramsci não é apenas domínio ideológico, implicando também a construção de nova forma de civilização. Para isso é fundamental a desconstrução de mitos da sociedade capitalista e a construção de uma identidade nacional, incorporando nesse processo os trabalhadores (Gramsci, 1986, 1989 e 1991).

No Estado Novo, o pilar para a construção de um projeto de identidade nacional foi a inclusão, via formulação discursiva e ideológica, do grupo urbano em maior crescimento nas cidades: os trabalhadores. E também para realizar essa proposta, a ação dos meios de comunicação é decisiva.

Por outro lado, numa sociedade onde são emergentes a formação de uma nova ordem e dinâmica capitalista, as divergências, rivalidades e dualidades se multiplicam. Mas, a par disso, há o projeto de criação de uma estrutura de poder, que faz da coerção e também da busca do consenso chaves de sua ação. O que se objetiva é a cooptação daqueles que possuem ingerência sobre o discurso tornado visível e, neste sentido, o apoio e a aliança com os homens de imprensa são fundamentais. Há também o projeto comum de disseminação de nova visão de mundo e é nessa intenção que os periódicos assumem papel-chave.

A entrevista de Joel Silveira se referindo à adesão maciça dos jornais ao projeto do Estado Novo é emblemática do processo de cooptação da imprensa, fundamental para a divulgação da mítica do novo Estado.

"O Correio da Manhã aderiu, não podia ser contra. Mas os elogios eram magros. O grosso da imprensa ficou do lado do Estado Novo e assim se conservou ou compulsoriamente ou gostosamente. Até que o próprio Correio da Manhã rompeu essa asfixia, esse sufoco, com a entrevista do José Américo, feita pelo Carlos Lacerda". (Depoimento de Silveira, Joel. "O Estado Novo e o Getulismo". Entrevista a Gilberto Negreiros. In: *Folha de S. Paulo*)

Na mesma entrevista, o jornalista refere-se aos múltiplos processos utilizados pelo Estado, no sentido de produzir o consenso e conseguir o concurso dos jornalistas como intelectuais orgânicos dos grupos dirigentes.

"O DIP exercia um duplo controle: um controle autoritário proibitivo, da censura propriamente dita. E tinha o controle através da corrupção. O caso da isenção para a importação do papel da imprensa. Você importava o papel da Finlândia, do Canadá, mas tudo sob o controle do DIP. E tinha o derrame de dinheiro, que era tentador. Por exemplo, o DIP criou uma série de livros pequenos, tudo sobre o Getúlio: 'Vargas e o Teatro', 'Vargas e o Cinema', 'Vargas e a Literatura'. Pagavam um dinheirão, em termos de época. Um pobre intelectual que ganhava, vamos dizer, Cr$ 1.500,00 com a edição de um romance, eles botavam dez mil cruzeiros no bolso dele para escrever quarenta páginas sobre a coisa. Isso era um negócio terrível. Poucos resistiram". (*Idem, ibidem*)

A sociedade política depende das instituições da sociedade civil, onde os jornais se incluem, para divulgar o simbolismo do novo tempo. Por outro lado, os símbolos incorporados ao cenário social precisam se materializar sob as mais variadas formas, onde a transfiguração em realidade se sobressai.

Os jornais disseminam ideias, mas também transportam as narrativas para o mundo, sendo responsáveis pela criação de uma outra realidade. Ao mesmo tempo em que materializam o Estado, tornando pública a sua simbologia e ideologia política – a ideologia estadonovista –, os periódicos, ao narrar as ações, criam contextos para a descrição, referendando convenções que passam a ser interpretadas significativamente de uma forma ou de outra. Estado, hegemonia e cultura são dimensões dos mecanismos de exercício de dominação de classe e da reprodução social.

Se por um lado há periódicos que reagem ao discurso hegemônico, sofrendo em consequência sanções, há também aqueles que se beneficiam das cercanias do poder. Para conseguir o apoio irrestrito não faltam expedientes os mais diversos, como isentar os jornalistas de Imposto de Renda ou subsidiar inteiramente o papel de imprensa para os jornais que apoiam o governo. O que Joel Silveira considera o "lado corrupto da ditadura", nada mais é do que estratégias no sentido da construção do consenso, que não incluem necessariamente a coerção.

"Um ou outro jornal que tentou se rebelar foi imediatamente fechado. Mas a grande imprensa daquele tempo imediatamente aderiu ao Estado Novo. Toda. Com exceção de O Estado de S. Paulo. É só você pegar as manchetes do dia 28". (Depoimento de Silveira, Joel. *Idem, ibidem*)

O período que é instaurado em 1930 e que vai até 1937 pode ser caracterizado como momento inicial e fundamental para a consolidação do Estado autoritário, que, com sua máquina centralizadora, domina todos os setores de 1937 a 1945. Inclusive a imprensa.

Os novos detentores do poder são heterogêneos. Multiplicam-se após 1930 novos grupos de interesse que passam a reivindicar junto ao Estado a sua inserção na máquina estatal. A imprensa encontra terreno fértil para a defesa de cada um desses segmentos se constituindo como campo político. E nesse mundo cabe também aos jornalistas definir o seu papel, ainda que a tomada de decisões continue pertencendo às elites dirigentes.

"O mercado de trabalho era limitadíssimo, porque os jornais tinham tudo pronto da Agência Nacional. Vinha tudo mastigado. As redações tinham quatro ou cinco pessoas que faziam o jornal todo. Vinha tudo pronto, com ordem, inclusive, de publicar em tal página, com tal destaque. O DIP chegava a ponto de dizer que tipo devia ser usado: negrito, corpo 9, à esquerda. Entendeu?" (Depoimento de Silveira, Joel. *Idem, ibidem*)

Apesar dessas ingerências, a imprensa, de maneira geral, se alinha ao ideário do Estado Novo. "O Jornal do Brasil, por exemplo, era uma louvação a Getúlio, ao Estado Novo. A imprensa não reclamava do DIP" [24], expõe Moacyr Werneck de Castro.

No aparato político e ideológico montado pelo Estado Novo para levar adiante o seu projeto, sobressaem a formação de um estado burocrático e a criação do Departamento de Imprensa e Propaganda, cuja principal missão é divulgar a ideologia estadonovista. Os mecanismos de manipulação são peças centrais no primeiro período Vargas, constituindo o Estado como espécie de árbitro dos interesses nacionais. O Estado Novo é estado de massas, concepção que vem sendo formada desde a década anterior pelos ideólogos do pensamento conservador brasileiro.

---

[24] Entrevista a Juliana Rodrigues Baião, 20 de dezembro de 2000.

A questão nacional

Aumentando o número de agências, institutos, conselhos e autarquias, o governo multiplica os órgãos burocráticos de forma a ampliar sua área de influência. Entre esses setores estatais passam a figurar empresas midiáticas. É o que ocorre, por exemplo, com a encampação de todo o patrimônio da Brasil Railway, representada pelo jornal *A Noite*, pela *Radio Nacional*, entre outras.

Há que ressaltar também a criação no período de um ideal mítico de nacionalismo, como instrumento de legitimação. Nesta mítica se destaca a obrigatoriedade de intervenção governamental como única fórmula capaz de superar os pontos frágeis da economia brasileira. O nacionalismo traduz-se na ideia de industrialização como fator determinante para a independência econômica, tornando-se imperativa a construção de estratégias que significaria a ruptura com a subordinação aos países dominantes do capitalismo mundial.

O nacionalismo passa a fazer parte dos discursos governamentais, como forma de justificar suas realizações, sendo concebido como projeto do governo, a quem cabe mobilizar amplos setores da sociedade e engajá-los na tarefa de solucionar os problemas da sociedade.

Nacionalismo corresponde, pois, a Estado Nacional. Torna-se crucial, portanto, para a consolidação do regime político, construir a categoria nação. E os conceitos de nação, nacionalismo e nacional passam a ser alvos de disputas de diferentes grupos sociais. Cada um procurando impor uma marca. Grosso modo esse movimento se configura em duas correntes principais: de um lado, a concepção totalitária dos burocratas e ideólogos do Estado e, de outro, a vertente autoritária representando os interesses da burguesia industrial (Mendonça, 1986).

Apesar das divergências, há um ponto em comum entre ambas as vertentes: para a construção da nação seria obrigatório o controle da classe trabalhadora. Cidadania é definida, a partir daí, pela integração ao mundo do trabalho, enquanto se fabrica a mítica da colaboração e harmonia entre as classes. A questão social é sublimada pela ideia de união entre todos os indivíduos, cabendo ao Estado promover esta união, organizando o povo como nação.

A ampla propagação desse projeto e, sobretudo, de sua operacionalização, para a maioria da população brasileira não pode prescindir de uma nova linguagem – dirigida às massas, no dizer do ideólogo do Estado Novo, Francisco Campos – e dos meios de comunicação, como mecanismos indispensáveis para atingir a população. Assim, o lugar de operacionalização da linguagem e da ideologia estadonovista é a imprensa e os novos meios de comunicação, sobretudo, o rádio.

O projeto inclui ainda a criação de um órgão para difundir em uníssono a ideologia estadonovista, sendo o núcleo institucional desse projeto o Departamento de Imprensa e Propaganda (DIP). Mas, mesmo antes da ação do órgão, a censura já estava presente, ao mesmo tempo em que diários mais alinhados com o poder – como *O Jornal*[25] – reproduzem esta ideologia, em editorias assinados por Assis Chateaubriand, ou em notícias.

"O Góes Monteiro foi ele que, num dos primeiros atos, baixou a censura total e absoluta à imprensa. E a seguir o DIP foi ampliado, quase que com dimensão de Ministério, e controlado por um teórico do fascismo, chamado Lourival Fontes. (...) Diariamente a gente recebia, lá pelas nove e meia dez horas, um telefonema com aquela vozinha: Silveira, olha aqui, está falando fulano (geralmente dava só o primeiro nome), não pode sair aquilo, evite comentários... Eram as coisas mais desagradáveis. Era a briga do Beijo Vargas que se embriagava no Cassino da Urca, dava um bofetão em alguém e a vozinha: nenhum comentário sobre a briga do Beijo, heim". (Depoimento de Silveira, Joel. "O Estado Novo e o Getulismo". Entrevista a Gilberto Negreiros. In: *Folha de S. Paulo*)

Nas suas memórias, Joel Silveira recorda a forma como se operacionalizava a censura aos meios de comunicação.

"Mas a gente dizia: um momentinho. Botava o papel na máquina e pedia para repetir a ordem. Datilografava e pregava numa cartolina. Anos seguidos eu guardei aquilo. A Constituição do Estado Novo, que dizem ser do Chico Campos, não é. Ele apenas traduziu do polaco. Você lê hoje e é exatamente igual, com uns laivos corporativistas, que era o negócio do Mussolini e do Salazar. Todos eles aqui estavam certos de que o Hitler e o Mussolini, o nazi-fascismo ia ganhar". (*Idem, ibidem*)

Francisco Campos, o principal ideólogo do Estado Novo, justifica no seu livro *O Estado Nacional* (1940) as razões para a criação de um Estado totalitário, em substituição ao liberal democrático, uma experiência, segundo o autor, em processo de decadência. A emergência fundamental do totalitarismo nos tempos modernos é resultado da falência do modelo anterior. O grande perigo, segundo ele, tendo em vista o

---

[25] Após o golpe de 10 de novembro de 1937, *O Jornal* passa a apoiar Vargas. Segundo o próprio Assis Chateaubriand "era necessário atravessar um túnel, na esperança de que o futuro abrisse perspectivas para a restauração do regime democrático". (*DHBB*: 2863)

crescimento das massas, é a adoção de uma educação liberal. É necessário arregimentar todos os esforços no sentido de conduzir as massas a um ideário comum.

Anular-se-ia a neutralidade do Estado, criando-se no campo das ideias uma ideologia forte. Somente um Estado portador de uma ideologia específica e precisa poderia desenvolver a grande missão pedagógica e técnica de condução das massas. Para ele, não há dúvidas que o mundo caminha para regimes de autoridade, ao contrário do século XIX, caracterizado como uma era de liberdade e individualismo inaugurada com as revoluções.

"O que chamamos de época de transição é exatamente esta época profundamente trágica, em que se torna agudo o conflito entre as formas tradicionais do nosso espírito (...) e as formas inéditas sob as quais os acontecimentos apresentam a sua configuração desconcertante", afirma.

Assim, o grande perigo é pensar que se educa para a democracia, quando na verdade essa está passando por um processo de revisão. Com o crescimento das massas é urgente a necessidade de arregimentá-las segundo um ideário comum (Campos, 1940:63 e ss).

Para Francisco Campos vive-se, naquele momento, um estado de massas, sendo necessária a construção de nova e complexa estruturação. Os mecanismos utilizados pelo liberalismo não mais se adaptam aos novos tempos. No mundo moderno predomina, na sua concepção, a cultura de massa – e é no texto de Campos que a expressão aparece com recorrência pela primeira vez –, o que acaba gerando a mentalidade de massa, uma nova forma de integração que se origina nos mecanismos de contágio via ampliação e difusão dos meios de comunicação.

Ao lado disso torna-se também fundamental a construção de um mundo simbólico, capaz de arregimentar essas massas, unificando-as de tal maneira que este mundo se adaptaria às suas tendências e aos seus desejos. Aos meios de comunicação, sobretudo, aos mais modernos – leia-se rádio – cabe a consolidação desse modelo. Observa-se, pois, no pensamento de Campos indícios das formulações desenvolvidas por Gustave Le Bon em *La psycologie de la foule*.[26]

A adoção da ideia do primado da irracionalidade das multidões também é visível no texto de Campos. "O irracional", diz ele, "é o instrumento da integração política

---

[26] Tendo como inspiração a multidão de proletários nas ruas das cidades europeias, no último quartel do século XIX Le Bon acreditava que esta massa irracional deveria ser compreendida mas, sobretudo, controlada. Se a civilização industrial não seria possível sem as multidões e se o modo de existência dessas multidões era a turbulência havia que controlá-las, já que o comportamento que aflorava sempre tornava visível a 'alma coletiva' da massa. A emergência da multidão era vista como ameaça à civilização. E o futuro seria daqueles que compreendessem as formas de manipular a psicologia das multidões, seduzindo-as com imagens impressionantes.

total" e a forma de controlar essa irracionalidade é a utilização de técnicas capazes de domar o inconsciente coletivo para, dessa forma, controlar politicamente a nação (p. 12). Daí também ser fundamental a construção de mitos como forma de dominar a irracionalidade. As massas seriam então unificadas em torno de um mito que corporificaria a figura do chefe. E, no caso do Estado Novo, esse mito é construído em torno de Getúlio Vargas, o "pai dos pobres" e chefe supremo da Nação. A única maneira, no pensamento de Campos – influenciado por uma literatura sobre o comportamento subjetivo das multidões –, de racionalizar o comportamento irracional dessas massas seria através do destaque ao papel do líder carismático, centro da integração política e sustentáculo do totalitarismo. A racionalidade se limitaria àquele a quem cabe o papel de comandante da ação política, só sendo esta bem-sucedida se houver aceitação total por parte das massas, irracionais e, ao mesmo tempo, submissas e extasiadas frente à figura do chefe. "Somente pelo apelo às forças irracionais ou às formas da solidariedade humana tornará possível à integração total das massas humanas em um regime de Estado" (Campos, 1940:30-31).

O regime político ideal para as massas é não outro que a ditadura. O sentido da democracia, no seu entender, precisa ser revisto, retirando-lhe a representação parlamentar falida, ineficaz e corrompida. Com essa eliminação, desmantelava-se também a possibilidade de tensão política. "No estado totalitário", continua, "desaparecem as formas atuais do conflito político", ainda que houvesse uma espécie de intensificação das formas potenciais de conflito. Daí a urgência de controlar as massas que vivem em estado de permanente excitação.

O novo Estado se caracteriza, nas palavras de Campos, pelo clima de ordem garantido por um chefe que encarnaria o espírito de comunhão com o povo, do qual é guia e ao mesmo tempo condutor. Somente ele pode tomar decisões, encarnando a vontade e os anseios das massas. O chefe e o povo formam, num processo simbiótico, o novo estado e o seu caráter popular.

Nessa linha de pensamento e nesse projeto político há lugar tanto para a pedagogia, como para o controle. Ao Estado cabe a responsabilidade de tutelar a população, modelando seu pensamento, ajustando-a ao novo ambiente político, preparando-a para atuar sob égide do totalitarismo. Para isso é fundamental a criação de símbolos difundidos e cultuados em uníssono. E a imprensa cumpre mais uma vez, seja por adesão ou por coerção, o papel de unificar e tornar visível esta simbologia.

Há também a ideia de que com a emergência do Estado-Nação é fundamental utilizar-se de todos os meios tecnológicos disponíveis para interagir com os cidadãos, substituindo-se progressivamente o contato face a face. Daí também a necessidade de um controle rigoroso dos meios massivos e a importância fundamental que a nova tecnologia expressa na difusão via meios radiofônicos ganha neste cenário.

A formação do Estado Nacional se daria via homogeneização da cultura, dos costumes, da língua e da ideologia. Transformar-se-ia a nação em uma entidade moral, política e econômica que só se realizaria via ação do Estado, que assim se afirma como instrumento de realização do ideário da nacionalidade. Nação e Estado constroem a um só tempo a nacionalidade (Schwartzman, 1984:167).

Departamento de Imprensa e Propaganda (DIP)

Em 1932, ainda na gestão de Francisco Campos no Ministério, o Governo Provisório, em dois decretos (21.111 e 21.240), atribui ao Ministério da Educação a orientação educacional nos serviços de radiodifusão que se iniciam no país e a sistematização da ação governamental na área do cinema educativo, através de órgão próprio. É dessa época o projeto de um ambicioso Departamento de Propaganda do Ministério da Educação (Arquivo Capanema, citado por Schwartzman: 1984:87).

Caberia a este Ministério atingir "com sua influência cultural, a todas as camadas populares", sendo o Departamento de Propaganda "um aparelho vivaz, de grande alcance, dotado de forte poder de erradicação e infiltração, tendo por função o esclarecimento, o preparo, a orientação, a edificação, numa palavra, a cultura das massas".

O cinema é visto como instrumento privilegiado para esta ação, pois tem o poder de "influir beneficamente sobre as massas populares, instruindo e orientando, instigando os belos entusiasmos e ensinando as grandes atitudes e as nobres ações". Possui, por um lado, esse aspecto positivo, mas pode, também, ao contrário, "agir perniciosamente, pela linguagem inconveniente, pela informação errada, pela sugestão moral ou impatriótica, pela encenação de mau gosto". (*Idem, idibem*)

Em julho de 1934, Getúlio Vargas cria o Departamento de Propaganda e Difusão Cultural (DPDC), ligado ao Ministério da Justiça, retirando do Ministério da Educação o controle da propaganda, do rádio e do cinema. Francisco Campos, o formulador da primeira ideia de controle sobre o novo ator social – as massas –, passa a ser o gestor dos órgãos que teriam esta tarefa. Com isso, os meios de comunicação atendem diretamente ao Executivo, introduzindo-se novas formas de controle e coerção.

Raymundo Magalhães Júnior, que foi funcionário do Departamento de Propaganda e Difusão Cultural de 1936 a 1939, distingue o órgão antecessor do DIP como sendo diferente do seu sucessor. Relembrando os nomes que fazem parte dos quadros do principal órgão de censura da era Vargas, diferencia:

> "Eu não era do DIP, eu era de uma outra coisa que se chamava Departamento de Propaganda e Difusão Cultural, onde estava a censura do cinema.

Eu era censor de cinema. Então, era um censor de cinema muito liberal. Dentro da censura havia elementos muitos liberais. Basta dizer o seguinte: que colegas meus da censura eram Vinícius de Moraes, o Pedro Dantas, Nazareth Prado, dos Prados de São Paulo. Agora, tinha outra, tinha um católico chamado Perilo Gomes, que era um homem do Itamaraty; tinha outro do Itamaraty, que foi depois ministro, que era caricaturista, também, Nemésio Dutra; houve uma senhora integralista, dona Maria Engraçadinha Pena, dona Maria de Oliveira Pena; tinha o nome de Engraçadinha, era mãe deste ministro Oliveira Pena, do Itamaraty; e dona Stela Guerra Duval e umas outras pessoas". (Depoimento de Magalhães Júnior, Raimundo. "Os ensinamentos dos anos 30". Entrevista a Gilberto Negreiros. *Folha de S. Paulo*)

O Departamento de Propaganda e Difusão Cultural, dirigido por Lourival Fontes, funcionará até 1939, quando através do Decreto Lei nº 1915, de 27 de dezembro daquele ano, é criado o DIP. Subordinado diretamente ao presidente da República e ao Ministério da Justiça, suas funções não se restringem ao papel de censor. A censura é apenas uma das facetas do trabalho principal do órgão, cuja tarefa maior é difundir a ideologia estadonovista, fazendo dela o discurso de toda a sociedade brasileira no período.

O DIP surge da junção do DPDC e do Serviço de Divulgação, que funciona no Gabinete do chefe de Polícia da Capital, Filinto Müller, e cuja função é repressora e policial.

No artigo segundo do decreto de criação, são alinhados 16 objetivos do órgão, entre eles: "centralizar, coordenar, orientar e superintender a propaganda nacional, interna ou externa, e servir, permanentemente, como elemento auxiliar de informação dos ministérios e entidades públicas e privadas, na parte que interessa à propaganda nacional". Em relação à imprensa, caberia "coordenar e incentivar as relações da imprensa com os Poderes Públicos ao sentido de maior aproximação da mesma com os fatos que se liguem aos interesses nacionais".

Todos os aspectos discricionários e de incentivo à produção de um discurso único em torno de aspectos relevantes para o Estado estão contemplados. Assim, entre os objetivos figuram, lado a lado, as funções censórias ("fazer a censura do Teatro, do Cinema", "proibir a entrada no Brasil de publicações nocivas aos interesses brasileiros") e as ações incentivadoras ao alinhamento compulsivo daqueles que podem produzir discursos públicos. Cabe ao DIP "promover, organizar, patrocinar ou auxiliar manifestações cívicas e festas populares, com intuito patriótico, educativo ou de propaganda turística" e também

"autorizar mensalmente a devolução dos depósitos efetuados pelas empresas jornalísticas para a importação de papel para a imprensa, uma vez demonstrada, a seu juízo, a eficiência e a utilidade pública dos jornais ou periódicos por elas administrados ou dirigidos". (Decreto nº 1915, de 27 de dezembro de 1939)

O DIP funciona até maio de 1945, sendo a sua fase áurea o período entre 1940 e 1944, quando forja a imagem sacralizada do regime. Para isso, não havia limites: o aniversário de Vargas (19 de abril) transforma-se em data nacional e momento privilegiado de apologia ao culto Vargas. Encontro de jovens, palestras, solenidades públicas são promovidos, onde, sempre, Getúlio Vargas é a figura principal. Durante o 1º de maio, Dia do Trabalho, o Estádio de São Januário recebe multidões para aplaudir a fala do presidente em solenidade apoteótica, comparável às de Goebels na Alemanha nazista.

Cria-se uma espécie de "tempo festivo" (Gomes, 1988:235) cujo objetivo é envolver a população em torno de comemorações que resumem a imagem do regime. Cada uma dessas festas assume o mesmo ritual: o presidente em pessoa fala para a multidão. Acentuando o momento mítico, grandes desfiles, música, estandartes, bandeiras constroem a grandiosidade do espetáculo.

Como acentua Gomes, estas três comemorações – o aniversário do Presidente, o Dia do Trabalho e o aniversário do Estado Novo – constituem ocasiões-chave para a comunicação entre Vargas e a massa de trabalhadores. A essas ocasiões somam-se ainda três outras: o 7 de setembro e os dias de Natal e Ano Bom. Esse conjunto de atividades – coordenado pelo DIP – se associa a outras práticas de propaganda do Departamento e outras iniciativas de autoridades estaduais e federais, para criar e difundir uma imagem do regime e de seu chefe (Gomes, 1988:235-237).

O DIP procura, portanto, divulgar, propagar e criar o mito Vargas. Biografias diversas do presidente, ilustradas, em formato reduzido – como os santinhos da Igreja Católica – são distribuídas nas portas das escolas, ressaltando a figura excepcional de Vargas, a sua afeição pelos jovens e pelas crianças. O trabalho e o trabalhador, tônicas da ideologia estadonovista, são temáticas constantemente reforçadas pelo discurso do DIP.

O Decreto Lei nº 1949/39 torna a transmissão da "Hora do Brasil" obrigatória em qualquer estabelecimento comercial que possuísse aparelho de radiodifusão. Aconselha-se também – sobretudo nas cidades do interior – que seja transmitida por alto-falantes instalados em praças públicas e vias de maior movimento. Nas entrevistas e sondagens de opinião realizadas pelo jornal *A Manhã* interessa sempre saber o que o público pensa do programa (Gomes, 1988:232).

Portanto, antes e depois da criação do DIP a máquina política do Estado Novo articula uma das mais bem-sucedidas campanhas de propaganda política no Brasil. Getúlio é o personagem central das festividades, cartazes, fotografias, artigos, livros, concursos escolares, entre uma gama enorme de iniciativas em louvor do chefe do Estado Novo: sua imagem encarna o regime e todas as suas realizações.

Uma das faces mais importantes dessa construção é a de Vargas como "pai dos pobres" e líder das massas trabalhadoras. Assim, Vargas, em todas essas campanhas e peças promocionais, é sempre o sujeito da ação: ele é que cria, determina, estabelece, assina, manda, executa. Nos pronunciamentos, a preocupação central é mobilizar o povo transformado em trabalhador e os textos políticos estruturam-se em torno da construção de uma relação entre povo e Estado-Nação, personificada na figura do líder. Nesse sentido, o pai dos pobres é também o pai do povo trabalhador. E é nessa posição, poderosa e, ao mesmo tempo, generosa, que Vargas pede e exige total obediência e sacrifícios. Constrói-se a ideia de nação como "espírito comum", o que favorece a autoridade em detrimento da solidariedade, tendo o Estado papel tutelar.

"Os censores dedicam-se a obrigar os donos de bares, restaurantes e mercearias a exibirem o retrato de Getúlio Vargas enfiado em um fraque de tropical inglês, com a faixa presidencial no peito. A 4ª Delegacia contrata 20 ou 30 jornalistas como censores, com salário de 300 mil-reis por mês. Um argumento usado pelos jornalistas: era melhor que a censura fosse exercida por eles do que por policiais". (Depoimento de Vieira, Álvaro. *Boletim da ABI*, ano XXIII, novembro-dezembro de 1974)

No seu depoimento, Álvaro Vieira acrescenta que ele mesmo passa a trabalhar "como uma espécie de contrato entre a Censura e a direção de *O Globo, Correio da Manhã* e *Diário de Notícias*".

"Se alguma notícia proibida fosse publicada, eu procurava o diretor responsável e lhe transmitia as ameaças e apreensões do Salgado Filho. A censura *a posteriori* desses jornais era feita por mim na sala dos censores da 4ª Delegacia. As proibições eram as mais absurdas: os porres do Benjamim Vargas, as brigas das famílias ligadas ao Governo ou a um roubo em casa do então coronel Juarez Távora o grande líder militar da revolução de 1930, sobre quem uma notícia que o apresentasse como vítima de ladrão comum poderia comprometer a sua imagem de herói. A partir da revolução de 1932 a censura passa a ser prévia e nos transferimos para as redações dos jornais". (*Idem, ibidem*)

Com a nomeação de Filinto Müller para a chefia da polícia, a transferência da censura vai para o Ministério do Interior e Justiça e há a progressiva incorporação de policiais como censores em lugar de jornalistas. O DIP, além das prerrogativas da censura, controla o registro de jornais, das emissoras de rádio e serviços de alto-falantes, das revistas; distribui a propaganda do regime; ordena a prisão de jornalistas; fecha jornais e rádios, dita o que pode ou não ser publicado. A comunicação entre os censores e os veículos se faz pessoalmente (os censores são civis, funcionários públicos ou militares recrutados aos serviços de informação das Forças Armadas), por telefone ou por escrito.

Em janeiro de 1943 as instruções da censura proíbem:

"a divulgação de qualquer notícia ou fotografia sobre a visita do Ministro da Guerra ontem às oficinas da EFCB, onde se estão fabricando canhões para o Exército e todo o material referente à chegada ao Rio, a estada, partida e as declarações do embaixador da Rússia no Uruguai, inclusive fotografia, está sujeito a apresentação prévia a este Departamento". (Nasser, 1947. *Apud* Inoja: 1978)

Também nada pode ser divulgado, mesmo como transcrição, envolvendo a

"controvérsia entre o professor Agamêmnon Magalhães e o sr. Assis Chateaubriand; pede-se não sejam publicadas fotografias impressionantes, macabras do desastre de Inhaúma. Reiteramos a recomendação anterior, segundo a qual são de publicação obrigatória os telegramas, decretos e atos emanados da Presidência da República que forem enviados pela AN, entre 30 outras proibições diversas". (*Idem, ibidem*)

As verbas oficiais engordam as receitas de jornais, revistas, agências de notícias, emissoras de rádio. Subsídios ao papel e à importação de equipamentos gráficos e de som favorecem os que colaboram com o poder. As solenidades são transmitidas via rádio para todo o país. O DIP organiza congressos, palestras, seminários, divulgando as ideias do regime. Dentro do órgão, a Divisão de Imprensa, responsável pelo controle da informação nos jornais, revistas e livros, é a mais importante, sendo sua tarefa principal vigiar a produção discursiva da imprensa.

Os anos de chumbo do Estado Novo significam também o controle rigoroso dos meios de comunicação, o que leva ao fechamento de inúmeros deles. Estima-se que no período deixam de circular 61 publicações. No Rio de Janeiro, todo o grupo pertencente a Geraldo Rocha na década de 1920 – incluindo o vespertino *A Noite*[27], o matutino *A Manhã* e as *Rádios Nacional* e *Mayrink Veiga*, apenas para citar as mais

---

[27] Com a encampação, a administração de *A Noite* ficou a cargo do coronel Luís Carlos da Costa Neto, sendo a direção do jornal entregue ao jornalista André Carrazzoni. Este novo estágio é marcado por dificuldades, decorrentes do empreguismo generalizado e da má administração dos recursos. Gradativamente o jornal se transforma numa espécie de diário oficial, no qual são fartos os elogios a todos os governos. Com a queda de Vargas, agrava-se ainda mais a situação. Em 19 de agosto de 1946, o presidente Dutra promulga o Decreto-Lei nº 9610 autorizando o Ministério da Fazenda a arrendar *A Noite* por um prazo de 15 anos à sociedade anônima a ser construída pelos funcionários do vespertino. Segundo Carvalho Neto, a inviabilidade do jornal deveu-se também ao fato de ser ele um órgão do governo. "O povo não admite, com toda razão, que o governo seja dono de jornal para ele ler. E deixou de ler *A Noite*... Jornal do governo é o Diário Oficial". *A Noite* depois de inúmeros períodos de grande dificuldade financeira – sai de circulação em 1958. (DHBB: 4107)

importantes empresas das 17 que compõem o grupo – é incorporado ao Estado. Pelo Decreto-Lei n° 2073, de 8 de março de 1940, criam as Empresas Incorporadas do Patrimônio da União.

> "Art. 19. Ficam incorporadas ao Patrimônio da União. A) Toda a rede ferroviária de propriedade da Companhia Estrada de Ferro São Paulo – Rio Grande ou a ela arrendada. B) Todo o acervo das Sociedades A Noite, Rio Editora e Rádio Nacional. C) As terras situadas nos Estados do Paraná e Santa Catarina, pertencentes à referida Companhia Estrada de Ferro São Paulo – Rio Grande". (*Diário Oficial*, 9 março de 1940)

As empresas jornalísticas que não aderem ao regime sofrem a ação da censura, sendo muitas delas fechadas. Outras são empasteladas e outras ainda têm seus dirigentes presos. O *Diário de Notícias*, fundado em 12 de junho de 1930, e que, após apoiar a Aliança Liberal e a Revolução de 1930, se distancia do Governo em 1932, sofre rigorosa censura, sendo seu diretor proprietário Orlando Dantas preso.

Também o *Diário Carioca* é empastelado. O *Diário Carioca*, um dos principais aliados da Aliança Liberal nos primeiros tempos, rompe com o Governo em 1932, sendo empastelado em fevereiro daquele ano. "À meia-noite dezenas de soldados em caminhões do I Regimento de Infantaria entram na sede do jornal, armados de sabres e fuzis, destruindo-a", relembra Fernando Sigismundo, ex-presidente da ABI.

Mas além da repressão direta há também outras fórmulas para manter a imprensa sob controle: o sistema de financiamento indireto ao papel importado é um deles.

> "A ditadura de Vargas, com o objetivo de manter a imprensa sob seu controle, instituiu um sistema de financiamento indireto do papel importado, mediante o qual os jornais obtinham a sua matéria-prima essencial por um preço muito inferior ao do mercado mundial. O Estado cobria a diferença. O mecanismo sobreviveu, com altos e baixos, até a Revolução de 64, embora o câmbio artificial estabelecido para as importações de papel constituísse um escândalo nacional. Na medida em que colocava os jornais sem viabilidade econômica à mercê do Executivo, esse dispositivo interessava ao Poder Central". (Mesquita Neto, 1984:29)

A pressão do governo se faz também sob a forma econômica, negando subsídios e, sobretudo, publicidade.

> "E qualquer sinal de rebeldia cortavam o papel e a publicidade. A publicidade, o governo controlava, vamos dizer, 60% e ao mesmo tempo intimidava as empresas privadas. Ninguém queria ficar contra o Banco do Brasil. Sob o ponto de vista da censura, eu considero o Estado Novo mais tenebroso, por-

que não tinha saída. Hoje existe o recurso de você deixar o espaço em branco. Naquele tempo, se fizesse isso, fechavam o jornal". (Depoimento de Silveira, Joel. "O Estado Novo e o Getulismo". Entrevista a Gilberto Negreiros. In: *Folha de S. Paulo*)

Em 23 de dezembro de 1939, o então ministro da Educação Gustavo Capanema solicita informações sobre a revista *Diretrizes*, uma vez que Samuel Wainer, diretor da revista, havia pedido "a colaboração deste ministério para um número especial sobre os problemas brasileiros de educação". Assim Capanema deseja "em caráter confidencial, consultar o prezado amigo sobre o que consta a respeito da referida publicação na Chefia de Polícia, a fim de melhor poder resolver o caso em questão" (Carta de Filinto Müller a Capanema. *Arquivo Capenema CPDOC*, citado por Schwartzman, 1984:313-315).

Por "resolver o caso em questão" entenda-se colaborar ou não com a publicação através da concessão de verba publicitária. Vinte dias depois da consulta, Filinto Müller responde a Capanema, enviando um dossiê sobre o que "consta na repartição a respeito da revista Diretrizes". No arrazoado de três páginas, informações sobre os diretores da publicação com antecedentes no então DESPS. A revista é classificada como possuindo uma "tendência claramente esquerdista" e no arquivo do Serviço de Censura à Imprensa aparece como tendo orientação "suspeita", já que "de início foi marcante em seu programa a tendência esquerdista, combatendo o fascismo e o nazismo". No histórico da publicação completa:

"Fundada em março de 1938 pelo jornalista Azevedo Amaral, que se afastou para fundar a revista Novas Diretrizes. O escritor Genolino Amado passou a dirigi-la, afastando-se também para dar lugar ao Sr. Samuel Wainer, seu atual diretor".

A seguir enumera os "escritores suspeitos de exercerem atividades subversivas e fichados na DESPS" que colaboraram na revista: Álvaro Moreira, Graciliano Ramos e Jorge Amado. E continua:

"Atualmente vem levando a efeito um programa de caráter nacionalista, entrevistando generais e outras personalidades ilustres sobre problemas nacionais; publicando artigos em torno da situação do povo brasileiro em seus vários aspectos: econômico, cultural, social, moral, etc.".

Sobre Samuel Wainer acrescentam:

"Em sua ficha nada consta, o que quer dizer que não se encontra fichado no DESPS. O censor de Diretrizes obteve informações vagas sobre o mesmo e suas ideias avançadas, anotando-as em seu relatório de dezembro do ano próximo findo". (Carta de Filinto Müller a Capanema. *Arquivo Capenema CPDOC*, citado por Schwartzman, 1984:313-315)

Não se sabe se Capanema afinal colabora com o número especial dedicado à educação. Parece claro, entretanto, que a mudança de orientação editorial da revista é uma estratégia para manter a sua sobrevivência. Afinal já havia sido suspensa em 21 de outubro de 1939, permanecendo fechada por quase um mês. Só volta a funcionar em 15 de novembro do mesmo ano, editando um número especial dedicado à Proclamação da República e seus vultos. A partir daí, passa a escolher assuntos do tipo que é destacado por Filinto Müller.

Outro jornal que sofre as consequências da ação policial durante o Estado Novo é *A Notícia*. Fundada ainda no século XIX, passa a ser propriedade de Candido de Campos em 1924. Na revolução de 1930, sua redação é depredada e seu acervo incendiado. Campos exila-se e só retorna ao país em 1938, reabrindo o jornal, que passa a dar ênfase ao noticiário policial.

Em função dessa estratégia editorial, *A Notícia* passa a ser um dos jornais mais vendidos no Rio. Impresso nas oficinas do *Diário de Notícias*, sua redação fica – como a maioria dos jornais – na Avenida Rio Branco. Na década de 1950, é vendido a Adhemar de Barros, então governador de São Paulo, e Chagas Freitas, futuro governador do Estado do Rio de Janeiro (Ribeiro, 2000).

A ação repressora da censura é delimitada na constituição do Estado Novo. O artigo 122, na seção Dos Direitos e Garantias Individuais, estabelece a prescrição da censura, "com o fim de garantir a paz, a ordem e a segurança pública, a censura prévia da imprensa, do teatro, do cinematógrafo, da radiodifusão, facultando à autoridade competente proibir a circulação, a difusão ou a representação".

Em relação à imprensa acrescenta:

"A imprensa regular-se-á por lei especial de acordo com os seguintes princípios: a) a imprensa exerce uma função de caráter público; b) nenhum jornal pode recusar a inserção de comunicações do Governo, nas dimensões fixadas em lei; c) é assegurado a todo o cidadão o direito de fazer inserir gratuitamente nos jornais que o infamarem ou injuriarem, resposta, defesa ou retificação". (*Constituições do Brasil*, 1970:91)

O regime de censura à imprensa permanece em vigor até fevereiro de 1945. A Constituição promulgada logo após o fim do Estado Novo, durante a Assembleia Constituinte de 1946, estabelece novamente a livre manifestação do pensamento sem dependência da censura.

V. Literatura como vestígio do tempo: A imprensa e o olhar dos literatos (1900-1950)

> "Nas frígidas noites, ela, toda estremecente sob o lençol de brim, costumava ler à luz de vela os anúncios que recortava dos jornais velhos do escritório. É que fazia coleção de anúncios. Colava-os no álbum. Havia um anúncio, o mais precioso, que mostrava em cores o pote aberto de um creme para pele de mulheres que simplesmente não eram ela." (Lispector, 1998:38)

O texto que serve de epígrafe deste capítulo, retirado do romance *A hora da estrela*, de Clarice Lispector, introduz uma narrativa que procurará enxergar nos vestígios deixados pelos textos literários indícios de uma relação do leitor e dos jornalistas com os meios de comunicação na primeira metade do século XX.

Desde o clássico romance de Lima Barreto, *As recordações do escrivão Isaías Caminha*, que remonta o dia-a-dia da redação do fictício jornal *O Globo*[28] – na verdade o *Correio da Manhã* –, a literatura deixa inúmeros rastros do cotidiano das redações e, sobretudo, das relações dos leitores com as publicações. O mesmo Lima Barreto, no seu *Diário do Hospício,* refere-se inúmeras vezes às múltiplas práticas de leituras no Hospital dos Alienados.

Há aqueles que fazem dos papéis emporcalhados, recolhidos nos banheiros do hospício, restos de uma possível leitura. Há ainda aqueles que leem compulsivamente tudo que lhe caem às mãos. Múltiplas leituras, mas, sobretudo, múltiplas formas de se relacionar com os textos impressos.

---

[28] O livro de Lima Barreto, escrito quando o autor trabalhava como jornalista no *Correio da Manhã*, é publicado pela primeira vez em 1909. A aguda crítica que destina a Edmund Bittencourt, dono do jornal, vale a inclusão de Lima num índex de proibição do jornal. A partir daí, durante muitas décadas, o nome de Lima Barreto foi considerado maldito no jornal, sendo vetada terminantemente qualquer alusão ao seu nome nas páginas da publicação. Portanto, o jornal *O Globo* da ficção de Lima Barreto nada tem a ver com o periódico criado por Irineu Marinho em 1925: trata-se de um nome fictício. O jornal representado por Lima Barreto é o *Correio da Manhã*.

"Mas a loucura tem tantos pontos de contato de um indivíduo para outro, que seria arriscar tornar-se fastidioso se quisesse descrever muitos doentes (...). Há três aqui muito interessantes. Um é do tipo acaboclado em trapos, com dois alforjes pendurados à direita e à esquerda, sequioso de leitura, a ponto de ler qualquer fragmento de papel impresso que encontre. Não chega aos extremos de um português, que vive dia e noite, nas proximidades das latrinas, senão nelas e que não trepida os fragmentos de jornais emporcalhados, para ler anúncios e outras cousas sem interesse mas sempre delirando" [29].

Ele mesmo, Lima Barreto, também lê com "relativa minúcia" os jornais. E acrescenta: "Até os crimes de repercussão eu leio." Mais adiante se refere a um militar que gosta de conversar cousas superiores. Embora fosse "francamente e permanentemente doido, não lê coisa alguma, a não ser a Gazeta de Notícias, de cabo a rabo".

Descrevendo a sua própria leitura, o escritor, para fugir daquela realidade, concentra a sua atenção nas letras impressas. Para se distanciar da conversa que lhe "arrastava de novo a pensamentos agoureiros", força a atenção nos periódicos. "Li-os com cuidado, li seções que, normalmente, desprezava, mas não findei a leitura. Misael chamou-me para o jantar." O texto leva-o a construir não só uma outra leitura, como o transporta para outro lugar. Os ambientes descritos são como que recriados, se inserindo ele mesmo naquela descrição, transformando-se, dessa forma, o texto, aprisionado pela sua leitura, numa vivência particular. Para isso é preciso "ler com cuidado", "ler minuciosamente", com toda a sua atenção e todos os seus sentidos voltados para aquele universo de letras impressas.

A reflexão sobre a leitura – ou seja, a apreensão de um sentido particular do texto indubitavelmente ligado ao leitor – aparece inúmeras vezes no mesmo livro. Em outro trecho, um engenheiro, que num acesso de loucura matara a mulher e um filho, "lia o dia inteiro o jornal". "Vivia na biblioteca, lendo o jornal e fazendo em voz alta, de quando em quando, uma reflexão sobre a leitura."

No livro de Lima Barreto figuram dois mundos, marcados por duas temporalidades completamente diversas. O mundo da vida, da saúde e da ação e o mundo da doença e da morte. Os que pertencem ao primeiro mundo – como Misael que vem de fora e chama o doente para jantar – têm uma certa liberdade na utilização de seu tempo. Saem e voltam à cena, marcando para o leitor a passagem do tempo. Já os outros, os que pertencem ao mundo da loucura e da morte, vivem uma espécie de imobilidade temporal. Tudo se passa igual, todos os dias. As mesmas cenas, as mesmas situações e nem mesmo a leitura insere esses personagens numa outra temporalidade.

---

[29] Todas as citações referentes ao texto de Lima Barreto foram retiradas de *Diário do Hospício* (1993). Para referência completa, ver Bibliografia.

João do Rio (1987:161-162) também descreve, com detalhes, a algazarra que se forma na Casa de Detenção à passagem do repórter, quando os condenados balançam no ar as folhas diárias, querendo provar inocência. Para o cronista, a imprensa é uma das três ideias gerais da Detenção. Uma ideia, segundo ele, "quase obsessiva".

"Há os que têm medo de desprezá-la, há os que fingem desprezá-la, há os que a esperam aflitos. O jornal é a história diária da outra vida, cheia de sol e de liberdade, é o meio pelo qual sabem da prisão dos inimigos, do que pensa o mundo a seu respeito. Não há cubículos sem jornais." [30]

Além de espelhar uma ideia de temor, que evoca a problemática do poder, o jornal, na composição montada, é, para o leitor, a inserção na realidade, na vida quotidiana diária, longe das grades da prisão. É o meio pelo qual se colocam em contato com o mundo. Daí a presença constante dos periódicos em todos os cubículos.

O ócio é também preenchido com a leitura dos jornais. "Leem com avidez as notícias de crimes romantizados pelos repórteres e o pavor da pena é o mais intenso sugestionador da reincidência." O repórter, por outro lado, é apresentado como o próprio poder. O anúncio da sua visita provoca reações diferenciadas. "Uns esticam papéis, provando inocência; outros bradam que as locais dos jornais estavam erradas, outros escondem-se, receando ser conhecidos, e é um alarido de ronda infernal, uma ânsia de olhos, de clamores, de misérias."

Visualizar a literatura como registro de uma época significa considerar que um autor deixa transparecer na sua obra não apenas sua subjetividade, mas também seu próprio tempo. Significa também perceber o papel decisivo da linguagem nas descrições e concepções históricas. O texto literário – artefato de criação de um autor que constitui ambientes e valores nos seus relatos – espelha a visão de mundo, as representações, as ideias de um dado momento histórico-cultural, podendo ser lido como materialização de formas de pensar, das emoções e do imaginário de um dado período. Por outro lado, as narrativas literárias revelam a coerência e a plenitude de uma imagem de vida. Só porque há esta coerência é que pode ser transformada em imaginação. Uma narrativa só ganha sentido porque a ela é atribuída uma coerência, ao se transformar, para o leitor, numa forma reconhecível de descrição da existência. Ao se tornar familiar, torna-se inteligível.

Percorrendo os textos literários, desde os autores que fazem das redações mote de criação de suas obras e, ao mesmo tempo, lugar de onde retiram parte de seu sustento,

---

[*] Todas as citações de João do Rio foram retiradas de *Alma Encantadora das Ruas* (1987). Para referência completa ver Bibliografia.

mas sobretudo onde ganham notoriedade para atingir o grande público, até aqueles que recordam um tempo vivido, tornando-o revivido, observa-se que uma das imagens mais recorrentes nestes textos refere-se ao poder simbólico dos periódicos.

O próprio Lima Barreto, a primeira vez que menciona os jornais e os jornalistas nas suas *Recordações* (1984)[31], deixa transparecer o simbolismo que esses veículos possuem na sociedade carioca. A notoriedade que ganham os que trabalham na imprensa, tornando-se pessoas conhecidas e aferindo prestígio ao representar o mundo para o público, é muitas vezes destacada na sua narrativa.

> "Laje da Silva, porém, só sabia que ele tinha a Aurora à sua disposição, jornal muito lido e antigo, respeitado e que, no tempo do Império, derrubou mais de um ministério. Escrevia nos jornais: era o bastante. E essa sua admiração, se era de fato esse o sentimento do padeiro, pelos homens dos jornais, levava-o a respeitar a todos desde o mais graduado, o redator-chefe, o polemista de talento, até ao repórter de política, ao modesto revisor e ao caixeiro do balcão. Todos para ele eram sagrados, seres superiores ou necessários aos seus negócios, pois viviam naquela oficina de ciclopes onde se forjavam os temerosos raios capazes de ferir deuses e mortais, e os escudos capazes também de proteger os traficantes dos mortais e dos deuses." (Barreto, *op. cit.*: 31)

O movimento que Lima Barreto está descrevendo insere-se nas mudanças por que passa a imprensa no início do século XX, quando, se transformando em verdadeiras "fábricas de notícias", os jornais ganham poder e notoriedade na sociedade carioca[32]. Na sua descrição o destaque recai sobre o simbolismo que passa a ter a palavra impressa nessa sociedade e a ingerência dos jornais junto à sociedade política. A publicização de fatos do cotidiano, a capacidade de influir com o poder da palavra impressa leva o padeiro a ter admiração, respeito, pelos homens de imprensa.

> "Lage não lhe conhecia as obras, nem mesmo os artigos e ficou satisfeito que um outro conhecido seu viesse sentar-se sem cerimônia alguma à nossa mesa, obrigando-me a não lhe fazer mais perguntas sobre o Pithecanthropus literato. Era o Oliveira – não me conhece? O Oliveira, do O Globo...! Tão conhecido!... Oh!" (*Idem, ibidem*)

O jornalista é apresentado como alguém poderoso e amplamente conhecido e reconhecido na sociedade. O jornal, por outro lado, é capaz de derrubar ministro, de

---

[31] As referências que se seguem foram retiradas de *Recordações do Escrivão Isaías Caminha* (1984). Para referências completas, cf. Bibliografia.

[32] Sobre esse movimento da imprensa carioca, ver especialmente Capítulo I.

promover campanhas, de influenciar. Trabalhar no jornal confere *status*, torna a pessoa conhecida, já que nesse momento os periódicos mais importantes da cidade ampliam sua representação e seu alcance através da conquista de um público, também no dizer dos literatos, "sempre sequioso de novidades".

A revolução da imprensa do início do século, as contradições do jornalismo, as autoconstruções engendradas pelos periódicos para se tornarem representativos de toda a sociedade aparecem, portanto, nas obras literárias. Da mesma forma, o movimento em direção ao sensacionalismo também vai ser imortalizado pela literatura.

E não poderia ser de outra forma, já que o autor, em seu ato criador, situa-se na fronteira do mundo que está criando. Não figura no seu interior, porque sua inclusão comprometeria a estabilidade estética do mundo em seu relato. Assim, o escritor representa uma exterioridade – o mundo do jornalismo do início do século, no caso de Lima Barreto –, construindo uma imagem que ao mesmo tempo representa o real e o transcende. A realidade – a cidade, as redações do jornal, a representatividade da imprensa – é sólida, mas entranhados neste mundo que rodeia o autor e o leitor estão os personagens, heróis da narrativa. E esses só vivem na narrativa. Assim, o texto de Lima Barreto como atividade estética reúne um mundo disperso em seu sentido, mas também o condensa numa imagem concluída (Bakthin, 1997:202-214). Talvez seja por esta razão que todos os aspectos mais relevantes do mundo do jornalismo, incluindo as múltiplas temporalidades instauradas naquele instante na atividade, estejam presentes nessas *Recordações*.

Tempo de contar e tempo contado

"Era uma sala pequena, mais comprida que larga, com duas fileiras paralelas de minúsculas mesas, em que se sentavam os redatores e repórteres, escrevendo em mangas de camisa."

Dessa forma, Lima Barreto particulariza a descrição da redação de um dos jornais mais importantes do Rio de Janeiro do início do século. Primeiro o ambiente geral, as mesas colocadas lado a lado, onde se sentavam os dois personagens centrais daquele lugar: os redatores e os repórteres.

Em seguida à descrição que apela para a visão, a que deixa a impressão a partir dos odores que particularizam o ambiente.

"Pairava no ar forte cheiro de tabaco: os bicos de gás queimavam baixo e eram muitos. O espaço era diminuto, acanhado, e bastava que um redator arrastasse um pouco a cadeira para esbarrar na mesa de trás, do vizinho. Um tabique separava o gabinete do diretor, onde trabalhavam o secretário e o redator-chefe: era também de superfície diminuta, mas duas janelas para a rua davam-lhe ar, desafogavam-no muito. Estava na redação de O Globo, jornal de grande circulação, diário, matutino, recentemente fundado e já dispondo de grande prestígio sobre a opinião" (Barreto, 1984:72).

Observa-se no texto, além da hierarquia existente nas redações – o diretor, o secretário, o redator chefe e, em seguida, os redatores e repórteres – o tempo físico particularizado pelos sentidos visuais. A indicação de que os bicos de gás estão acessos mostra o desenvolvimento de um trabalho que se realiza à noite, premido pelos horários, já que o jornal, matutino, tem hora exata para ir às ruas.

Mas além desse tempo cronológico, há na descrição um tempo narrativo. O tempo dos jornaleiros gritarem o nome dos jornais, a correria para fixar as notícias de última hora na portaria do jornal, a ansiedade pelo término da matéria, tudo isso descrito também com sofreguidão.

O fato de o escritor ter composto o seu texto em referência a um passado próximo, dá a narrativa caráter de testemunho. Mas, apesar disso, cada uma das descrições figura para o leitor como se tivesse ocorrido num determinado momento, sem que houvesse a intervenção expressa do locutor na narrativa. O escrivão recorda de fatos pretéritos, mas quase nunca se imiscui no texto. Os fatos ocorrem num certo momento do tempo, sem qualquer intervenção do locutor, como se o passado fictício considerasse o passado real que é evocado no texto. Dessa forma, no tempo contado de Lima Barreto há uma espécie de quase passado que é introduzido pela ficção.

Apesar de não participar diretamente na locução memorável, o escrivão é presença ativa, até mesmo no título da obra. Essa presença-ausência faz com que o uso dos verbos no pretérito não mantenha a sua função de designação do passado: todos sabem, os leitores de ontem e de hoje, que aquele mundo fictício representa o presente plausível do escritor Lima Barreto. Suas angústias, suas desilusões, sua verve implacável contra um mundo que o alijara[33]. Mas como o texto composto por Lima Barreto insere-se no mundo da ficção, supõe-se que a história contada de fato não aconteceu. Instaura-se, na leitura e pela leitura, o tempo das coisas contadas.

Como não há passado, já que a ação contada de fato não aconteceu, pode-se falar em certa medida de ausência da temporalidade na ficção. Mas apenas em certa medi-

---

[33] Depois de um breve período como repórter do *Correio da Manhã*, Lima Barreto é dispensado, não conseguindo mais empregos em órgãos da grande imprensa. Consegue trabalhar apenas em pequenas publicações. O álcool, os estigmas que o acompanham (negro, de origem pobre, sem ter terminado o curso superior) fazem dele um derrotado, que acaba seus dias, após passar várias vezes por internações no hospício, bêbado pelas sarjetas da cidade.

da, porque a narrativa só se torna humana quando imersa na sua perspectiva temporal. (Ricouer, 1995).

Em princípio, o mundo das coisas contadas é estranho ao locutor e ao ouvinte, mas, na medida em que o autor se transforma numa espécie de testemunha daquele tempo, há uma correlação entre o mundo das coisas contadas e o mundo que se conta, ainda que a relação de antecipação permaneça ativa na narrativa.

Instaura-se a defasagem temporal entre o tempo do ato de contar e o tempo do texto. O texto produzido por Lima Barreto naqueles longínquos mil e novecentos permanece interpelando o leitor e produzindo novas significações, instaurando um tempo do texto que nada mais tem a ver com o ato do autor no instante em que compôs a narrativa.

Na narrativa também existem notações claras do tempo: os verbos no passado indicam que o mundo do jornalismo que estava sendo composto pelo autor só existia agora na sua imaginação, produzindo uma transição entre a experiência do escritor e aquela que o faz capaz de transformar o mundo em letras impressas.

O mundo contado, entretanto, não deixa de ser mundo, já que a narrativa estabelece uma relação com o mundo prático através da refiguração. É a mimese II – ou seja, a autoestruturação da narrativa baseada em códigos narrativos internos ao discurso –, que torna aquele mundo aberto a uma infinidade de interpretações ou de leituras, inclusive a que o percebe como materializando condições reais de existência (Ricoeur, 1994).

Podemos dizer que, ao compor seu texto, Lima Barreto suspendeu o presente vivido – ou seja, sua experiência quotidiana como repórter do *Correio da Manhã* ou sua experiência sofrida como um interno do Hospital dos Alienados – para construir o passado da narrativa, instaurando o mundo das coisas contadas. Nesse momento, introduz aquilo que Paul Ricoeur vai conceituar como o "como se" da narrativa: fala de um mundo como se fosse passado, fala de uma experiência como se também ela estivesse inscrita agora no passado. Estabelece também uma relação metafórica com a sua memória: estanca o passado que está presente na memória e torna-o presente pelo ato de contar (Ricoeur, 1995:128 e *passim*).

Enquanto os personagens vivem uma experiência fictícia de tempo, há na narrativa a materialização da subjetividade temporal existente na sociedade. Assim, os textos dos jornais falam desse mundo, da mesma forma que a narrativa de Lima Barreto apela para a configuração de uma nova temporalidade: o tempo rápido, sem pausas, nem reflexão. O tempo das mudanças, das notícias que devem se suceder sem cessar.

Se entendermos temporalidade como a maneira como se inscreve a atividade humana na duração, como já enfatizamos, podemos observar nos textos citados das duas obras de Lima Barreto duas temporalidades díspares. No hospital dos loucos, o tempo lento, quase imóvel, dos dias que se repetem sem mudanças. Na redação do matutino, o tempo rápido, de um mundo que faz dos novos ícones do progresso a senha para entrada em uma nova era. Saindo do tempo real – o da sua vivência quotidiana – para o tempo da narrativa, os loucos do Hospital dos Alienados ingressam na temporalidade das notícias que leem com sofreguidão, igualmente sem pausas ou reflexão. Leem os textos dos jornais que projetam um mundo igualmente desconhecido. Como os personagens daquelas narrativas vivem, eles mesmos, como leitores, uma experiência fictícia do tempo.

Mas a ficção conserva sempre o vestígio do mundo prático e reorienta o olhar para traços da experiência que inventa, ao mesmo tempo, um mundo, ainda que não possa romper com as amarras do mundo fictício de onde vem e para onde retorna.

Assim, se podemos enxergar nas narrativas experiências particulares de tempo, entre as quais se sobressai a de um mundo marcado pela aceleração e pela mudança, pode-se observar nos textos ficcionais a tessitura de uma intriga capaz de tornar presente o ausente, fazendo com que cada um desses textos se liberte de seu passado. Múltiplas temporalidades figuram nessas narrativas: a da vida de cada um dos personagens; a da memória do escritor que torna presente o que ficaria ausente; o trabalho do autor que levou um determinado tempo para compor o seu texto; o tempo da obra, ou seja, o tempo físico mesmo que o leitor leva para percorrer o livro com sua leitura; e, finalmente, o tempo do leitor, isto é, a temporalidade necessária a cada um para interpretar o que leu. Contar, conclui Paul Ricoeur, requer, portanto, lapsos do tempo físico.

A compreensão do leitor, por outro lado, consiste em "saltar os tempos mortos" da narrativa, precipitando o seu andamento, condensando num só evento exemplar traços duradouros. O tempo e o ritmo de uma mesma obra dependem das múltiplas interpretações ou refigurações narrativas operadas no momento da leitura, em suma, do tempo contado. E o tempo contado restitui a sucessão das cenas, dos episódios intermediários, das fases de transição presentes numa mesma obra. O autor constrói efeitos de lentidão, de velocidade, tempos breves e tempos longos, tempos qualitativos a partir também da possibilidade de entendimento e compreensão do leitor. Numa mesma obra podem estar presentes o tempo da lembrança, o tempo do sonho e o tempo do diálogo transcrito. É o tempo contado que transforma, na concepção de Ricoeur, o tempo da narração em tempo da vida (Ricoeur, 1995:133-136).

A experiência fictícia no jornalismo

Se os anos 1910 são configurados na literatura como o momento em que o jornalismo queria se autoconstruir como lugar de poder, a partir da notoriedade que construía para o jornalismo, a década de 1920 coloca em cena, com destaque, a experiência do ficcional. As narrativas mirabolantes dos repórteres policiais que faziam da descrição pormenorizada dos crimes de sensação o sucesso dos periódicos aparece inúmeras vezes nas crônicas de Nelson Rodrigues. Não apenas sua experiência pessoal, mas a dos que conviveram com ele nas redações dos periódicos de sensação do Rio de Janeiro da década de 1920[34].

"A grande figura da redação era mesmo o repórter de polícia. O Quintanilha, por exemplo, sabia de tudo, vira tudo. Por trás de suas histórias, havia toda uma cálida maravilhosa experiência shakespeariana. Seria talvez analfabeto, sei lá. E estava sempre bêbado. Deixava de beber há meses, anos, e continuava bêbado. Não importa. Contava coisas lindas." (Rodrigues, 1993)

O texto de Nelson Rodrigues – uma crônica – possui uma estrutura narrativa inteiramente diversa do texto de Lima Barreto. Ao compor a crônica, o autor constrói não o desejo de ficcionalidade, mas procura relacionar sua produção textual a uma realidade preexistente. O Quintanilha, personagem da crônica, é visto como alguém que de fato existiu: diante das convenções de veracidade que a crônica introduz, interpreta-se a situação e aqueles que a vivenciaram como participantes de algo que, de fato, aconteceu. Há na crônica uma afinidade entre o mundo factual e o universo subjetivo do cronista. Permite-se, por outro lado, a visibilidade do estado afetivo e emocional do narrador. Silvia Borelli ainda alinha uma última e definitiva característica: assumida pelo escritor como gênero literário, é destinada ao campo jornalístico e, como tal, sujeita às suas regras (1996:76-77).

Considerando gêneros narrativos como molduras menores do discurso (*frames*), que orientam não só sua formatação mas a expectativa de leitura em relação a determinadas redes textuais, seja o romance, a crítica, a crônica ou a autobiografia, cada um desses textos mostra, a rigor, as vozes do passado. Um texto deve ser visto como um diálogo, mas também como uma rede de resistência. Como um diálogo, possui no seu interior uma multiplicidade de vozes, que produzem significações nunca acabadas. Há nos textos vozes contestatórias, múltiplas, textos e contextos. Como rede de resistências, manifestam um mundo nem sempre possível de ser tornado visível no momento em que foi formulado.

Todorov, ao refletir sobre os gêneros, deixa claro que as regras básicas que orientam as obras literárias, como processos de comunicação, fazem delas um *corpus* de texto pertencente a um único universo discursivo: o literário. Para o autor, "um novo

---
[34] Sobre esse movimento da imprensa carioca, cf. Capítulo 2.

gênero é sempre a transformação de um ou de vários gêneros antigos: por inversão, por deslocamento, por combinação". Assim, um texto de hoje deve tanto à poesia e ao romance do século XIX, tal como a comédia lacrimejante já combinava as características da comédia e da tragédia do século precedente. Não há possibilidade de haver literatura sem gêneros, da mesma forma que uma obra não se encerra nela mesma uma única tipologia de gênero. Uma obra pode manifestar mais de uma categoria, mais de um gênero (1981:48 e 1979:26).

Bakthin (1993:279-287) acrescenta que há uma infinidade de gêneros do discurso, uma vez que qualquer possibilidade de utilização da língua pela atividade humana instaura formas variadas, enunciados orais e escritos, concretos e únicos que emanam desses sujeitos. Esses enunciados refletem condições e finalidades específicas, não apenas por seu conteúdo e estilo verbal, mas também em função da construção da composição. Assim, esses três elementos – conteúdo temático, estilo e construção composicional – fundem-se no enunciado, sendo marcados pela especificidade de uma esfera de comunicação. Qualquer enunciado considerado isoladamente é individual, mas cada esfera de utilização da língua elabora tipos relativamente estáveis de enunciados. São estes que são denominados gêneros do discurso.

Apesar de considerar a amplitude dos gêneros como uma dificuldade para seu estudo, Bakthin procura sistematizar sua conceituação, considerando em primeiro lugar a bipartição entre gêneros primários e secundários. No segundo grupo, complexo, estariam o romance, o teatro, o discurso científico, o discurso ideológico, que aparecem em situações mais complexas e principalmente sob a forma escrita. Apesar de considerar essa distinção, o autor postula a existência de inter-relação entre os gêneros como fundamental para esclarecer a natureza do enunciado e, com ela, o problema da correlação entre língua, ideologias e visões de mundo.

Em cada época, a língua escrita é marcada pelos gêneros do discurso, secundários e primários (diálogos orais), isso porque a língua escrita incorpora camadas da língua popular em todos os gêneros secundários, o que leva sempre à reestruturação e à renovação desses gêneros.

Considerar essa mobilidade dos gêneros é também entender que, como o mundo, também os textos se modificam através de diálogos constantes, razão pela qual podem e devem ser abordados e examinados a partir de um grande número de perspectivas, não podendo ser reduzida a sua análise a um modelo monológico (Hunt, 1992:154).

Reduzir a análise textual a este modelo criticado por Hunt é considerar, por exemplo, que o ficcional representa um mundo, em essência, imaginativo, não figurando as relações sociais. Preferimos, ao contrário, descobrir no fictício a relação com o mundo de que fala e ver no mundo – numa perspectiva dialógica – também o ficcional. Chegar ao contexto, através do texto.

"Eu começava no jornal. Era garoto e fui ser repórter de polícia. Bem me lembro dos meus primeiros dias profissionais. Até os contínuos me fascinavam. Revisores, linotipistas, todos, todos sugeriam não sei que mistério. Mas, pouco a pouco fui percebendo tudo. Acabei descobrindo que os mais importantes eram os piores. Dois ou três faziam o artigo de fundo. E andavam pela redação como pavões enfáticos. Mas não tinham nada que dizer." (Rodrigues, 1993:88)

Na sua crônica, Nelson Rodrigues recorda o seu momento de entrada na redação. Com pouca idade – como a maioria dos jornalistas que ingressavam nos jornais naqueles 1920 – relata o encantamento que tomou conta dele ao se ver diante do que chama "mistério". Tudo o fascinava. O desconhecido e, sobretudo, o desvendamento de um mundo improvável para a maioria das pessoas. Como se transporta "a realidade" para o mundo das letras impressas? Como se descreve as agruras e os fatos que vão formando e dando coerência à existência? Idealizações de uma profissão, autoconstruções de um lugar de poder, que fascinavam o menino que se tornava jornalista.

Ao desvendar os mistérios daquele mundo, lentamente Nelson Rodrigues descobre que os que ocupavam posições mais importantes na redação – os redatores responsáveis pelos artigos de fundo que eram publicados em lugar nobre na primeira página de todos os jornais, opinando sobre o fato de maior relevo – materializavam a distinção do lugar pela pose empertigada com que andavam pela redação. Ainda que andassem como "pavões enfáticos", na opinião do cronista, que relata um tempo que só existe na sua memória, não tinham nada a dizer.

Ao contrário do texto romanceado de Lima Barreto, que vimos anteriormente, as memórias de Nelson Rodrigues, inseridas sob a forma de crônicas numa obra que tem no título a revelação de que ali ele faria "confissões", aproxima diretamente seu texto do caráter de testemunho. Diante do seu livro, o leitor não espera encontrar o ficcional, mas as recordações do escritor, que, pelo ato memorável, figura o seu texto. Espera-se a intervenção expressa do autor como locutor da narrativa. O escritor, ao contrário do escrivão, recorda fatos pretéritos se colocando em primeira pessoa no texto. Dessa forma, em vez do quase passado introduzido pela ficção, temos o passado memorável de Nelson Rodrigues, expresso sob a forma de *Memórias e Confissões*.

"Por hoje volto as minhas memórias de repórter de polícia. (...) Era uma senhora gorda na época de gordas. Em 1920, quem não era gorda? Tinha os flancos fortes, potentes de fecundidade. E todavia o toldo de lona suportou o baque e não houve morte, nem fratura, nada".

Mais adiante, na mesma crônica intitulada "Tempo de Papelotes", o escritor continua:

"Ainda no meu primeiro ano de repórter de política, trabalhei num crime que me assombrou. Imaginem vocês um rapaz e uma menina que se casam, ela com 16, ele com 18 anos. Já pelas idades, podia-se temer pela sorte de tal casamento. E, de fato, já na primeira manhã da lua-de-mel, os dois não se entendiam mais". (Rodrigues, 1977:19-22)

Em seguida, ele remonta a história – os dissentimentos, a infidelidade da mulher e finalmente o desfecho da trama, com o tiro do marido contra a infiel – que aparece com minúcias na crônica, mas que a reportagem policial só materializou como desfecho. O repórter Nelson Rodrigues escreveu em 1920 uma reportagem sobre um assassinato. Os detalhes folhetinescos da narrativa permaneceram na sua memória, interpelando-o, e é a partir dessa interpelação que compõe um novo texto, o da crônica, décadas depois. Observa-se sua presença no texto feito a partir de uma experiência quotidiana. O passado comparece na narrativa pelo uso do tempo verbal e também pela inscrição do autor no texto: "Ainda no meu primeiro ano de repórter de polícia, trabalhei num crime que me assombrou."

Na memória constrói também a idealização de um tempo de antes. Traçando um paralelo entre o jornalismo que se fazia no momento em que escrevia a crônica e no momento em que ingressara nas redações, enfatiza o fato de, no passado, haver uma espécie de simultaneidade entre a notícia e o acontecimento, produzida pela emoção como era construída. Agora, o texto distanciado causava também uma espécie de hiato entre o tempo da notícia e o tempo do relato.

"O atropelado acabava de estrebuchar na página do jornal. E assim, o marido que matava a mulher e a mulher que matava o marido. Tudo tinha a tensão, a magia, o dramatismo da própria vida. Mas como, hoje, só há o jornal da véspera, cria-se uma distância entre nós e a notícia, entre nós e o fato, entre nós e a calamidade pública ou privada". (*Idem*: 299)

Nelson Rodrigues critica o distanciamento produzido pela narrativa jornalística a partir da adoção de novos parâmetros de redação, em oposição ao estilo melodramático, envolto em emoção, possibilitado pela descrição minuciosa das tragédias que apaixonavam a cidade. As notícias que enfocavam os dramas e tragédias banais apareciam nos jornais diários com um dramatismo, que, segundo o autor, imitava a própria vida. Esse estilo de texto que mesclava em seu interior gêneros que o precederam – o melodrama, os folhetins, as crônicas mundanas – produzia uma espécie de melodramatização da realidade, que, afinal, era esperada pelo leitor.

O texto de Nelson Rodrigues projeta, portanto, um mundo passado, mas que permanece vivo através da sua lembrança: caracteriza assim uma tipologia de texto jornalístico, construída de forma mítica pela memória do autor, que deixara lentamente de existir.

Nessa história remontada a partir da literatura, não interessa demarcar quando de fato isso ocorreu. Importa antes perceber como um texto – ficcional ou não – revela um contexto que também se configura como texto. Afinal, a realidade só é dada a ler através de processos textuais. Tal como em relação ao texto, também o contexto é alvo de múltiplas interpretações. A oposição entre texto e realidade não se sustenta, uma vez que o passado também só chega ao presente através desses remanescentes textuais: sejam memórias, relatos, escritos, arquivos, monumentos, sejam resquícios inscritos em fímbrias de narrativas, vestígios de um tempo, que só um olhar mais atento pode revelar. E revelando-o, infere um mundo que também só existe como remanescente textual (LaCapra, 1983:95-96).

Considerando que a literatura sugere formas alternativas de conhecer e descrever o mundo, usando a linguagem imaginativamente para representar as ambíguas categorias de vida, pensamento, palavras e experiências, podem-se visualizar esses textos como vestígios de uma história que figura um passado (Kramer, In: Hunt, 1992:158).

Toda cultura fornece um lastro particular de mito que constrói histórias peculiares. O escritor, por outro lado, recorre sempre a um lastro mitológico existente na mente dos seus leitores para conferir ao seu relato sentido e significado. Portanto, aquele mundo que aparece hoje sob a forma de remanescentes textuais existia e tinha um significado preciso, falando de uma realidade que guardava plausibilidade. Resta-nos remontar esses remanescentes textuais, transformando o texto novamente em contexto.

"Tinha 13 anos quando me iniciei no jornal, como repórter de política. Na redação não havia nada da aridez atual e pelo contrário: – era uma cova de delícias. O sujeito ganhava mal ou simplesmente não ganhava. Para comer, dependia de um vale utópico de cinco ou dez mil-reis. Mas tinha a compensação da glória. Quem redigia um atropelamento julgava-se um estilista. E a própria vaidade o remunerava. Cada qual era um pavão enfático. Escrevia na véspera e no dia seguinte via-se impresso, sem o retoque de uma vírgula. Havia uma volúpia autoral inenarrável. E nenhum estilo era profanado por uma emenda, jamais." (Rodrigues, 1977:64).

Alguns dados do contexto aparecem na descrição: o papel simbólico conferido àqueles que podiam fazer da pena meio de sobrevivência. Esse lugar dava ao jovem repórter "glória" – podia se visualizar como um escritor –, que compensava os baixos salários ou a completa falta de remuneração. Mas o contexto percebido como texto produz interpretações que são construídas no presente: a mitificação de quem maneja as letras impressas, a distinção simbólica conferida a quem fazia da produção textual o dia-a-dia de sua existência. A literatura era vista na sociedade com uma alta carga positiva e o jornalismo queria ser literatura, porque esse era o lugar distintivo para o seu profissional.

Nos anos que se seguiram muita coisa mudou. Construir um texto referenciado como neutro, isento, imparcial, autonomiza o campo jornalístico e dá a ele uma valoração acima do campo literário. Mas para isso um longo caminho terá que ser percorrido.

Ecos do Estado Novo

A popularidade dos periódicos nas duas primeiras décadas do século modificou a relação do público com os jornais diários. A entrada em cena de novos meios de comunicação, tecnologias que deveriam ser utilizadas para atingir um público mais vasto, conforme expresso inúmeras vezes nos discursos dos homens de governo, durante o Estado Novo, interferiu na maneira como o público se relacionava com os periódicos. Mas os jornais continuavam sendo a forma como podia se ter conhecimento do que se passava no mundo.

O que levava Vitória, personagem de Graciliano Ramos, em *Angústia*, a ler com sofreguidão o nome de todos os navios que aportavam no cais? Sem nunca ter saído de Maceió, como esclarece o autor, faria viagens imaginárias a partir da informação desse movimento infindável de navios que atracavam e desatracavam?

"Quando se cansa, agarra o jornal e lê com atenção os nomes dos navios que chegam e dos que saem. Nunca embarcou, sempre viveu em Maceió, mas tem o espírito cheio de barcos. Dá-me frequentemente notícias deste gênero:
– O Pedro II chega amanhã. O Aritimbó vem com atraso. Terá havido desastre? Não sei como se pode capacitar que a comunicação me interessa. Há três anos, quando a conheci, a mania dela me espantava. Agora estou habituado. Leio o jornal e deixo-o em cima da mesa, dobrado na página em que se publica o movimento do porto. Vitória toma a folha e vai para a cozinha ler ao papagaio a lista dos viajantes. No principio do mês, quando se aproxima o recebimento do ordenado, excita-se e não larga o Diário Oficial." (Ramos, 1995:27)

A leitura do jornal aparece também como possibilidade real de pausa para o descanso. Mais do que a informação precisa, o que a leitora busca na notícia do movimento dos portos, é a possibilidade de fazer viagens imaginárias. O hábito da leitura em voz alta – sob a forma de ironia – também aparece na descrição: Vitória lê, na cozinha, em voz alta, ainda que seja para o papagaio, as notícias que tanto lhe interessam.

Ler dá a ela também possibilidade de transmitir a informação. Informa ao amigo o navio que chegaria e interpreta o atraso de uma outra embarcação com dúvidas que lhe assaltam o espírito. Teria sido o atraso motivado por algum desastre?

O movimento de leitura desse personagem indica que o mundo do texto não termina na produção impressa. O leitor reconfigura a narrativa, produzindo interpretações, visualizando um mundo que pouca relação guarda com as informações recolhidas nos periódicos.

Podemos ler o texto de Graciliano como uma espécie de rastro do passado que, chegando até o presente, mostra múltiplas relações dos leitores dos anos 1930 com os meios de comunicação e, no caso da narrativa transcrita acima, com os jornais diários. O rastro, na medida em que foi deixado, exerce para com o passado a função de *representância*, ainda que não estejamos considerando nessa relação a questão ontológica contida na noção, isto é, a garantia de prova e de explicação do passado que chega sob a forma de documentos. (Ricoeur, 1996:242-243)

Ao chegar até o presente, sob a forma de remanescente textual, não seria o rastro, presente? E, como leitores desse passado histórico, não somos nós mesmos transformados em contemporâneos dos acontecimentos passados através da reconstrução de seu encadeamento? O passado não se torna inteligível apenas ao persistir no presente? (Ricoeur, *idem*, 244)

> "Moisés comenta o jornal. Nunca vi ninguém ler com tanta rapidez. Percorre as colunas com os dedos e para no ponto que lhe interessa. Engrola, saltando linhas, aquela prosa em língua estranha, relaciona o conteúdo com leituras anteriores e passa adiante". (Ramos, 1995:22)

No mesmo romance de Graciliano, um outro personagem também faz da leitura do jornal base para o seu comentário. A indicação da leitura feita com "tanta rapidez", que impressiona o narrador implícito do texto, mostra a familiaridade daquele leitor com as letras impressas. Os dedos tornam-se auxiliares de uma leitura meio silenciosa, meio em voz alta. A não linearidade de sua leitura também aparece na narrativa. O leitor de *Angústia* salta linhas, sussurra o texto, relaciona uma leitura com outras já feitas. O mundo fictício do texto e o mundo real do leitor mostram como se dão o fenômeno da leitura e também as mediações necessárias para a transformação do que era lido em interpretação. Nesse pequeno trecho surge a estratégia fomentada por Graciliano para descrever aquele mundo e que é dirigida ao leitor; a forma como essa estratégia compõe a narrativa visualizada como ficção e as respostas do leitor, implícito no texto, considerado como sujeito que lê e como público receptor. Mas o texto não termina aí. Aberto a múltiplas interpretações, serve para indicar, como rastro, ao leitor do futuro como o público se relacionava com os periódicos nos idos de 1930.

Mas não é apenas isso que aparece. Naquela sociedade em que o mundo impresso define formas de pensar e de agir em uníssono, ter o reconhecimento da publicação de um texto continua representando um valor para os que querem ter notoriedade. Em outros momentos do mesmo romance, a iniciação no mundo dos jornais também é mostrada.

"Dr. Gouveia é um monstro. Compôs, no quinto ano, duas colunas que publicou por dinheiro na seção livre de um jornal ordinário. Meteu esse trabalhinho num caixilho dourado e pregou-no na parede, por cima do bureau. Está cheio de erros e pastéis. Mas Dr. Gouveia não os sente." (Ramos, 1995:6)

A importância de ser um autor faz com que Gouveia emoldure o seu artigo ("um trabalhinho") num quadro, ornando a parede. A moldura dourada e o local nobre da sala indicam também representação do texto autoral naquela sociedade, não importando que a composição e a redação fossem falhas.

Luiz, personagem principal de *Angústia*, um "funcionário público, homem de ocupações marcadas pelo regulamento", apesar de nunca ter estudado e de julgar que os seus escritos não prestavam, trabalha num jornal. O emprego fora conseguido por uma carta de um deputado dirigida a um diretor da publicação. Trabalha a noite, já que de dia é funcionário público.

"Um sujeito feio: olhos baços, o nariz grosso, um sorriso besta e a atrapalhação, o encolhimento que é mesmo uma desgraça. (...) Habituei-me a escrever, como já disse. Nunca estudei, sou um ignorante, e julgo que os meus escritos não prestam (...) Trabalho num jornal. À noite fecho as portas, sento-me à mesa da sala de jantar, a munheca emperrada, o pensamento vadio longe do artigo que me pediram para o jornal." (*Idem*: 6)

A atividade jornalística não iniciara ainda no Rio de Janeiro plenamente o seu processo de profissionalização. Apesar das inúmeras tentativas de transformar o saber prático em objeto de estudo regulamentar – movimento que teria início no primeiro congresso de jornalistas realizado em 1918, mas que só se efetivaria com o projeto de criação do curso de jornalismo ainda durante o Estado Novo –, a profissionalização só seria efetivada a partir da década de 1950. O ingresso no mundo do jornalismo pouco tinha mudado em relação ao início do século: indicações de pessoas influentes e relações de amizade são fundamentais para ingressar na profissão, que se acumula com outra atividade, normalmente no serviço público.

Os ecos da repressão à imprensa, que redundaram muitas vezes na prisão de jornalistas, aparecem em outra obra de Graciliano Ramos. Em *Memórias do Cárcere*, uma figura lendária da imprensa brasileira – Aparício Torelly, o Barão de Itararé, fundador de *A Manha*[35] – é um dos personagens da prisão onde também Graciliano está encarcerado.

"A chegada mais rumorosa foi a de Aporelly. Estávamos recolhidos; a Rádio Libertadora, em meio do programa, comunicou o sucesso. – Fala o Barão – exigiram de vários cubículos". (Ramos, 2000:46)

A rádio, a que se refere Graciliano, é a prática desenvolvida pelos presos da Casa de Detenção: das celas gritam e cantam, improvisando programas de uma rádio, que denominaram Libertadora. É assim que os prisioneiros fazem circular informações ou simplesmente encontram maneiras de se distrair. Todas as noites após o jantar, eles ouvem um dos presos – eleito locutor oficial devido a sua voz possante – anunciar o início de cada emissão com o *slogan* "Agrade ou não agrade, todos à grade para ouvir a PR-ANL – A Voz da Liberdade". Durante essas emissões, o locutor lê notícias que chegam ao presídio clandestinamente, comunicados escritos pelos dirigentes presos, ou anuncia números musicais.

Graciliano, em suas *Memórias*, relata o seu primeiro encontro com o Barão na Casa de Detenção:

"De manhã, ao lavar-me, notei que alguém se esgoelava no chuveiro próximo, recitando Os Lusíadas: 'As armas e os barões assinalados'... A água pulava com forte rumor, alagava o chão; diversas torneiras abertas, resfôlegos, gente a esfregar-se, magotes conversando à porta, aguardando a vaga. O vozeirão dominava o barulho: 'E também as memórias gloriosas daqueles reis que foram dilatando a fé, o império, a uretra'... Dei uma gargalhada, ouvi este comentário: – 'Hoje não se dilata império nem fé. Essas dilatações vão desaparecendo. Agora o que se dilata é a uretra'. Saí. E enquanto me enxugava, conheci Aporelly, nu, um sujeito baixo, de longa barba grisalha, o nariz arrebitado, que uma autocaricatura vulgarizou. (*Idem*: 47).

Nos anos do Estado Novo não poderia ser diferente: mesmo nas celas da Casa de Detenção, é através de uma emissora de rádio imaginária que os presos se comunicam ou se distraem. Reproduzem o aparelho tecnológico que faz parte de seu cotidiano: canções, dramatizações e notícias compõem a programação de uma emissora que só existe em imaginação.

---

[35] Aparício Torelly começa a trabalhar na imprensa carioca, em 1925, fazendo crônicas para o recém-fundado jornal de Irineu Marinho, *O Globo*. Com a morte de Irineu, transfere-se, no mesmo ano, para o jornal de Mário Rodrigues, *A Manhã*. No ano seguinte, fundaria seu próprio jornal: o periódico humorístico *A Manha* (1926-1952).

Os acontecimentos são convertidos em história pela supressão ou subordinação de alguns, pelo realce de outros, pela repetição de um motivo, variação do tom e do ponto de vista. Inúmeras estratégias discursivas são utilizadas – nos textos de outrora e nos textos de agora – para urdir um enredo. O enredo, que Graciliano compôs em suas memórias, tem por objetivo recordar um tempo vivido e personagens que construíam o mundo. O enredo composto a partir dos vestígios que o passado lega ao presente procura indícios de uma história particular.

Como estrutura simbólica, a narrativa histórica não reproduz os eventos que descreve. Ela apenas nos diz à direção com que devemos pensar acerca dos acontecimentos, carregando cada urdidura do enredo com valências emocionais diferentes. A narrativa histórica não imagina as coisas que indica: ela apenas traz à mente imagens das coisas que indica tal como uma metáfora (White, 1994:107-108).

Nas memórias, por outro lado, a voz narrativa do autor tem o direito indiscutível de ser ouvida: ela interpela o leitor a todo instante, mesmo quando sabemos que o autor, exterior a sua obra, não está mais entre os vivos. Há nas memórias uma espécie de imposição de autoridade da voz narrativa do autor no interior do próprio texto.

Nas *Memórias do Cárcere*, o lendário jornalista aparece inúmeras vezes. O sonho de escrever uma biografia, que daria conta das glórias do Barão de Itararé, é um projeto discutido com Graciliano. O sonho do jornalista que quer se fazer literato é escrever um grosso volume, mostrando todas as nuanças de sua personalidade.

"Ao fundo, Aporelly arrumava cartas sobre uma pequena mesa redonda, entranhado numa infinita paciência. Avizinhei-me dele, pedi notícias do livro que me anunciara antes: a biografia do Barão de Itararé. Como ia esse ilustre fidalgo? A narrativa ainda não começara, as glórias do senhor barão conservavam-se espalhadas no jornal. Ficariam assim, com certeza: o panegirista não se decidia a pôr em ordem os feitos do notável personagem." (Ramos, op. cit. 48)

Construir a imortalidade de sua escrita através de um livro alentado é para o jornalista signo de plena realização: a senha para a entrada no mundo da literatura, da qual a passagem pelo jornalismo é apenas a possibilidade de conseguir conquistar esse lugar, ponto na trajetória em direção à notoriedade.

"Volume grosso, um calhau no formato dos de Emil Ludwig. É a história completa do homem, a ampliação dos ridículos que publiquei na Manhã. Veremos os princípios do Barão, a vida política, os negócios, a maneira como adquiriu o título. Um dia Itararé descobriu uma volumosa ladroeira oficial e denunciou os responsáveis numa longa campanha moralizadora. Aos íntimos explicou-se: 'Patifes! Canalhas! Para uma transação como essa não me convidam". Enfim quinhentas páginas grandes. Acho que terei o volume pronto num ano; com certeza não nos largarão antes". (*Idem, ibidem*)

O projeto, entretanto, nunca se concretizou. A prisão o deixa, segundo os vestígios trazidos até nós pela narrativa memorável do velho Graça, alquebrado, sem forças, doente.

"Doía-me a paciência triste dele, aparentemente alegre. Não passava mal o dia, mas à noite, apagadas as luzes, entrava a aperrear-se, em forte agitação. De repente, erguia-se num tremor convulso, batendo os dentes, a arquejar. Isso me dava um sono incompleto. Abandonava o travesseiro, agarrava o doente até que ele se acalmasse. Atormentava-me. Iria Aporelly morrer-me nos braços? Por fim o meu ato era mecânico: ao despertar já me achava seguro a ele, tentando um socorro impossível". (*Idem*)

Quando sai da prisão, às vésperas do Natal de 1936, o jornal que ele publica há mais de 10 anos está fechado. Com a ajuda dos amigos reabre *A Manha*, mas com o período censório do Estado Novo, no ano seguinte, o jornal desaparecerá de circulação mais uma vez. Aporelly vai então trabalhar como cronista no *Diário de Notícias*. Em 1939, é novamente preso e a partir daí, até o final do Estado Novo, esse seria um fato rotineiro em sua vida.

Entrando em novos tempos...

Um grito do jornaleiro na rua do Ouvidor coloca no cenário de *Laços de Família* o jornal *A Noite*, principal vespertino do Rio de Janeiro, até o início dos anos 1940. O jornal, na descrição de Clarice Lispector, aparece também em múltiplas representações, indicando um novo tempo que se inicia para as publicações ao findar os anos 1940. "A Noite! Gritou o jornaleiro ao vento brando da rua do Riachuelo, e alguma coisa arrepiou-se pressagiada." Mas adiante, na mesma crônica "Devaneio e embriaguez de uma rapariga" descreve: "Deitou-se, abanava-se impaciente com um jornal a farfalhar no quarto."

Mas o jornal que aparece nessa descrição, deslocado da função da leitura, ressurge em diversas outras, instaurando a relação intrínseca leitor/leitura. Como leitura partilhada, coletiva, pública. Como leitura que se materializa pela imagem e pela imagem induz o leitor a pensar e a sentir a representação do real.

"Os bancos sempre têm lugar para mais um: é só pedir que se afastem e deem um cantinho. Os que leem jornal, quando acabam uma folha, às vezes oferecem ao outro a página lida. Eu sempre aceito. E, embora me sente no banco de tarde, já me foi oferecido o caderno B do Jornal do Brasil." (Lispector, 1975)

O hábito de partilhar a leitura do jornal, oferecendo páginas já lidas para que outros também o façam e a descrição de que isso se passa num banco de praça, indicam uma sociabilidade comum às práticas de leitura na cidade. Na descrição seguinte, mais uma vez os suplementos dos jornais, que ganham importância nos anos 1960, aparecem. A fotografia em tamanho real da Pequena Flor, uma mulher de quarenta e cinco centímetros, trazia o inesperado para o periódico. O realismo da imagem produz sensações de aflição, ainda mais pelo fato de ter sido publicada em tamanho natural. A leitura dominical no ambiente privado – mas uma leitura igualmente partilhada e complementada pelo comentário de um outrem – provoca sensações que induzem ao esquecimento.

"Marcel Petre defrontou-se com uma mulher de quarenta e cinco centímetros, madura, negra, calada. Escura como um macaco. Informaria ele a imprensa e que vivia no topo de uma árvore com seu pequeno concubino. A fotografia da Pequena Flor foi publicada no suplemento colorido dos jornais de domingo, onde coube em tamanho natural. Enrolada num pano, com a barriga em estado adiantado. O nariz chato, a cara preta, os olhos fundos, os pés espalmados. Pareceria um cachorro. Nesse domingo, num apartamento, uma mulher, ao olhar no jornal aberto o retrato de Pequena Flor, não quis olhar uma segunda vez 'porque me dá aflição'. – Pois olhe – declarou de repente uma velha, fechando o jornal com decisão, pois olhe, eu só lhe digo uma coisa: Deus sabe o que faz." (*A Menor mulher do mundo*. In: Lispector, 1975)

Mas os periódicos também servem para informar sobre o mundo. Os anúncios fúnebres têm para Olímpico, um dos personagens principais de *A hora da estrela*, a função de fazê-lo percorrer os cemitérios em busca de sensações. Lê sobretudo *O Dia*, jornal popular e de grande circulação a partir da década de 1960, e que destaca em seu noticiário também os crimes e as desgraças que atordoam a cidade. Olímpico, diante da informação que o jornal lhe transmite, o enterro de desconhecidos, produz uma ação: percorre os cemitérios em busca da emoção real e verdadeira, diante da dor alheia.

"Olímpico era macho de briga. Mas fraquejava em relação a enterros: às vezes ia três vezes por semana a enterro de desconhecidos, cujos anúncios saíam nos jornais e sobretudo no O Dia; e seus olhos ficavam cheios de lágrimas. Era uma fraqueza, mas quem não tem a sua. Semana em que não havia enterro, era semana vazia desse homem que, se era doido, sabia muito bem o que queria." (Lispector, 1998:70)

Tal como Olímpico também Macabéa, a heroína da narrativa, tem uma relação toda especial com os meios de comunicação. Os anúncios coloridos das páginas dos velhos jornais despertam sua imaginação, seu desejo de consumo, múltiplas sensações. Já ouvir, horas a fio, o rádio que pinga o tempo em "som de gotas" faz com que adquira ensinamentos que "talvez algum dia viesse precisar saber".

"Todas as madrugadas ligava o rádio emprestado por uma colega de moradia, Maria da Penha, ligava bem baixinho para não acordar as outras, ligava invariavelmente para a rádio relógio, que dava a hora certa e cultura, e nenhuma música, só pingava em som de gotas que caem – cada gota de minuto que passava. E sobretudo esse canal de rádio aproveitava intervalos entre as tais gotas de minuto para dar anúncios comerciais – ela adorava anúncios. Era a rádio perfeita pois também entre os pingos de tempo dava certos ensinamentos dos quais talvez algum dia viesse precisar saber. Foi assim que aprendeu que o Imperador Carlos Magno era na terra dele chamado de Carolus. Verdade que nunca achara modo de aplicar essa informação. Mas nunca se sabe, quem espera sempre alcança. Ouvira também a informação de que o único animal que não cruza com filho era o cavalo. – Isso, moço, é indecência, disse ela para o rádio." (Lispector, 1998:37)

Na narrativa de Clarice Lispector observa-se que Macabéa, a protagonista da história, estabelece com o rádio uma relação extremamente particular. Fala com o aparelho, como se tivesse dialogando com alguém, tal a proximidade que o meio de comunicação denota para o público: o rádio se transforma na companhia imaginada no momento de solidão. De madrugada, tem como única companhia o som que sai do aparelho. Mas Macabéa escuta uma emissora que marca invariavelmente o tempo, em "gotas de minuto", como metaforicamente particulariza a escritora.

Nesse pequeno trecho observamos uma relação particular da personagem com o tempo. Não o tempo cronológico, mas o que emerge da narrativa pelas marcas sensoriais que o texto produz. Se em *Recordações do Escrivão Isaías Caminha*, é a luz a bico de velas que indica a presença da noite, se em *Diário do Hospício* o fato de Misael chamá-lo para jantar que mostra o final do dia, em *Hora da Estrela*, o tempo cronológico é perfeitamente demarcado. É de madrugada que Macabéa escuta uma emissora de rádio. Mas a *Rádio Relógio*, escolhida por ela, tem a propriedade de indicar a cada segundo que o tempo está passando, como que a mostrar para ela que o tempo se esvai como gotas, ao mesmo tempo em que nos intervalos oferece conhecimento e imaginação. O anúncio faz com que ela ingresse no mundo da fantasia ("ela adorava anúncios"), enquanto a fala do locutor informa curiosidades e abre a possibilidade de adquirir conhecimento. Assim, através de uma experiência temporal fictícia, a narrativa vai produzindo a persuasão do leitor.

Através dessas marcações temporais, visualiza-se também o tempo interior de cada um dos personagens. Para Macabéa, que na solidão noturna escuta o "pingo do tempo", a marcação incessante dos minutos leva seu pensamento para longe, construindo sua vida também à medida que adquire conhecimento. Um conhecimento que talvez "algum dia viesse precisar saber".

Nessa narrativa existem, portanto, múltiplos tempos: a experiência temporal concreta da personagem, ou tempo cronológico, o tempo monumental marcado pelo som da rádio relógio e o seu tempo interior. A hora para Macabéa não é apenas o ruído de um tempo que inexoravelmente passa pela marcação que escuta no rádio. A hora para Macabéa é também o devaneio que os anúncios produzem e a concentração que necessita ter para adquirir conhecimento. A ficção literária tem, pois, a capacidade de criar um herói-narrador que persegue uma certa busca de si mesmo, cujo objetivo último é precisamente a dimensão do tempo.

> "Mas tinha prazeres. Nas frígidas noites, ela, toda estremecente sob o lençol de brim, costumava ler à luz de vela os anúncios que recortava dos jornais velhos do escritório. É que fazia coleção de anúncios. Colava-os no álbum. Havia um anúncio, o mais precioso, que mostrava em cores o pote aberto de um creme para pele de mulheres que simplesmente não eram ela. Executando o fatal cacoete que pegara de piscar os olhos, ficava só imaginando com delícia: o creme era tão apetitoso que se tivesse dinheiro para comprá-lo não seria boba. Que pele, que nada, ela o comeria, isso sim, às colheradas no pote mesmo." (*Idem*: 38)

Macabéa, além de ouvinte de rádio, é também leitora de jornais. Toma em suas mãos os jornais velhos que encontra no escritório – pouco importam o título, a linha editorial e as notícias – e recorta os anúncios coloridos. O que lhe importa é a beleza dos anúncios, possibilitada pelas modernas técnicas de impressão. Esses recortes aleatórios pertencem agora a outro tipo de suporte: fazem parte de seu álbum. De noite, sozinha, relê cada um deles e o mais precioso é aquele que mostra um creme para pele. Cada uma daquelas imagens favorece a construção de outras imagens e de múltiplas interpretações no universo de Macabéa. O creme de beleza é para ela "apetitoso", tão apetitoso que seria capaz de comê-lo.

Esses trechos de textos ficcionais, entendidos aqui como restos de um passado que chegam até o presente, indicam sob o ponto de vista de uma história da imprensa, que a partir do desenvolvimento de novos meios de comunicação – como o rádio na década de 1930, a televisão nos anos 1950 e a proliferação de meios impressos com amplas possibilidades de impressão –, há a incorporação das mensagens e dos apelos midiáticos de tal forma junto ao público, que os aspectos mais cotidianos da vida passam a ser regulados pela centralidade da mídia. Não é mais apenas a questão do poder da mídia que está em foco. O que está em jogo é a produção de novas sociabilidades reguladas por estes aparatos tecnológicos que instauram relações dialógicas e produzem subjetividade. Os corpos passam a ser, de maneira quase que simbiótica, afetados pelas relações de comunicação. Em todos os lugares, o rádio, a televisão, os jornais, as revistas inserem-se na vida. Deitada no quarto, Macabéa não se sente solitária por que dialoga com o rádio. Sentada na praça, a leitora recebe de um outro uma folha de jornal para também ler. Olímpio sabe das informações e produz a partir de sua leitura individual uma ação concreta. A voz que vem do rádio restabelece a oralidade e a vocalidade das relações com os meios que nunca deixaram de existir. A voz que vem da televisão reproduz em imagem um mundo como *representância*. A vida transporta-se para a mídia e os meios de comunicação encerram a vida.

"A Rádio Relógio me fascina. Os eletrodomésticos – compro ou não? Eles mandam que eu compre. Compro então. Fico paupérrima. Mas estou sendo moderna, é o que vale. Anunciam religião também. Deve-se ouvir o pastor tal e tal. Fico religiosa, aliás já acreditava em Deus. Me sinto protegida pelo anúncio e por Deus. E a rádio relógio pinga os minutos. Compro móveis na casa tal e tal. E o supermercado? Encho o meu carinho de coisa das quais não preciso, até a boca do carrinho. Depois não tenho direito para pagar. Abro o jornal, quero me refugiar nele. Mas eis que anunciam dois apartamentos por andar. Que faço?... A propaganda me entra em casa. Mandam-me uma espécie de aspirina para minhas dores de cabeça. Sou sadia, não tenho dores de cabeça, mas tomo as pílulas. Assim quer Deus. E o mundo... Estou arruinada mais feliz. Sou uma mulher que compra tudo. E bebe tudo que anunciam". ("Contra veneno". In: Lispector, 1975)

Os meios de comunicação, na visão de mundo do personagem imaginado, fornecem refúgio, induzem comportamentos, produzem inserção no mundo. A publicidade que jorra das páginas das publicações e das emissões, sobretudo, a partir do crescimento de importância econômica dos meios, pela sua inclusão junto ao público, coloca em discussão a questão do consumo.

Como narrativa ficcional, cada um desses textos são a rigor narrativas históricas, pelo simples fato de que ambos os modos narrativos – o histórico e o ficcional – utilizam invariavelmente a vida cotidiana para a produção do texto. De uma experiência no mundo, o literato produz um texto que espelha uma realidade pré-textual. Contar nada mais é do que transformar algo de que se tem conhecimento em algo dizível, estabelecendo entre um e outro momento mediações simbólicas. Cada uma dessas mediações fala de um mundo existente, transportando o discurso comum sob a forma de texto, que nada mais é do que imitação da vida.

2ª PARTE

VI. "Cinquenta anos em cinco": Consolidando o mito da modernização (1950-1960)

> "Sou da imprensa anterior ao copy-desk. (...) Na redação não havia nada da aridez atual e pelo contrário: – era uma cova de delícias. O sujeito ganhava mal ou simplesmente não ganhava. Para comer, dependia de um vale utópico de cinco ou dez mil-réis. Mas tinha a compensação da glória. Quem redigia um atropelamento julgava-se um estilista. E a própria vaidade o remunerava. Cada qual era um pavão enfático. Escrevia na véspera e no dia seguinte via-se impresso, sem o retoque de uma vírgula. Havia uma volúpia autoral inenarrável. E nenhum estilo era profanado por uma emenda, jamais. Durante várias gerações foi assim e sempre assim. De repente explodiu o copy-desk."
>
> (Rodrigues: 1977:64)

O slogan do Governo Juscelino Kubitschek, que pretendia modernizar o Brasil, fazendo o trabalho de construção do país que levaria cinquenta anos em apenas cinco, resume o processo que tomou conta das redações dos principais jornais do Rio de Janeiro na década de 1950. De acordo com o espírito do tempo dos anos JK, em que desenvolvimentismo e modernização são palavras de ordem, também os jornais diários mais importantes da cidade apressam-se em se transformar e, o mais importante, construir aquele momento como marco fundador de transformações decisivas no campo jornalístico.

A década de 1950 passa à história pelas narrativas dos próprios homens de imprensa como o momento mais singular de sua trajetória, quando uma série de mudanças introduzidas no processo de produção dos jornais diários transforma inteiramente a face do jornalismo que se faz no país. Começa aí, no dizer desses atores sociais, a nova imprensa brasileira.

"O Pompeu trouxe para cá o que se fazia nos Estados Unidos – o copydesk. <u>Começava a nova imprensa</u>. Primeiro, foi só o Diário Carioca; pouco depois, os outros, por imitação, o acompanharam. Rapidamente, os nossos jornais foram atacados de uma doença grave: – a objetividade. Daí para o idiota da objetividade seria um passo. (...) Eis o que eu queria dizer: – o idiota da objetividade inunda as mesas de redação e seu autor foi, mais uma vez, Pompeu de Souza. Aliás, devo dizer que o copy-desk e o idiota da objetividade são gêmeos e um explica o outro". (Rodrigues, 1977:65. Grifos nossos)

A crítica cáustica que Nelson Rodrigues dirige às mudanças introduzidas no jornalismo a partir da reforma do *Diário Carioca*[36] no sentido de transformar as notícias produzindo a aura de neutralidade e objetividade, na verdade uma estratégia de poder, aparece nessas memórias como um momento de singular importância e, mais do que isso, como sendo obra de alguns poucos jovens jornalistas, visionários de um novo tempo.

Na verdade, todo o processo de modernização do jornalismo da década de 1950 sedimentou uma série de mudanças que já vinham sendo implementadas desde a primeira década do século e que encontra na conjunta história dos anos 1950 eco favorável ao discurso da neutralidade. Na década seguinte, as condições políticas brasileiras – o Golpe de 1964 e a censura à imprensa – consolidariam de vez o processo de transformação do jornalismo carioca.

O que se procura construir naquele momento é a autonomização do campo jornalístico em relação ao literário, fundamental para a autoconstrução da legitimidade da própria profissão. Assim, as reformas dos jornais da década de 1950 devem ser lidas como o momento de construção, pelos próprios profissionais, do marco fundador de um jornalismo que se fazia moderno e permeado por uma neutralidade fundamental para espelhar o mundo. A mítica da objetividade – imposta pelos padrões redacionais e editoriais – é fundamental para dar ao campo lugar autônomo e reconhecido, construindo o jornalismo como a única atividade capaz de decifrar o mundo para o leitor.

Como enfatiza Ana Paula Goulart Ribeiro (2000:8), a modernização gráfica, editorial, linguística e empresarial dos jornais diários do Rio de Janeiro representa para a imprensa a instauração de um lugar institucional que lhe permite, a partir de então,

---

[36] O *Diário Carioca* foi fundado em 1928 por José Eduardo Macedo Soares, sendo vendido, logo após a Revolução Constitucionalista de São Paulo, a Horácio Gomes Leite de Carvalho Júnior. Uma breve história do periódico pode também ser encontrada em Ribeiro, 2000.

enunciar as verdades dos acontecimentos de forma oficializada e se constituir como registro factual por excelência. Para a pesquisadora, a partir desse momento, o jornalismo se afirma como fala autorizada em relação à constituição do real. O discurso jornalístico se reveste da aura de fidelidade aos fatos, o que lhe confere considerável poder simbólico[37].

Portanto, analisar as transformações por que passa a imprensa no período é visualizar o discurso memorável dos que se autodenominam agentes dessas mudanças e promover uma discussão em torno das relações imprensa e poder.

Ao narrar as ações que pretensamente se passam no mundo, espelhando também uma dada realidade para o leitor, os jornais criam contextos para a descrição, referendando convenções que passam a ser interpretadas significativamente. Estado, hegemonia e cultura são dimensões dos mecanismos de exercício de dominação de classe e reprodução social.

Por outro lado, ao implementar – através da eleição de parâmetros que são construídos como sendo os da modernização da imprensa – a imagem peculiar de intérpretes isentos e objetivos do mundo social, os jornalistas idealizam a profissão e o papel que devem ter na sociedade. Essa imagem, divulgada ao extremo e disseminada através de múltiplos discursos, se constitui na memória do grupo forjada por ele mesmo: um jornalismo moderno que entra numa nova fase profundamente diversa de todos os momentos anteriores.

Os jornais, ao priorizarem, a partir daí, um conteúdo enfeixado pela ideia de imparcialidade contida nos parâmetros do lide e na edição, no qual o corpo de copy-desk ganha destaque, e ao promoverem a padronização da linguagem, constroem para a imprensa o espaço da neutralidade absoluta. Com isso, passam a ter o reconhecimento do público como lugares emblemáticos para a difusão da informação, ainda que a carga opinativa não tenha sido alijada das publicações. A campanha da imprensa, em 1954, quando do suicídio do presidente Getúlio Vargas, talvez seja o exemplo mais emblemático da sua vinculação ao campo político e de seu reconhecimento como força dirigente superior mesmo aos partidos e as facções políticas.

Os jornais atuam como força dirigente superior, mesmo que em função de objetivos específicos se liguem a um ou a outro grupo e, dessa forma, exercem o papel de estado maior intelectual do partido orgânico. Daí também ser fundamental a constru-

---

[37] O processo de modernização da imprensa carioca na década de 1950 é exaustivamente estudado por Ana Paula Goulart Ribeiro em sua tese de doutorado, um trabalho completo e definitivo para o entendimento dos processos culturais envolvendo a mídia no período. Os dados factuais e muitas das reflexões desse capítulo foram construídos tendo como referência esse excelente trabalho. Cf. Ribeiro, Ana Paula Goulart. Imprensa e História. Imprensa do Rio de Janeiro de 1950. Rio de Janeiro: ECO-UFRJ, 2000. Tese de Doutorado.

ção da imagem de independência e neutralidade. Quem desenvolve essa ideia da imprensa atuando como "partido" e como um "estado maior" do partido orgânico é Gramsci. Em *Maquiavel, a política e o Estado Moderno*, o pensador italiano destaca a frequência com que esses veículos reafirmam a sua independência para serem reconhecidos pelo público como força superior dirigente. No mesmo texto, Gramsci afirma que um jornal (ou um grupo de jornais) pode ser também "partido", "frações de partido" ou "de um determinado partido" (Gramsci, 1991:22-23).

Como "partido", desempenha não só função política, mas também de propaganda, de polícia, de influência moral e cultural. A função política é indireta, pois há sempre outros partidos, com os quais travam extensa polêmica e, às vezes, luta explícita. Gramsci identifica duas formas de partido: o constituído pela elite, que tem como função dirigir, do ponto de vista de uma ideologia geral, um grande movimento de partidos afins, na verdade, frações do mesmo partido orgânico; e o partido de massas que possui fidelidade genérica ao centro político.

Percebendo como fundamentais para a sua existência três elementos básicos – o público, a força coerciva, centralizadora e disciplinadora e o elemento de articulação que possibilita o contato moral e intelectual –, é possível ver, pois, as ações no sentido de construir uma imprensa moderna – cuja técnica a faz objetiva e neutra – como movimentos de um partido orgânico, cuja principal função é promover a articulação entre os grupos dominantes, que centralizam, disciplinam e organizam ideologicamente as ideias, e o público para o qual devem ser difundidas. O jornalista, como elemento responsável por esta articulação intelectual, ganha notoriedade não apenas em função do poder simbólico que desempenha, mas do poder de fato que detém.

Cada grupo social, segundo Gramsci, cria para si seus intelectuais orgânicos, sendo necessário ver o papel que estes exercem no conjunto do sistema de relações sociais. Esses intelectuais se transformam em executores do grupo dominante, exercendo funções subalternas da hegemonia social e do governo político.

O pensador italiano chama ainda a atenção para a verdadeira divisão de trabalho existente dentro da categoria de intelectuais, havendo toda uma gradação de qualificações, sendo que algumas não têm nenhuma atribuição diretiva e de organização.

É este o papel do jornalista, especialmente os que ocupam o núcleo dirigente, como intelectual orgânico. Não exercendo nenhuma função explícita junto ao Estado, não estando diretamente atrelado ao comando político e, portanto, não participando como organizador, é claramente executor do grupo dominante, mediatizando suas ações, decodificando o seu simbolismo, divulgando-as e buscando, principalmente, o consenso espontâneo da população (Gramsci, 1989:3-23).

A capacidade de tornar explícito, público, visível e oficial aquilo que poderia permanecer como experiência individual, representa considerável poder, constituindo dessa forma o senso comum, o consenso explícito do próprio grupo. E na luta pela imposição de uma visão legítima do mundo social, os jornalistas detêm poder proporcional ao seu capital, isto é, na razão direta ao reconhecimento que recebem do próprio grupo e do público. Se, além dessas relações explícitas, ainda considerarmos a língua não apenas como código, mas como sistema simbólico, a inter-relação entre a produção do discurso e a questão teórica do poder ainda é mais evidente.

O poder da palavra é o de quem detém essa palavra, ou seja, não só o discurso, mas também a formalização da maneira de falar. Por outro lado, detê-la significa criar um sistema de codificação, intencionalmente produzido, que possibilita a ordenação e a manutenção da própria ordem simbólica.

Quando a isso se soma o fato de codificar na forma escrita, isto é, tornando conceitos, ideias e a língua oficial visíveis, públicos, conhecidos de todos, estabelece-se uma distinção entre a quem é delegado esse papel e todos os outros que não possuem essa função.

O autor, no verdadeiro sentido, é quem torna público aquilo que parece confuso. É alguém com a infinita capacidade de publicar o implícito e assim realizar o verdadeiro trabalho de criação. A publicação é um ato de oficialização, por excelência, que legaliza, pois implica divulgar e desvendar algo para o público e, ao mesmo tempo, na sua homologação, através do consenso de todos para quem se revelou.

Assim, os jornalistas se transformam em autores no sentido empregado por essa palavra quando se estuda o processo de codificação. A eles cabem não só divulgar, informar, mas sobretudo tornar público e revelado. As suas relações com o poder vão, portanto, além dos limites das relações explícitas com o Estado e com grupos que detêm o poder político num determinado momento. As relações de comunicação são relações de poder e a língua como sistema simbólico é instrumento de conhecimento e construção do mundo, sendo suporte de poder absoluto, na medida em que através dela se codifica o mundo social (Bourdieu, 1982 e 1990).

O que os jornais pretendem é não apenas atuar no campo político, lugar onde se geram problemas, programas, análises, comentários, conceitos e acontecimentos, entre os quais os "consumidores" devem escolher, mas, sobretudo, conseguir mobilização cada vez maior do público. Quanto maior a sua audiência, maior o seu poder de divulgação e a lógica da conquista do próprio poder. E nada mais condizente com o momento social da década de 1950 do que se transformar mais do que em porta-vozes da modernização, mas em seu próprio emblema, produzindo um jornalismo em padrões completamente diversos do que fora feito até então, pelo menos no discurso com que referendam esse processo. Nada melhor também para conseguir audiência do que divulgar ao extremo que produzem um discurso que apenas espelha o mundo. E conseguir audiência é sempre conseguir poder.

Considerando que as relações de comunicação dependem fundamentalmente do que foi acumulado material ou simbolicamente pelos agentes envolvidos, é preciso ainda perceber que está em jogo não somente a participação efetiva no campo político, mas o uso de uma categoria particular de sinais e, deste modo, da visão e do sentido do mundo social (Bourdieu, 1989:60-72).

O mercado jornalístico da década

No início da década de 1950 circulam no Rio de Janeiro 18 jornais diários, sendo 13 matutinos e 5 vespertinos, com uma tiragem global de 1.245.335 exemplares. Em todo o Brasil existem 230 jornais diários, com uma tiragem global de 5.750.000 exemplares. (Unesco, 1951)

Entre os que possuem maior poder de difusão, não apenas em função das tiragens mas pela influência política que detêm, figuram os matutinos *Correio da Manhã*, *O Jornal*, o *Diário de Notícias*, *O Dia* e a *Luta Democrática* e os vespertinos *O Globo*, *Última Hora*, a *Tribuna da Imprensa* e o *Diário Carioca*. Entre todos esses, apenas quatro são recentes: *Última Hora*, criada por Samuel Wainer em 1951, a *Tribuna da Imprensa,* fundada por Carlos Lacerda em 1949, a *Luta Democrática* e *O Dia*, ambos de 1954. Três desses diários estão em circulação há mais de cinquenta anos: o *Jornal do Brasil*, criado em 1891, *A Notícia*, fundada em 1894 e o *Correio da Manhã*, em 1901. Os outros surgiram na década de 1920/1930: *O Jornal*, fundado em 1919 e adquirido por Assis Chateaubriand, em 1925; *O Globo*, de 1925; o *Diário Carioca*, de 1928 e o *Diário de Notícias*, de 1930.

Em relação às tiragens observa-se que, entre os matutinos, os jornais *O Dia* e *Luta Democrática* – possuem os números mais expressivos: em 1958 a tiragem de *O Dia* era de 240 mil exemplares e da *Luta Democrática* de 117 mil exemplares. No que diz respeito aos vespertinos, *O Globo*, com 187 mil exemplares, e *Última Hora*, com 105 mil, possuem a maior difusão. Observa-se também que, com exceção de *O Dia* e da *Luta Democrática*, as tiragens de todos os outros matutinos mantêm-se constante ou diminuem ao longo da década.

TIRAGEM DOS MATUTINOS CARIOCAS

(em mil exemplares)

Jornais/Ano	51	52	53	54	55	58	60
Diário Carioca	45	35	40	40	40	17	17
Jornal do Brasil	60	70	45	40	40	57	59
Correio da Manhã	56	70	70	72	72	57	53
O Dia	–	60	90	90	115	240	230
Jornal do Commercio	33	60	20	32	32	-	-
O Jornal	70	60	60	60	60	-	27
Diário de Notícias	64	55	63	-	54	47	47
Luta Democrática	–	–	–	20	30	117	130

Fonte: *Anuário Brasileiro de Imprensa* (1950-57) e *Anuário de Imprensa, Rádio e Televisão* (1958-60). *Apud*: Ribeiro, 2000:43

O *Diário Carioca* e *O Jornal* são os dois matutinos que têm o maior decréscimo em suas tiragens: o primeiro roda 45 mil exemplares em 1951 e em 1960 esse número se reduz a apenas 17 mil exemplares. Já *O Jornal* inicia a década com 70 mil exemplares e registra em 1960 apenas 27 mil exemplares.

No que diz respeito aos vespertinos, observa-se um aumento expressivo das tiragens de *O Globo* ao longo da década de 1950 e um decréscimo considerável nos números do *Diário da Noite* e de *A Notícia*. Os outros jornais mantêm números relativamente estáveis.

TIRAGEM DOS VESPERTINOS CARIOCAS

(em mil exemplares)

Jornais/Ano	1951	1952	1953	1954	1955	1958	1960
Última Hora	-	70	85	92	92	105	117
Tribuna da Imprensa	30	25	25	40	40	24	18
O Globo	100	120	100	110	110	187	218
A Notícia	120	130	130	95	60	58	56
Diário da Noite	95	129	88	75	90	70	40

Fonte: *Anuário Brasileiro de Imprensa* (1950-57) e *Anuário de Imprensa, Rádio e Televisão* (1958-60). *Apud* Ribeiro (2002:43)

Ribeiro (2000: 64) aponta ainda que ao longo da década os vespertinos vão progressivamente adiantando sua hora de circulação. Alguns periódicos, como *Última Hora*, lançam a edição matutina, suprimindo progressivamente a vespertina. Outros como *O Globo* e o *Diário da Noite* antecipam o horário de fechamento. A transformação dos jornais vespertinos em matutinos, segundo a pesquisadora, acentua ainda mais a concorrência entre os jornais cariocas.

Na caracterização desse mercado pelos próprios jornalistas há toda uma gradação hierárquica da importância das publicações a partir do lugar político que ocupam naquele momento.

"Se vocês quiserem uma hierarquia, é o seguinte: havia mais ou menos 17, 18 jornais no Rio. Certamente, disparado, o *Correio da Manhã* era o mais importante, com mais peso político; o *Diário de Notícias* era o segundo, pela respeitabilidade. Era um jornal mais duro, menos malicioso. Nós melhoramos muito o *Diário de Notícias* – quer dizer, o Odylo e a equipe que ele levou. Em seguida vinha *O Jornal,* dos Diários Associados, que tinha o seu peso; o *Diário Carioca*, um jornal muito vivo, muito inteligente, mas de tiragem relativamente pequena. Depois os jornais mais populares: *Gazeta de Notícias*, *O Dia*, de grande tiragem mas sem peso político. Os vespertinos eram *O Globo*, no princípio, *A Noite*, o *Diário da Noite*, um jornal mais escandaloso, dos Associados, *A Notícia*, na área popular, *Correio da Noite*, jornal dos padres, *Vanguarda,* jornal integralista. Entre os matutinos havia também *O Radical*, um jornal da sarjeta do PTB, do George Galvão. Um tipo desclassificado, de baixíssima extração". (Depoimento Correia, Villas-Boas. *CPDOC–FGV*, p. 13-14)

Lutas por representação

Os três jornais com tiragens menos expressivas na época – o *Diário Carioca*, a *Tribuna da Imprensa* e o *Jornal do Brasil* – é que construirão a mítica da modernização, reafirmada exaustivamente pelo discurso memorável dos personagens que se autoapregoam responsáveis por esse processo. Entre eles figuram Alberto Dines, Pompeu de Souza e Luis Paulistano. O *Diário Carioca* passaria a história como o criador do texto objetivo, respondendo às perguntas fundamentais do leitor através do lide, graças à ação individual de Pompeu de Souza, que, tomando contato nos Estados Unidos com o que a imprensa norte-americana fazia na época, trouxera para o Brasil a inovação. O *Jornal do Brasil*, o responsável pela segunda revolução da década com as mudanças implementadas a partir de 1956, teria realizado sua ampla reforma graças ao gênio criador e individual de alguns poucos visionários. Da mesma forma, a *Tribuna da Imprensa*, que, ao lado do *Diário Carioca*, implementaria normas precisas na redação através de manuais a serem seguidos rigorosamente, implanta a inovação graças a determinações emanadas do seu fundador, o político Carlos Lacerda.

"Estava a redação quase formada, com alguns dos futuros redatores já dando expediente diário, quando o Carlos preparou e mandou imprimir, numa folha de papel ofício, em corpo 60 (Kabel), a regra dos cinco 'QUE': o quê? Quem? Quando? Onde? Por que (e para que), determinando que, na *Tribuna*, as notícias teriam que ser redigidas respondendo àquelas perguntas. Tinha inovado, naquela oportunidade, a maneira de se fazer notícia na imprensa brasileira. Na mesa de cada redator foi afixado o impresso, para que nenhum deles esquecesse a determinação do Chefe. Nascia, naquela oportunidade, o lead. O manual de redação foi preparado tempos depois e traria, no seu conteúdo, a marca pessoal de Carlos Lacerda" (Oliveira, 1966:183).

Assim mais do que a mudança radical, o que se constrói é o discurso unívoco dos jornalistas, identificando esse momento como singular para a profissão e transformando a década de 1950 numa espécie de lugar mítico do moderno jornalismo brasileiro. Entretanto, tal como enfatiza Ribeiro (2002:17), os anos 1950 longe de representarem ruptura são, a rigor, o período de consolidação das transformações por que vem lentamente passando a imprensa desde o início do século XX. A reforma do jornalismo, enfatiza, é um processo cumulativo que incorpora experiências desenvolvidas ao longo de décadas. Se há inovações e rupturas, há também permanências e continuidades.

A reforma dos anos 1950 passa, portanto, à história do jornalismo como o período em que jovens homens da imprensa, inovadores e visionários, transformam, como num passe de mágica, o jornalismo que se fazia. São os "verdadeiros jornalistas", na construção discursiva que reafirmam, que instauram na redação os padrões indispensáveis ao profissionalismo. Mas o profissionalismo foi um longo processo empreendido pelas empresas jornalísticas e corroborado pelo discurso dos próprios jornalistas.

Para os jornalistas é fundamental definir a profissão como algo que se constrói não apenas a partir de um saber prático, mas com vínculos a um saber universitário, para poderem assim galgar um degrau de importância na hierarquia das carreiras existentes[38]. Por outro lado, ao serem detentores cada vez mais de um saber que possibilita –

---

[38] Há que se ter em conta a importância do chamado bacharelismo ilustrado no Brasil, que faz com que desde o século XIX somente os bacharéis formados nos tradicionais cursos existentes no país fossem visualizados como verdadeiros intérpretes do país e capazes de conduzir a Nação. O simbolismo do anel de doutor e do diploma de nível superior são reafirmados ao longo de décadas e nos anos 1920 se tornam indispensáveis para definir quem seria responsável direto pela condução do país. Sobre o tema Cf. Holanda, Sérgio Buarque. *Raízes do Brasil* e Vianna, Oliveira. *A Organização Nacional*, entre outros. Para referência completa, ver Bibliografia.

através de suas práticas profissionais – construir um discurso que reflete a realidade social (já que a partir de agora informam com isenção o que se passa no mundo), se transformam em atores indispensáveis para tornar visível esse mesmo mundo para um público cada vez mais vasto.

Dessa forma é importante na construção memorável dos jornalistas, permanentemente atualizada por múltiplos discursos (inclusive o acadêmico), exaltar valores indispensáveis ao bom profissional, no qual um comportamento ético específico se sobressai. Assim, o jornalismo é considerado um trabalho intelectual, lidando com "informações, interpretações, conceitos e por ter como suporte o texto escrito" (Ribeiro, 2000:185). Outros adjetivam-no como um processo criativo próximo da arte, com fortes aproximações com a literatura. Outros vão mais além e acreditam no papel do jornalista como educador. Para Alberto Dines, além do espírito inconformado, inquieto e questionador, o jornalista deve ter em mente que "o ato de informar é um processo de formação, de conscientização da sociedade. Sabe-se que o processo de informar é um processo formador e, portanto, o jornalista, em última análise, é um educador" (1986:118).

O processo de profissionalização do jornalismo no Brasil e, especificamente, no Rio de Janeiro, se dá nas primeiras cinco décadas do século XX (e não apenas como num passe de mágica na década de 1950/60), e será a partir desse modelo que serão construídos valores e representações sobre o ideal profissional, permitindo a conformação de uma dada identidade. Os jornalistas, notadamente os que possuem poder de fala ampliado, passam cada vez mais a construir um discurso em que as suas representações sociais conformam práticas, condutas e tomada de posição, o que permite reconhecer uma dada identidade do grupo.

O *habitus* (Bourdieu, 1987 e 1989) do jornalista – como um certo haver adquirido e permanentemente atualizado desde a infância, nas práticas escolares (incluindo aí o que passa a ser inculcado na universidade pelos profissionais que, saindo das redações, se constituem como professores de uma prática específica) e no ambiente profissional – caracteriza-se, ao lado de um natural estímulo ao conflito, já que assim promovem a construção da excepcionalidade das notícias a cada dia, pela conformação de um lugar de produção de verdades: sejam aquelas que produzem o mundo social, sejam aquelas que definem o seu lugar profissional.

As reformas da década de 1950, introduzindo no dizer dos jornalistas – a partir da técnica – a mítica da neutralidade e da objetividade, a rigor, servem para impor uma dada representação dos jornalistas para si mesmos, investindo naquilo que Bourdieu (1980) afirma ser lutas por classificação. Cada vez mais procuram produzir representações em que buscam a construção de uma identidade gratificante e que trazem para eles o reconhecimento social. O jornalismo passa a ser identificado como uma espécie de mandato de natureza política e social. Procuram um lugar inteiramente diverso do ocupado por outros grupos e como agentes do campo reivindicam um trabalho no qual sobressai uma aura particular que os diferenciem de todos os demais (Bourdieu, 1997).

Os jornalistas – como grupo – passam a compartilhar um conjunto de crenças e posições, nas quais se destacam as representações sobre a profissão e sobre a própria história dessa profissão: nesse sentido, os anos 1950 são marcos no seu próprio discurso de um momento singular, onde começa, de fato, o verdadeiro jornalismo, já que resultado da ação também de verdadeiros jornalistas.

> "Ninguém publicava em jornal nenhuma notícia de como o garoto foi atropelado aqui em frente sem antes fazer considerações filosóficas e especulações metafísicas sobre o automóvel, as autoridades do trânsito, a fragilidade humana, os erros da humanidade, o urbanismo do Rio. Fazia-se primeiro um artigo para depois, no fim, noticiar que o garoto tinha sido atropelado defronte a um hotel. Isso era uma reminiscência das origens do jornalismo, pois o jornal inicial foi um panfleto em torno de dois ou três acontecimentos que havia a comentar, mas não noticiar, porque já havia informação de boca, ao vivo, a informação direta". (Souza, 1988:24-29, citado por Goulart: 2000:19)

Dessa forma, Pompeu de Souza relata as mudanças que tomam conta do jornalismo na década de 1950. Na sua explicação, a aceleração da vida quotidiana e a complexidade dos acontecimentos obrigam os jornais a se transformarem naquilo que ele qualifica como "veículo de notícias".

> "Quando a complexidade dos acontecimentos foi obrigando o jornal a se transformar num veículo de notícias, o jornal conservou essa reminiscência do panfleto, inclusive porque era até um *capitis diminutio* para o redator escrever uma notícia pura e simplesmente. Ele seria um mero noticiarista, não um redator. Era preciso, então, caprichar na forma, castigar o estilo para noticiar qualquer coisa. Com a ocupação e o dinamismo que foram tomando conta da vida, ninguém tinha mais tempo de ler esse tipo de noticiário". (*Idem, ibidem*)

Odylo Costa Filho explica quase da mesma forma as razões que levam o *Jornal do Brasil* a empreender as mudanças da década de 1950/60.

> "O processo se inicia com a necessidade de os jornais – jornais como empresas, não como instituições – sobreviverem. No caso do JB, a base preexiste no Estado Novo, que era a do pequeno anúncio. No Rio, havia dois jornais que tinham pequeno anúncio, o JB e o Correio da Manhã. O Jornal do Brasil tinha os anúncios, mas não tinha redação. Tinha redatores, alguns deles da mais alta categoria, mas não se sentia nele um jornal. A condessa Perei-

ra Carneiro era filha de jornalista. Seu pai trabalhara longo tempo no próprio JB. Escreveu inclusive um folheto sobre o Jornal do Brasil, sobre seu funcionamento, sobre como se fazia o jornal. De sorte que ela, desde viúva – casou-se com o conde Pereira Carneiro, também viúvo – pensou na renovação do jornal, de que ele era o único dono. Morto o conde e tendo recebido por testamento o jornal, a condessa se dedicou inteiramente à sua renovação". (Depoimento de Costa Filho, Odylo a Gilberto Negreiros. In: "Os Jornalistas contam a história". *Folha de S. Paulo*. Grifos nossos)

Portanto, no dizer do jornalista, a própria filiação da Condessa ao verdadeiro jornalismo – já que seu pai fora jornalista e ela dessa forma como que trazia no sangue essa condição – possibilita a renovação.

"Desde o começo, ela procurou efetivar aquilo que sempre pensara, em fazer do Jornal do Brasil um grande jornal da cidade. Aquele jornal que ela dizia – nós nos dissemos várias vezes – que fosse indispensável, sem o qual ninguém pudesse participar da vida política, da vida social, da vida esportiva, um jornal para todas as classes. (...) Mas tinha havido experiências anteriores. A experiência do Diário Carioca, com Danton Jobim e Pompeu de Souza, mais o Luís Paulistano. Danton e Pompeu, que foram os homens que projetaram e Paulistano que ajudou a realização. Houve ainda as experiências da Tribuna da Imprensa e da Última Hora". (*Idem, ibidem*)

Aliado à decisão da Condessa e às experiências anteriores de alguns poucos visionários, é indispensável, no dizer de quem participa do processo de modernização, o gênio criativo daqueles que anteriormente moldaram esse mesmo processo em outras empresas.

"Então, confluem para o Jornal do Brasil, fornecendo gente, fornecendo *know-how* de equipes, essas experiências anteriores. Por outro lado, o Correio da Manhã era um concorrente sério, também com pequeno anúncio. E O Globo também começava a penetrar na faixa do pequeno anúncio. Tanto que até hoje ele divide com o JB este mercado. O Globo é dirigido por um homem de imprensa, um homem sempre atento à renovação. Estabeleceu-se então uma emulação natural e o Jornal do Brasil foi o coroamento desse processo. Eu acredito que, ainda que não houvesse o surto desenvolvimentista, este episódio estaria enquadrado dentro da história de uma empresa privada, que é herdada por uma mulher excepcional, envenenada desde a infância pelo vírus do jornalismo, desejosa de ter um grande jornal nas suas mãos. De maneira que eu atribuo o Jornal do Brasil mais à presença da condessa Pereira

Carneiro, ajudada por seu genro ou com a cooperação dele, o doutor Nascimento Brito". (*Idem, ibidem*. Grifos nossos)

Ana Paula Goulart Ribeiro identifica três fases no processo de reformulação do *Jornal do Brasil*: em todas elas há o trabalho de muitas equipes e não se pode atribuí-lo a uma única pessoa. A mesma autora aponta as controvérsias sobre os autores dessas inovações, mostrando que a autoria da reforma é sempre um campo de disputas que mobiliza a memória e as vaidades dos jornalistas (2000:132).

Alberto Dines, por exemplo, atribui a autoria da reforma do *Jornal do Brasil* a Odylo Costa Filho. Para outros, esta teria sido obra de Jânio de Freitas, enquanto Nascimento Brito indica o próprio Dines como autor das mudanças mais significativas por que passa o jornal.

> "Quem fez a reforma foi o Odylo Costa Filho, que eu conhecia bem, com o Amílcar de Castro, que eu conhecia muito bem, porque ele tinha sido diagramador da Manchete. Enquanto eu trabalhava na Manchete, ele também estava lá, levado pelo Otto. Mas, na Manchete, ele fazia uma coisa meio quadrada. Foi no Jornal do Brasil que ele criou um modelo de jornalismo que vige até hoje. Durante 30 anos, foi copiado do Oiapoque ao Chuí. Foi a mais importante reforma gráfica feita no Brasil. Gráfica e jornalística também, eu acho". (Dinis, Alberto. In: Abreu, Lattman-Weltman e Rocha, 2003:87)

Inicialmente o *Jornal do Brasil* contrata 13 novos repórteres e posteriormente outros jovens jornalistas que vinham das redações da *Tribuna da Imprensa* e do *Diário Carioca*, onde já tinham implantado algumas alterações no processo editorial e gráfico. Para alguns jornalistas, é a entrada desses profissionais, com uma nova mentalidade, que possibilita as inovações realizadas pelo *Jornal do Brasil*. Citando o depoimento de Carlos Lemos, ao CPDOC, Ribeiro enfatiza que também os jornalistas produzem uma narrativa em que relacionam as inovações ao fato de afluírem para as relações jovens, livres dos velhos vícios da imprensa (Ribeiro, 2000:133-134).

> "Havia uma efervescência entre nós, jovens que tínhamos sido convocados para realizar esse trabalho. Primeiro, uma grande alegria porque ganharíamos muito mais. O JB pagava mais ou menos o dobro do salário dos outros jornais (...) Havia também grande entusiasmo e a autoafirmação de estar participando do processo de transformar aquele que não passava de uma banca de anúncios em um grande jornal." (Lemos, Carlos. In: *Depoimento ao CPDOC – FGV*, citado por Ribeiro, 2000:134. Grifos nossos)

Wilson Figueiredo assume a chefia de redação do *Jornal do Brasil*, logo após a saída de Odylo Costa Filho, em dezembro de 1958. Meses depois, em maio de 1959, Jânio de Freitas ocupa esse lugar e imprime à reforma ritmo mais intenso. A primeira página adota um *layout* assimétrico, sofrendo transformação radical. Foi quando surgiu, segundo Ribeiro, o famoso "L" dos classificados, marca do novo *Jornal do Brasil* (Ribeiro, 2000:136).

Três anos depois, em janeiro de 1962, Alberto Dines assume o cargo de editor-chefe do jornal, sistematizando – segundo sua fala – as modificações implementadas anteriormente.

"Quando eu assumi o jornal, no dia 6 de janeiro de 1962, uma segunda-feira, o Brito me disse: Olha, quero amanhã um jornal totalmente diferente. Você ponha os fios de volta (...). Eu disse: Brito, eu não vou fazer um jornal diferente, não. Pode ser que daqui a alguns anos, se eu continuar aqui, o jornal evolua gradualmente para alguma coisa diferente, mas eu não vou tocar nele agora. No máximo, vou botar um fio debaixo do logotipo. (...) Agora, evidentemente que, ao longo do tempo, fui implementando algumas inovações, dentro espírito original". (Dines, *idem, ibidem*)

Segundo seu depoimento, introduz reuniões regulares na redação, organiza as editorias e cria o arquivo e o departamento de pesquisa do jornal, em 1964. Permanece como diretor de redação do *Jornal do Brasil* de 1962 a 1973.

"Em 1965, no dia em que a TV Globo foi ao ar, fiz um memorando de umas quatro ou cinco páginas, para todas as chefias, dizendo assim: Hoje começa uma fase diferente do jornalismo. (...) Sugeri então tudo aquilo que eu tinha pensado nos Estados Unidos: um jornal mais qualitativo, mais referencial, mais organizado – porque era muito comum você ver um assunto aqui, e o mesmo assunto estar lá na página de esporte, digamos – um jornal quase revista. Ao mesmo tempo, as matérias do departamento de pesquisa passariam a ser assinadas pela pesquisa, para o jornal ter um diferencial. Nós iríamos vender um jornal mais qualificado". (Dines, *idem*: 91. Grifos nossos)

Na imagem das reformas dos anos 1950/1960 sobressai a fala dos jornalistas que se autodefinem como introdutores de uma nova linguagem indispensável a um tempo em que novos aparelhos tecnológicos entram em cena. Não havia ainda, naquele momento, a preocupação com a mítica da objetividade e da neutralidade. O jornalismo continua tentando ser importante, como um lugar de amplificação do discurso político.

"Quando fizemos instalar nas editorias do Jornal do Brasil aparelhos de TV, para que suas equipes assistissem aos principais programas noticiosos, não estávamos tomando uma iniciativa visando ao conforto dos jornalistas, mas a entronização da TV como o fator a partir do qual vai ser pensada e escrita a matéria jornalística para o dia seguinte." (Dines, 1987:90. *Apud* Ribeiro, 2000:216)

Os jornais continuam sendo – a par da imagem construída *a posteriori* em relação aos ideais de objetividade e neutralidade, introduzidos com as reformas – lugares fundamentais para a tomada de posição política, onde o confronto se destaca. Por outro lado, no exercício do jornalismo permanecem se autoatribuindo o papel de único intermediário possível entre o poder público e o público. Nesse sentido, o jornalismo não se revela como um contrapoder, mas como poder instituído. Nas décadas de 1950 e 1960, esse papel pode ser claramente observado através das longas campanhas empreendidas pela imprensa para ampliar a voz de facções políticas[39].

Há que se considerar ainda que, no Brasil, o jornalismo como atividade remunerada não se desenvolve no bojo do princípio da liberdade de imprensa. Se nos Estados Unidos e em alguns países da Europa, o processo de industrialização da sociedade, com o avanço da escolarização, urbanização, inovações tecnológicas, ao lado da implantação de regimes políticos, onde o princípio da liberdade da imprensa era sagrado, foram fundamentais para o desenvolvimento profissional da atividade jornalística, no Brasil há que se considerar as especificidades de seu próprio regime de historicidade. Assim, a profissionalização se dá exatamente pelo vínculo estreito com a sociedade política em regimes de completa falta de liberdade de imprensa.

A rigor, o que possibilita o desenvolvimento profissional do jornalismo no país é a idealização do papel como único intermediário possível entre o público e o poder público, construindo-se simbolicamente como elo de ligação indispensável entre a fala de um público, sem voz, e a sociedade política. Com isso, transforma-se numa instância privilegiada de poder real e simbólico. Além disso, construindo textos que apelam a valores emocionais e ao cotidiano dos grupos populares, a imprensa, a partir do início do século XX, faz das sensações arma fundamental para alcançar o gosto do público. Ficcional e real se mesclam em textos que constroem uma narrativa próxima dos regimes de ficcionalidade, mas que falam de um real presumido. Observa-se, pois, que, no país, profissionalização não quis dizer autonomização do campo literário e nem do campo político.

Por outro lado, a construção de um ideal de neutralidade do texto – fazendo com que as convenções narrativas da informação se fizessem presentes – não impede a valorização permanente da opinião, o que pode ser explicado, também, em função de

---

[39] Sobre esse papel, cf. o próximo capítulo sobre o papel da imprensa na crise política dos anos 1950 e 1960.

sua dependência do chamado bacharelismo ilustrado. A influência do Direito nos primeiros tempos deixa marcas históricas indeléveis na conformação da narrativa jornalística, das quais, por exemplo, o valor da opinião é talvez a mais significativa. Há que se considerar nesse processo, o analfabetismo da sociedade, que favorece o aparecimento de práticas de leitura oralizada e a valoração da opinião como fundamental para a narrativa jornalística.

Assim, mais do que servir à democracia, o *ethos* profissional do jornalista desenvolve-se na esteira do papel de intermediário possível (e outorgado) entre o poder e o público. Já que não há cidadania suficiente para a população falar e chegar às cercanias do poder, cabe ao jornalismo o papel autoinstituído de intermediar as chamadas causas do povo. A relação estreita com a política também é explicável a partir do modelo de cultura profissional desenvolvida historicamente, ou seja, a partir da sedimentação de seu papel como o intermediário dos temas políticos, decifrados para um público não só sequioso de novidades, mas, sobretudo, sequioso de ser incluído – ainda que apenas ao tomar conhecimentos dos fatos – no mundo da política.

O profissionalismo como processo histórico representa para o jornalismo também a sedimentação de imagens símbolo, construídas ao longo de décadas, entre as quais se destaca a de intermediário do público ante o Executivo e de se instaurar como personagem cujo compromisso maior estaria na busca da verdade. Para isso, além dos parâmetros profissionais, busca-se uma espécie de atitude inata, como se o verdadeiro jornalista já nascesse nesta condição. A definição do que é o jornalismo de Alberto Dinis – frequentemente repetida por outros jornalistas – referenda esta idealização.

> "(O jornalismo) é um estado de espírito, é uma disposição existencial. Eu já disse em outra entrevista que o jornalismo é uma das últimas profissões românticas. Talvez o termo esteja mal empregado. Não é, estrito senso, uma questão de romantismo. É, no sentido de que o jornalismo não é um emprego em que você chega, faz aquilo que a pauta lhe deu, cumpre o horário, e estamos conversados. Não. <u>É uma disponibilidade para a vida, uma vocação de participação</u>, ainda que não-intervencionista, é também uma atividade eminentemente cultural. Eu chamo de arte. O jornalismo é uma arte ligada à arte literária. Não é à toa que, nos últimos, as maiores figuras da literatura escreveram em jornal" (Dines, *op. cit.*: 154).

Assim, o discurso memorável construído dentro do próprio campo e pelos seus principais agentes continua apregoando como aspecto fundamental da identidade profissional valores que não dizem respeito à profissionalização. O jornalismo continua sendo, nas idealizações correntes, uma espécie de arte com estreita vinculação ao campo literário.

Sobressai também na idealização da profissão a ideologia da vocação, através da qual o jornalismo teria uma espécie de missão superior, só podendo ser alcançada se revestir suas ações de um dever religioso. A profissão torna-se uma espécie de religião, na qual se espera o cumprimento do dever como algo sagrado, um chamamento, uma ordem divina.

Tribunas políticas

Entre os jornais surgidos na década de 1950 estão a *Tribuna da Imprensa* e *Última Hora*, criados naquele período, a partir da vinculação estreita de seus proprietários com a política.

Carlos Lacerda, em 1949, colabora diariamente com uma coluna no *Correio da Manhã* intitulada "Tribuna da Imprensa" e por divergência com a direção do jornal resolve fundar um jornal em que possa exercer claramente sua opinião e, sobretudo, seja um ponto da sua trajetória em direção ao campo político. Ser jornalista para Carlos Lacerda – como para diversos jornalistas desde o século XIX – é uma espécie de meio do caminho indispensável para ocupar um lugar representativo na política.

> "O primeiro número era feio. Não trazia nenhuma contribuição às artes gráficas e o próprio papel, importação francesa, pouco encorpado, não ajudava a apresentação. O título do jornal, encimando a página, em toda a extensão, quebrava o usual dos vespertinos, assemelhando-a mais a um matutino. Um único clichê, uma reprodução. Títulos sem grande destaque. Uma página macuda." (Oliveira, 1966:188)

É dessa forma que Wilson Oliveira, secretário do jornal quando de sua fundação, descreve o primeiro número da *Tribuna da Imprensa,* criado pelo futuro governador do antigo estado da Guanabara (hoje cidade do Rio de Janeiro), em 1949. Nada lembra, pela descrição, os aspectos inovadores com que o jornal foi entronizado entre os promotores da modernização da imprensa.

> "Para os que foram ao jornal abraçar o Carlos e felicitá-lo pela vitória, que era a edição da Tribuna, pouco importava o aspecto gráfico do jornal. O importante, e esse tinha sido o grande objetivo dos 4 mil e poucos acionistas, é que Carlos Lacerda tivesse uma tribuna e que sua voz não fosse calada por falta de um jornal." (*Idem, ibidem*)

Os preparativos para a criação do novo periódico começam no início de 1949. Carlos Lacerda reúne um grupo de amigos, em seu apartamento na Rua Toneleros, em

Copacabana, para "examinar as possibilidades de tornar realidade a criação de um jornal" (Oliveira, *idem*: 166). Segundo Oliveira, nesse encontro inicial estivavam presentes: Prudente de Moraes Neto, Dário de Almeida Magalhães, Adauto Lúcio Cardoso, Piquet Carneiro, João Camilo de Oliveira, Alceu Amoroso Lima, entre outros. É nesta reunião que se decide fazer uma subscrição para arregimentar novos acionistas, fórmula indispensável para conseguir viabilizar financeiramente o projeto.

No mês seguinte, o futuro jornal já está instalado provisoriamente num grupo de salas de um edifício da Avenida Treze de Maio, no centro do Rio. O orçamento mínimo para fazê-lo funcionar estima despesas com instalação, com compra de máquinas, móveis e outros equipamentos da ordem de 3 milhões e quinhentos mil cruzeiros. Isso sem contar os gastos com pessoal, que somam cento e sessenta e quatro mil e oitocentos e quarenta cruzeiros, distribuídos entre despesas com o pessoal administrativo (Cr$ 69.700,00) e com a redação (Cr$ 95.140,00). Com as oficinas prevê-se um gasto de quase seis mil cruzeiros (Oliveira: 167-173).

A análise do orçamento indica que na redação, além do secretário, seriam necessários cinco redatores e cinco repórteres, além do chefe de reportagem. Prevê-se também o trabalho de mais dez repórteres que atuariam em setores específicos (Ministérios, Prefeitura, Polícia Central, Pronto-Socorro Central e diversos hospitais da cidade). Há ainda outros seis no esporte e dois especialmente destinados a cobrir o turfe. As seções especiais englobam o trabalho de mais dez profissionais: xadrez, palavras cruzadas, bridge, infantil, econômica, música, artes plásticas, câmara e rádio, teatros e sociais. Na fotografia previa-se o trabalho de três profissionais: um fotógrafo, um auxiliar e um revelador. Na seção de desenhos trabalharia apenas o chefe e um auxiliar, o mesmo ocorrendo no arquivo. Previa-se ainda um gasto com a colaboração de artigos assinados (*Idem, ibidem*).

Se nessa fase inicial de estruturação, o jornal poderia funcionar precariamente num grupo de salas, no momento seguinte, isto é, quando o primeiro número viesse a público, isso não seria mais possível. Começa, segundo depoimentos dos atores que participam desse momento de criação do periódico, a busca pelo prédio onde se instalariam a parte administrativa, a redação e as oficinas. É fundamental para o sucesso, mínimo que fosse, a futura sede não ser longe do centro, nem em local de difícil acesso, o que dificultaria a distribuição do vespertino, impedindo o rápido escoamento da edição. É preciso encontrar um prédio no centro, que não precise de obras de adaptação, pois os recursos são escassos. Finalmente, encontra-se algo que parecia servir na rua do Lavradio: um prédio onde funcionara, até então, uma fábrica de papel. Carlos Lacerda fecha o negócio, dando um sinal correspondente a 50% do valor do imóvel, devendo pagar o restante em 24 meses. O prédio da rua do Lavradio tem 15 metros de frente por 60 de fundos.

A quase totalidade dos acionistas, em número superior a 4 mil, possui apenas uma ação. Os dois maiores acionistas são Adauto Lúcio Cardoso e Severiano Luiz Ribeiro, com 500 ações cada um. Também subscrevera uma importância de vulto o proprietário do grupo Ducal. Na Assembleia Geral na qual é promulgado o estatuto do jornal, em razão do grande número de acionistas, fica estabelecido que as ações da *Tribuna* não poderiam ser vendidas ou negociadas livremente. O seu portador para vendê-las deveria comunicar previamente à Sociedade e estas só poderiam ser adquiridas por outro acionista. Com isso queria-se evitar que grupos econômicos ou políticos, numa manobra, tomassem o controle acionário do jornal. Carlos Lacerda, na época, possui pouco menos de 10 ações, mas é detentor de procuração de quase todos os acionistas, com poderes para representá-los e votar nas assembleias gerais. A aprovação dos Estatutos ocorre na Assembleia Geral, realizada em outubro de 1949, no auditório da Associação Brasileira de Imprensa, ocasião em que Carlos Lacerda é escolhido presidente da Sociedade.

Neste mesmo mês a redação começa a ser estruturada. O redator chefe do jornal, deputado Aloysio Alves, indica a maioria dos nomes. Duas novidades na época fazem parte do projeto: a criação do setor de pesquisa do jornal, ainda que de responsabilidade de um único redator, e do arquivo que teria também biblioteca, e reuniria recortes de jornais e revistas classificados por assunto, funcionando como órgão auxiliar da reportagem. Luís Paulistano é o chefe da seção de esportes. A redação é organizada da seguinte forma: além do redator chefe e do secretário (Wilson de Oliveira), há a reportagem especial, com um repórter e um pesquisador, a reportagem política (com três repórteres, entre eles, Villas Boas-Correa), o serviço telegráfico (tendo como redator Paulo de Castro) e a reportagem chefiada por Borba Tourinho e com cinco repórteres. A reportagem policial conta com mais seis repórteres, e o esporte com cinco (chefiados por Luiz Paulistano). Finalmente, em 27 de dezembro de 1949 aparece o primeiro número da *Tribuna da Imprensa*.

A *Tribuna* é um jornal pequeno. Como o *Diário Carioca*, também não possui tiragem suficiente para transformá-lo num jornal da grande imprensa. Durante os anos 1950, sua tiragem média oscila entre 25 e 45 mil exemplares. Em 1954, pode ser estimada em 40 mil, enquanto que *O Jornal* tira 60 mil, o *Diário da Noite* 75 mil, *A Notícia* 95 mil, *Última Hora* 92 mil e *O Globo* 110 mil exemplares (Ribeiro: 2000).

Apesar de ter uma tiragem inexpressiva, a *Tribuna* é um jornal influente, já que tem papel decisivo na cena política, catalisando e amplificando as contradições e tensões sociais do período (Azevedo, 1988). Segundo Ribeiro (2000), talvez seja na *Tribuna da Imprensa* onde mais se possa perceber o dilema em que vivia a imprensa da época, entre definir-se pela modernização e continuar empregando técnicas e, sobretudo, práticas que a aproximam do arcaísmo.

Também no que diz respeito à memória construída sobre o seu papel no jornalismo carioca dos anos 1950, destaca-se o fato de ser obra de um "verdadeiro" jornalista. Assim, nas palavras de Alberto Dines, a *Tribuna* teve importância porque Carlos Lacerda era um grande jornalista. E apenas como um grande jornalista, na mítica articulada pelo discurso dos homens de imprensa, tal como Samuel Wainer, nada mais natural que construir também um "verdadeiro" jornal. "Ele era um homem que gostava de jornal, conhecia jornal. (...) e o jornal que ele fez no início foi muito bem feito. Teve uma equipe maravilhosa, alguns do *Diário Carioca*, outros não, e ele criou um grupo de jornalistas como Luiz Lobo, o Zuenir Ventura, etc." (Depoimento de Dines, Alberto, 15 dezembro de 1999. Citado por Ribeiro: 2000)

O mesmo discurso que atrela a imagem do jornal ao gênio criador, inventivo e político de Lacerda é repetido à exaustão por outros profissionais:

> "Carlos Lacerda estava sempre a par do desenvolvimento da imprensa mundial e não cabe dúvida de que a moderna imprensa do Brasil muito deve, em estilo, agressividade, noticiário e apresentação gráfica, ao dinamismo e à visão do fundador da 'velha tribuna' (...). Um dos empenhos de Lacerda era trazer para o jornal pessoas que, em sua opinião, tivessem o dom e o dinamismo necessários para renovar a folha. Gente como Carlos Castelo Branco, Hélio Fernandes, Odylo Costa Filho. Membros da nova equipe do Jornal do Brasil, entre eles Mário Faustino e Alberto Dines, passaram pela 'velha Tribuna' e lá ficaram mais ou menos tempo." (Baciou, 1982:58)

Samuel Wainer, a *Última Hora* e a mítica da renovação

Falar do jornal fundado em 12 de junho de 1951 por Samuel Wainer é se referir a vários discursos míticos: o do jornal que por ser dirigido por um "verdadeiro jornalista" passa a valorizar o profissional e é capaz de revolucionar a forma de fazer jornalismo até então; o do jornal que renova a imprensa brasileira, introduzindo inovações nunca antes percebidas; o do jornal que materializa mais do que qualquer outro meio de comunicação as suas relações com as cercanias do poder; entre diversos outros.

Esses discursos construídos, a maioria das vezes pelos próprios jornalistas que participaram ou não do processo de criação e construção da mítica *Última Hora* como o jornal mais popular de seu tempo, revelam os simbolismos da própria profissão, ao mesmo tempo em que constroem uma história de singularidades para o jornalismo brasileiro. E talvez a história mais singular e repleta da ideia de importância seja a da aliança do ex-presidente Getúlio Vargas, então exilado voluntário em São Borja, com Samuel Wainer.

Se o início dessa aliança marca a ideia de destemor de um homem – Samuel Wainer – que como repórter atravessou o Brasil para reproduzir uma fala profética de Getúlio ("Eu voltarei!") –, a continuação dessa história deveria contemplar outras facetas para a construção mitológica do jornal. Assim, *Última Hora* deveria incluir no seu cardápio de estratégias memoráveis construídas pelos próprios jornalistas a mítica da renovação da imprensa.

A história é conhecida: Wainer, então repórter dos *Diários Associados*, se desloca até São Borja, onde estava Getúlio Vargas recluso, para conseguir uma declaração do futuro presidente de que seria candidato nas eleições de 1950. A partir daí, retorna a São Borja outras vezes, selando uma aliança com Vargas, e passa privar – segundo suas próprias declarações – da intimidade de Getúlio. Isso será extremamente vantajoso para ele e fundamental para a criação do novo jornal.

> "(...) me pediram que como eu era a única pessoa, não só a quem ele dava entrevistas até então, como conseguia interpretar o pensamento dele, pediram que eu fosse até Getúlio e fizesse um apelo para ele dar uma declaração que servisse à manipulação para acalmar a campanha da UDN, que estava tomando proporções incendiárias, e preparar a posse dele, inclusive junto aos americanos (...). Eu cheguei, falei logo com Getúlio. Os jornalistas quando me viram ficaram meio preocupados, porque sabiam que eu era, afinal, o homem que obtinha de Getúlio qualquer declaração. Apenas não sabiam que eu já não era um simples repórter; tinha passado a ser quase um conselheiro e, algumas vezes, emissário. Portanto, eles não podiam competir comigo". (Wainer, Samuel. Fita n. 1, p. 9/9, do material bruto de S.W, citado por Rouchou, 2004:48-49)

Na declaração acima sobressai não apenas o poder – de fato – que detinha junto ao presidente, assumindo a função de "quase um conselheiro" e, algumas vezes, "emissário", mas o orgulho por ter alçado esta posição. Nesse papel privilegiado – mas referendando a cada momento o fato de continuar sendo jornalista – nenhum outro profissional poderia rivalizar-se com Wainer.

Sobre a fundação do jornal, Samuel Wainer lembra como foi sua passagem de repórter dos Associados para dono de jornal.

> "Quando retornei da Europa o Assis Chateaubriand me convidou para os 'Associados', em julho de 1947. Aceitei. Primeiro porque eu queria conhecer por dentro uma grande empresa, o ventre de uma grande empresa. Porque ele me pagou um salário excelente pra época. Eram 20 contos, equivalia hoje a 200 mil cruzeiros, quebrou todos os padrões. Ele sabia, ele tinha um instinto,

ele já tinha lido coisas minhas. Aí entrei nos 'Diários Associados' e vi
por dentro o chamado grande jornalismo. Fui editor nos 'Diários Associados', fui secretário de redação, redator, colunista, mas principalmente repórter. Foi quando descobri Getúlio". (Wainer, S. In: "Jornalistas contam a História". Depoimento a Wianey Pinheiro. *Folha de S. Paulo*)

A proximidade de Getúlio é fundamental inicialmente para o repórter e, posteriormente, para o empresário da imprensa. No início, Getúlio era

"uma boa matéria-prima jornalística. Eu o tinha combatido a vida inteira, mas nada tinha a ver com aquele outro Getúlio que voltava – como ele mesmo declarou – como líder de massas e não mais como líder de partido. Pra mim o Getúlio era um grande assunto, porque o fundamental na vida do jornalista é o assunto. (...) Dessa amizade com Getúlio nasceu Última Hora". (*Idem, ibidem*)

A campanha eleitoral, segundo seu depoimento, foi objeto de frieza por parte da imprensa. Assim, o próprio Getúlio incentiva Samuel a criar um jornal que se opusesse à "conspiração do silêncio" que a imprensa lhe impusera. Wainer funda, então, duas empresas: uma gráfica, a Érica, e a outra editorial, a Editora Última Hora (Ribeiro, 2000).

Para viabilizar a primeira, consegue recursos com o banqueiro Walter Moreira Salles, com Ricardo Jafet, presidente do Banco do Brasil, e com Euvaldo Lodi, empresário e presidente da Confederação Nacional da Indústria. Obteve ainda um empréstimo de 26 milhões junto ao Banco do Brasil, que, além disso, absorveu a dívida da empresa com a Caixa Econômica Federal. Para viabilizar a Editora Última Hora consegue recursos do Banco Hipotecário de Crédito Real, através da intermediação de Juscelino Kubitschek, então governador de Minas. (*Idem, ibidem*)

"Portanto a Última Hora não foi criada acidentalmente, ela ia sendo criada à medida que a gente criava novos quadros e novas ideias. Eu senti que a popularidade de Getúlio me dava uma comunicação com todas as camadas sociais e a linha nacionalista me dava comunicação com a camada dirigente do novo empresariado brasileiro. Então, a Última Hora foi, realmente, um produto de uma imensa vivência jornalística e política". (Wainer, S. In: "Jornalistas contam a História". Depoimento a Wianey Pinheiro. *Folha de S. Paulo*)

No discurso do fundador de *Última Hora* vai sendo construída, paralelamente à importância política do periódico, durante o governo de Getúlio Vargas, a mítica da renovação que introduz na imprensa brasileira. Somente um verdadeiro jornalista, que não abdicava desse papel, poderia criar não um simples jornal, mas um periódico inovador e que – nas suas palavras – fora responsável pela introdução do jornalismo de massas no país.

"Última Hora veio romper a tradição oligárquica da grande imprensa e dar início a um tipo de imprensa popular que não existia no Brasil. Até 1950, a opinião pública brasileira era dominada por meia dúzia de jornais, pertencentes a famílias tradicionais, há mais de meio século." (Wainer, S. *Apud* Barros, 1978:9)

Nenhuma das afirmações de Wainer se sustenta historicamente. Se, de fato, os jornais mais populares estão atrelados à tradição familiar de uns poucos nomes – como é o caso do *Jornal do Brasil* –, outros jornalistas, como Mário Rodrigues, já haviam criado desde há muito jornais populares no cenário da imprensa carioca. Nos anos 1950 mesmo existem na cidade, além de *Última Hora*, outros jornais que em termos de difusão conquistam público diversificado e expressivo.

Fazer um jornal, para Samuel Wainer, é a possibilidade de se tornar reconhecido pelos seus próprios pares. Imigrante, de origem pobre e sem reconhecimento entre os detentores do poder simbólico do jornalismo de então, para ele estar próximo das cercanias do poder e, sobretudo, tornar-se empresário da imprensa é a certeza de que conseguira vencer na profissão.

"Ele (Getúlio Vargas) andando de um lado para o outro. Isso eu nunca contei em comissões de inquérito, nada, mas já contei em vários lugares. Ele me disse: Por que tu não fazes um jornal? Eu disse: olha presidente, todo repórter quer fazer um jornal, ainda mais um repórter como eu, que já fiz, e que estou sendo convidado a fazer um jornal que não seria de oposição. Contraria a tradição da imprensa brasileira e do Rio de Janeiro, que é que jornal de oposição vence: acontece que o senhor é um líder de oposição. Eu faria um jornal que apoiasse seu pensamento. O seu pensamento é contra. Eu gostaria de fazer um jornal desses. Ele disse: então faça (...) Eu disse: (...) em 45 dias lhe dou um jornal. Então não falemos mais nisso. Boa-noite profeta. Boa-noite, Presidente. E aí nasceu a Última Hora". (Wainer, Samuel. Fita n. 5, 16/89, do material bruto de S.W. In: Rouchou, *op. cit.*: 66)

Mas o jornal do "verdadeiro jornalista", do repórter que se transmuta em senhor da imprensa, não poderia ser um simples jornal. Gradativamente, as memórias do próprio Samuel e dos que vivem aquela história vão construindo a segunda mítica em torno do periódico: a da sua inovação. Assim, *Última Hora* teria sido responsável pela mais intensa e marcante reforma do jornalismo até então, introduzindo uma série de inovações na fórmula de fazer jornal. A diagramação, o uso da cor, da fotografia, o conteúdo redacional e as estratégias administrativas, bem como a reimplantação do folhetim, da caricatura e do colunismo, teriam sido responsáveis pela mais completa inovação que um periódico produziria na imprensa carioca[40].

Entretanto, as fórmulas redacionais, editoriais e administrativas implementadas pelo novo periódico não eram novas na imprensa do Rio: a cor fora utilizada pela primeira vez já em 1907 pela *Gazeta de Notícias*; a fotografia ocupando a página integralmente fora usada por inúmeras publicações ao longo de toda a primeira década do século XX; também a caricatura nunca deixara de fazer parte dos recursos gráficos dessa imprensa. Portanto, a renovação que *Última Hora* realiza na imprensa do Rio é muito mais um discurso mítico.

Nas palavras do próprio proprietário

> "o jornal não causou grande impacto inicial. O pessoal da imprensa logo foi em cima, de onde eu realmente aprendi que um jornal nasce aos poucos e, depois que se cria uma imagem, nunca mais acaba". (Wainer, Fita n. 13, p. 2/ 289, material bruto de S.W. In: Rouchou, *op. cit.*: 79)

A construção dessa imagem de jornal que mais renovou a imprensa brasileira dos anos 1950 foi sendo efetivada não só naquele período, como posteriormente, através dos discursos reiteradamente repetidos dos próprios jornalistas que, assim, constroem *Última Hora* como espécie de jornal símbolo, sobretudo, porque é produto da ação e da idealização de um personagem que nunca deixou de ser jornalista.

Ao alinhar uma série de depoimentos de jornalistas que trabalharam no periódico nos idos de 1950, num trabalho (Barros, 1978) em que procura demonstrar que *Última Hora* promove a mais drástica renovação na fórmula de fazer jornal, sobressai na fala desses atores sempre essa construção. *Última Hora*, mais do que um jornal, passa a ser uma espécie de sonho.

> "No caso da Última Hora aconteceu o seguinte: à medida que o jornal nascia, nascia também o ideal de um jornal sonhado por muitos jornalistas brasileiros, sem saber como defini-lo, porque ele era tecnicamente bonito e bem feito e moderno, coisa que não preocupava os outros donos de jornal (...) interessados na força que ele representaria (...) A Última Hora, subitamente, era o sonho dos jornalistas mais românticos que havia na época, do conceito de um jornal popular, porque nós queríamos vender, nós queríamos aplausos,

---

[40] Sobre as contribuições técnicas da *UH* para a renovação da imprensa brasileira, cf. Barros (1978).

nós queríamos circulação, tínhamos o sentimento, embora fôssemos intelectualmente elitistas". (Wainer, fita 4 (2ª série), p. 10/986, material bruto de S W. In: Rouchou, op. cit.: 118)

Com isso, não estamos querendo dizer que *Última Hora* não tenha adotado novas estratégias editoriais e redacionais, mas enfatizando que não se pode deixar de enxergar o discurso que constrói o projeto gráfico e editorial do jornal como "o mais inovador" de seu tempo como mítico. Se de fato houve implantação de estratégias administrativas e editoriais, muitas delas já vinham sendo adotadas por outros periódicos.

O que se questiona, portanto, é o fato de se tomar como um dado real e inquestionável a afirmação de que *Última Hora* tenha, mais do que qualquer outro periódico, renovado a imprensa brasileira. A renovação que implementa não é produto apenas do gênio criador de um só homem, no caso Samuel Wainer, mas de um processo de acumulação de experiências no jornalismo carioca. A mítica da "maior renovação", no nosso entender, constrói um lugar ímpar para o jornalismo e, sobretudo, para os jornalistas, já que apenas um proprietário que fosse também e antes de tudo jornalista poderia realizá-la.

Assim, mais do que verificar ou polemizar se há ou não renovação, se essa é a maior ou não, interessa saber por que se constrói um discurso, referendado a cada momento, que aponta para a singularidade do jornal. No nosso entender, isso faz parte de uma estratégia de constituição do próprio campo jornalístico que precisa de emblemas míticos de sua própria importância. E, nesse sentido, um jornal fundado por um repórter, com origem modesta, que graças ao seu papel de jornalista consegue sucesso na profissão, é o melhor símbolo para as estratégias memoráveis do grupo, isto é, dos jornalistas.

VII. Novos atores em cena:
A imprensa nos anos 1960

Os vestígios dos novos atores que entram em cena na composição de uma história da imprensa na década de 1960 podem ser percebidos também através dos filmes. Resumindo o espírito do tempo existente em relação às possibilidades de diálogo do público, as produções nacionais dos Estúdios Atlântida mostram, com detalhes, esses atores midiáticos que irrompem a cena quotidiana. E, entre eles, um personagem emblemático: a televisão.

Falar da década de 1960 é também se referir às consequências da censura política que se abate sobre a imprensa, o que foi decisivo para o apartamento da polêmica em torno desse tema dos meios de comunicação. Esse silêncio vai produzir drástica alteração no conteúdo dos jornais diários, uma vez que terão que abandonar gradativamente o papel de amplificadores e, muitas vezes, construtores desses enredos, afastando-se dos protagonistas e deixando de ser eles mesmos personagens do campo político. Sobre este apartamento do conteúdo político em função da conjuntura da época, é contundente o depoimento de Paulo Branco[41]:

> Depois, quando fui trabalhar no *Globo*, a política – é uma coisa curiosa – ficava lá pela 13ª, 15ª página. As páginas 2 e 3 vinham com notícias de Cedae, engarrafamento de trânsito. Foi uma época que marcou o sepultamento da política. Era mais importante o engarrafamento do que uma matéria de âmbito nacional, uma medida do presidente da República, um discurso no Congresso. As medidas econômicas não, essas eram sempre muito divulgadas, muito badaladas. A economia tinha um peso muito significativo naquela época. (Branco, Paulo. *Depoimento ao CPDOC*. Rio de Janeiro, CPDOC/Alerj, 1998)

---

[41] Jornalista desde 1968, Paulo Branco foi repórter, chefe de redação e colunista da *Tribuna da Imprensa*, repórter de *O Globo*, da *Última Hora* e da Bloch. Por 10 anos comentarista político da TV Bandeirantes. Foi presidente da Fundação Roquette Pinto. Trabalhou em várias ocasiões para o Governo, inclusive como coordenador de Comunicação Social do Ministério da Fazenda na gestão de Francisco Dornelles. Branco, Paulo. *Depoimento ao CPDOC*. Rio de Janeiro, CPDOC/Alerj, 1998.

No Brasil, os jornais jamais exerceram o papel de *watchdogs*, que tinham por exemplo no ideário americano, já que nunca mantiveram distância suficiente dos personagens políticos. A imprensa sempre teve relação simbiótica com a política, ocupando lugar central em muitos episódios decisivos da história do país. (Ribeiro, 1999:53)

Ribeiro credita essa característica das empresas jornalísticas à configuração do campo político no país, marcado por constante tensão entre modernidade e arcaísmo, onde convivem lado a lado práticas decorrentes de um ideal de impessoalidade e racionalidade das instituições (baseado nos princípios da representatividade, da sociedade de direitos, da cidadania) e outras oligárquicas, clientelistas, familiares, patriarcais e patrimonialistas (*Idem, ibidem*).

No mesmo período, inicia-se vertiginoso processo de concentração dos periódicos, que alcançaria o seu auge na década seguinte. Paralelamente há a explosão do que poderia se designada como a segunda fase de apogeu do jornalismo popular, representado pelo sucesso editorial do jornal *O Dia*.

Ao final da década, publica-se no país a média de um exemplar de jornal diário para 22 pessoas e 90% dos periódicos do país são editados no Rio e em São Paulo. A tiragem dos jornais permanece praticamente estacionada e atribui-se à televisão a responsabilidade por este cenário, uma vez que dos 600 bilhões de cruzeiros investidos com propaganda no país, naquele momento, 35 por cento são destinados à televisão (Rego, 1969).

A televisão irrompe a cena

Uma casa comum de subúrbio do Rio, onde vive uma família também comum. O inusitado na cena é que, de repente, todos estão em torno de um aparelho que ocupa lugar entronizado na sala de estar. Dezenas de pessoas se espalham diante de um móvel entreaberto, deixando antever uma tela. Na janela, os vizinhos se amontoam para poder ver as imagens em preto-e-branco. Na escada, as crianças também se enfileiram na tentativa de visualizá-las. As imagens que saem da televisão possuem pouca nitidez. O silêncio dos personagens é quebrado, de tempos em tempos, pelos comentários que a trama televisiva provoca.

O filme *Absolutamente Certo*, uma produção de 1957, dirigido por Anselmo Duarte, reproduz de modo ficcional um dos programas de maior audiência da década: "O céu é o limite", apresentado por Jota Silvestre. No programa, como no filme, a expectativa é criada em torno da possibilidade de o protagonista responder corretamente às perguntas que lhes são dirigidas pelo apresentador. A torcida do público é enorme e, no dia seguinte, multiplicam-se nas publicações especializadas ou não os comentários em torno da última *performance* do desafiante.

Esta é uma das primeiras vezes em que a televisão aparece como protagonista na cena cinematográfica de uma produção nacional. Até então, alguns filmes mostraram o televisor como que entronizado na sala de visita dos personagens abastados. A tela está sempre apagada. A televisão é muito mais um móvel que compõe o cenário.

Nove anos depois, outra produção cinematográfica mostra, com detalhes, como a televisão podia ser responsável pela construção, ascensão e queda de mitos. No episódio final do filme *Os Cariocas*, drama de Roberto Santos baseado em histórias de Stanislau Ponte Preta, conta-se, a partir da transmissão de entrevista ao vivo em uma emissora de televisão, a história de Marlene Cardoso, personagem vivido por Íris Bruzzi, que participara do concurso Garota das Praias do Subúrbio. A protagonista que, após ganhar o concurso, promovido também por uma emissora de TV, alcança rapidamente o estrelato, vive naquele instante a decadência. A fama imediata construída pela TV a leva a estrelar comerciais e mesmo uma telenovela, não por acaso a de maior sucesso naquele ano – *Sheik de Agadir*, telenovela escrita por Janete Clair –, onde vivia a personagem Sulamita.

Marlene Cardoso conta, ao vivo, num programa que também reproduz outro gênero de sucesso naquele momento – em que o apresentador, a maior parte do tempo ausente da cena, em tom autoritário, recapitula de forma dramática a trama da vida do personagem e de que "O homem do Sapato Branco" foi o exemplar mais famoso –, como passa da fama ao anonimato, graças à ação dos meios de comunicação. Afinal, o seu aparecimento deveu-se ao concurso promovido pela TV, o seu sucesso à imagem que, posteriormente, foi explorada em comerciais e em novelas de grande audiência e a decadência à divulgação que um jornal popular – *O Dia* – promoveu de um escândalo em que se envolveu com seus vizinhos na Penha, subúrbio onde vivia.

Levando para o bairro, segundo a emissão reproduzida pelo filme, hábitos comuns na zona sul, mas ausentes do cotidiano dos moradores dos subúrbios – como por exemplo andar de maiô ou em trajes sumários pelas ruas –, Marlene Cardoso passou a ser execrada pelos vizinhos e isso vai culminar com uma espécie de linchamento que sofre ao ir lavar o carro novo, ganho no concurso, vestindo short e uma blusa que deixava a barriga à mostra.

Todo este enredo, que apresenta a televisão como construtora de mitos e os jornais populares como responsáveis pela criação de excepcionalidade para o seu conteúdo, introduz a discussão da dimensão imaginária dos meios de comunicação nos idos de 1960 na cidade do Rio de Janeiro.

Dezesseis anos depois da primeira emissão da TV, em 1967, já está longe o tempo em que a improvisação marcava as emissões. Entre 1967 e 1979, a venda de televisores em preto-e-branco aumenta 24,1% (Mattos, 2002:83). Nos anos 1960, a televisão adotará a estratégia de popularização da sua programação, capitaneada pelo aumento de consumo possibilitado também pela política expansionista de crédito. Por outro lado, frente a um regime autoritário, os veículos de comunicação passam a exercer papel de difusores ideológicos, mas para isso é preciso criar público. E essa criação também se dá via adoção de estratégias de popularização a partir de uma série de mudanças na programação.

As telenovelas, os programas que apelam aos valores dos grupos populares – promovendo, por exemplo, a mítica do casamento ("Casamento na TV", com Raul Longras); realizando os sonhos de futuro, premiando a *performance* e valorizando o pretenso conhecimento ("O Céu é o Limite", com Jota Silvestre); humorísticos (como "Balança mais não cai", que constrói a cena imagética para as vozes que já habitam o público através das emissoras de rádio), introduzindo o chiste, a estética do grotesco, incluindo a excepcionalidade na cena midiática –, tudo isso faz com que a TV alcance um público expressivo já na década de 1960[42].

Há que se ter em conta que o público, como consumidor cultural, realiza múltiplos usos dos materiais disponibilizados. Dessa forma, a televisão não se reduz ao papel de indutor e formador da realidade social. Produzindo e reproduzindo significados plurais, elaborando respostas para este mesmo público, a narrativa televisual constrói réplicas significativas dentro do universo cultural de seu público.

Apesar disso, não se pode retirar dos meios de comunicação seu papel de elaboradores de um discurso consoante à realidade social. Ao difundir uma narrativa do mundo (selecionada entre múltiplas possibilidades factuais), a mídia não é mero espelho da realidade, realizando sempre um trabalho de produção de significados, determinantes na constituição daquilo que chamamos realidade.

A narrativa imagética instaura, por outro lado, um paralelismo sem precedente na temporalidade em cena pelo ato de narrar. Há a construção da coincidência entre o tempo do ato de narrar e o tempo do texto de contar. A ação se dá no instante da produção do ato elocutório, fazendo com que o narrador seja associado aos eventos, transformando-o em testemunha. A narrativa da televisão – seja ela de que gênero for – produz a transição entre a experiência que precede a construção do texto e a experiência que lhe é posterior (a do público) e só ganha sentido quando passa a figurar nesse novo mundo. Introduz uma espécie de suspensão do tempo – o presente do telespectador – por um passado que agora está na tela e é apresentado como presente

---

[42] Não é objetivo deste livro a história da televisão. Entretanto, não é possível falar em história da imprensa sem se referir, mesmo que brevemente, à televisão. Sobre o tema, cf. os trabalhos de Caparelli, Mattos e Sodré. Para referências completas, ver Bibliografia.

vivido, instaurando "o mundo das coisas contadas" (Ricouer, 1995:115-116). Neste sentido, não há diferença entre narrativa ficcional ou não-ficcional. Daí também o embaralhamento de significações que o público produz em relação aos gêneros televisuais, misturando ficcional e factual.

Na casa do telespectador, na sua rotina diária, irrompem imagens que colocam em cena o ficcional, com todos os jogos temporais, interpelando-o a partir desse lugar, e numa tessitura do enredo que remete às suas exigências e atende às necessidades de expressão nas suas experiências privadas. Neste sentido, podemos dizer que o tom coloquial, a simulação de diálogos e a construção de personagens arrancados do mundo comum não devem ser explicados apenas como simulação do que é familiar para o público, e sim como exigência dos telespectadores, que a partir do texto compõem sua própria expressividade.

Expressividade que faz das práticas da oralidade a forma mais contundente do diálogo comunicacional. Assim, a sua construção imagética se estrutura sempre em modos que recuperam a materialidade da oralidade. O improviso da cena, como recurso ao tempo presente, produz a sensação de imediatismo e permite, ao mesmo tempo, transcrever quase que simultaneamente os sentimentos experimentados e suas circunstâncias. A retórica do improviso, construída de maneira frequente pela televisão, promove a aproximação do texto ao sentimento. Daí a permissividade para a expressão, emoção, sentimentalismos que irrompem muitas vezes uma narrativa que, em princípio, precisaria de distanciamento. Mas a narrativa da televisão entremeia esse improviso com a ideia generalizada de documentação, sobretudo nos textos com pretensão à verossimilhança, considerando, portanto, a falibilidade da memória do narrador e a necessidade de recorrer ao documento como prova material da existência.

Pensar a narrativa da televisão é trazer para o centro do debate a questão da cultura e a reflexão sobre o popular. É também perceber que toda cultura requer uma atividade, um modo de apropriação, uma adoção e uma transformação, ou seja, um intercâmbio instaurado na sociedade.

Se cada discurso possui em si mesmo múltiplas vozes, também o discurso que se materializa em significações (símbolos, tradições, maneiras de ver e expressar o mundo, valores) pelos quais os homens comunicam, perpetuam e desenvolvem seu conhecimento e suas atitudes perante a vida, ou seja, a cultura, carrega dentro dessas significações vozes dialógicas.

Sem querer definir e nem mesmo enfocar as múltiplas discussões que se desenvolvem em torno da conceituação de cultura, e partindo da premissa da complexidade do conceito (Williams, 2000), é preciso estabelecer filiações teóricas que possibilitam um alargamento do olhar sobre a questão cultural. Neste sentido, a noção de circularidade de Bakthin é fundamental para se enfeixar as múltiplas acepções do conceito, identificando-o como modo de vida ou modo de luta se quisermos empregar a conceituação clássica de Thompson (1961). A cultura é a experiência comum, a forma como cotidianamente desenvolvemos nossas ações – como processos – na sociedade.

Ainda que tenhamos que considerar as particularidades desse momento histórico, no qual o período de autoritarismo determina muito dos conteúdos veiculados pelos meios de comunicação, há que se relativizar esse domínio a partir da noção de competência dos públicos.

Sem dúvida, as consequências do período autoritário para a imprensa foram muitas. Se, por um lado, cria condições para a popularização da televisão – já que este meio é essencial para a divulgação de uma imagem de Brasil moderno, ainda que à custa do reforço da tecnoburocracia estatal e o alijamento do poder de parte substancial da sociedade civil –, por outro faz com que o país viva um período dramático no que diz respeito à censura aos meios de comunicação. Mudanças essenciais na política econômica, por exemplo, como a internacionalização da economia, são decididas sem incluir neste debate os grupos interessados. O mesmo se dá em relação à política salarial, fiscal, agrícola, educacional etc. O processo decisório que o governo adota sequer chega ao conhecimento do restante da população (Singer, 1986:242). Por outro lado, para esse mesmo governo os meios de comunicação são fundamentais na divulgação de premissas fundamentais para a construção de um Brasil que só existe no discurso ideológico.

A popularidade dos meios de comunicação, portanto, é essencial – notadamente o audiovisual – para a construção de um pensamento único num regime de ausência de democracia no plano político e onde vigora o controle rigoroso da sociedade política em relação à sociedade civil.

Num cenário em que a imprensa desempenha papel decisivo na construção do debate político, há que apartar das publicações esse tipo de conteúdo, alijando o grande personagem até então existente nos jornais – a polêmica – das publicações. O mote da modernização e da inclusão dos periódicos num tempo de modernidade é, portanto, fundamental para a sua adaptação num cenário de controle e pressões.

Imprensa e política: uma simbiose histórica

Uma análise, ainda que passageira, dos ideais dos jornais desde a década anterior e da campanha empreendida pela imprensa que culminará com o suicídio de Getúlio Vargas, em 1954, bem como o papel da imprensa no período anterior ao Golpe de 1964 mostra a simbiose que a imprensa carioca tem com os temas e a polêmica política.

Os jornais constroem e referendam um discurso que faz da eloquência arma política, valendo-se da retórica intempestiva e emocionada[43]. Por outro lado, articulam uma concepção que visualizam os leitores como sujeitos quase passivos diante da notícia, cabendo à imprensa o papel de induzi-los a pensar e, em consequência, atuar como atores políticos. Há ainda que se acrescentar a reprodução de um discurso bacharelesco, falando como oradores e portadores de um ideal de verdade, defendido como fundamental para a consecução da justiça. Os jornais se autoinstituem como lugares de formação do leitor. Pelo combate, seja nos editoriais, seja nas notícias, produzem um sentido único para a cena política, não abrindo espaço ao diálogo. O tom autoritário não comporta outras visões, além daquelas defendidas pelo periódico, multiplicando notícias em que reproduzem uma temática única – o discurso de oposição – com o propósito de impor uma percepção do momento histórico em que se vivia (Campos, 1996:60).

Segundo Campos (1996), o período compreendido entre 1950 e 1960 deve ser visto como de intensa oposição entre dois periódicos: *Tribuna da Imprensa* e *Última Hora*. A batalha discursiva entre eles se intensifica na medida em que *UH* se afirma no mercado jornalístico como jornal de grande circulação. A partir daí, uma campanha sem tréguas, contra *UH* e sobretudo contra Getúlio Vargas, na esteira da *Tribuna da Imprensa*, é empreendia pelos mais importantes jornais do Rio de Janeiro que formam um bloco de poder contra Vargas nos últimos meses em que este esteve à frente do Catete, na crise política de 1953-54.

As greves de 1953, a elevação dos salários dos operários, no início de 1954, a radicalização do discurso oficial e a dinamização da vida sindical são temas explorados ao máximo pelos jornais para conseguir o apoio dos grupos médios para o golpe e, também, a simpatia do proletariado urbano. Os jornais criticam, em uníssono – destoando apenas *UH* –, a "corrupção" do governo em nome da "moralidade". Dez anos depois, os nomes mudarão, mas a ação da grande imprensa será semelhante, ao opor "democracia" ao "comunismo".

Usando a repetição sistemática, cunhando *slogans*, individualizando os personagens, a imprensa critica, na crise de 1953-54, a corrupção no governo, classifica os aumentos de salários, especialmente a elevação do salário mínimo em 100%, como ameaça ou como "aberrante subversão de todos os valores profissionais", já que pro-

---

[43] Exemplo deste papel pode também ser recuperado, como vestígio, a partir da análise da série "JK", transmitida pela Rede Globo de Televisão (2006). Na trama ficcional, mas que tem a pretensão de reproduzir um período histórico "real", os meios de comunicação são atores secundários, mas sempre presentes em cena. A televisão pode transmitir a primeira missa realizada em Brasília; o rádio é o palco para a fala de Carlos Lacerda, ao mesmo tempo em que outros personagens leem, em voz alta, a transcrição dos discursos políticos e das críticas dos partidos de oposição, notadamente a UDN, à política desenvolvimentista de JK.

duz a "elevação do custo de vida" e a "desestabilização da economia". Essas campanhas desgastam, profundamente, a imagem do governo, levando ao pedido de *impeachment* de Getúlio, em junho de 1954, rejeitado pela maioria dos parlamentares, e à imposição da renúncia do Presidente, o que culmina com o seu suicídio, em agosto daquele ano.

A grande imprensa do Rio, nesse episódio, defende os interesses dos grupos que lhe dão sustentação e prepara o clima sociopolítico, de forma a legitimar a intervenção em curso, criando uma atmosfera de desfecho urgente para a crise, a partir do atentado da rua Toneleros.

O país, segundo o *Diário de Notícias*, de 6 de agosto, sente-se "insultado com o bárbaro assassínio". *O Globo* acrescenta: "Novas revelações sobre o revoltante atentado." O *Correio da Manhã* em manchete destaca "a multidão que acompanhou a pé o major assassinado". O *Diário Carioca* procura evidenciar a reação do público, generalizando a reação: "Chorou a cidade: indignados os militares." E completa: "Povo chora, ajoelha e grita na rua."[44]

Apenas com essas manchetes, percebe-se que os jornais procuram generalizar as reações ao atentado, imputando a toda a população – identificada pelas palavras povo, multidão e cidade – a revolta por um atentado que deve ser visto como brutal, bárbaro e revoltante.

Além disso, publicam matérias em que mostram a reação dos políticos, das Forças Armadas e da Igreja, criando um clima de aparente unanimidade nacional contra o atentado e contra o Governo. A multidão, segundo os periódicos, "gente de todas as classes", o povo, a cidade, o país e a nação condenam o crime. A notícia do *Correio da Manhã*, "Aos gritos pedia a multidão, vamos ao Catete", é representativa para mostrar este clima.

> "O corpo do major Vaz ficou exposto em câmara ardente no Clube da Aeronáutica (...). Foi levado pelo povo, em cortejo fúnebre: verdadeira multidão, composta de gente de todas as classes. Abrindo o cortejo uma faixa com a seguinte inscrição: Para honra da nação confiamos que este crime não fique impune (...). Saindo do Clube da Aeronáutica o cortejo ganhou a Avenida Rio Branco. Lentamente foi seguido. Homens e mulheres, militares e civis avançaram silenciosos (...) Alguém sugere: Pelo Catete! Vamos passar pelo Catete! A sugestão contagia o povo. Erguem-se vozes de revolta incontidas. E o cortejo prossegue em carro funerário. A pé." (*Correio da Manhã*, 6 de agosto de 1954, p. 1-2)

---

[44] Cf. edições do *Diário de Notícias, Diário Carioca, O Globo* e *Correio da Manhã* de 6 de agosto de 1954, p. 1.

Procurando criar fidedignidade a partir do relato, o jornal mostra, pela descrição pormenorizada, o repúdio da população ao atentado e a coragem dos que se opõem ao Governo. O clímax do texto é construído a partir da descrição da reação da população que engloba, de forma indeterminada, homens e mulheres, civil e militar. Ao lado de um representante das Forças Armadas, um homem do povo fala de sua esperança, que, na ótica do jornal, reproduz a de toda a população: "Fé num Brasil mais livre e mais limpo", na medida em que esteja "livre do poder corrupto."

Dez anos depois, na crise de 1964, que culminaria com a deposição do presidente João Goulart, também a imprensa exerce papel de personagem político central no desenrolar da trama. Nesse contexto, as divergências entre a *Tribuna da Imprensa*, de Carlos Lacerda, e a *Última Hora*, de Samuel Wainer, assumem lugar central.

Esse embate deve ser entendido como ação de forças concorrentes pela formulação ou conservação de uma dada visão do mundo social. Assim, esses periódicos lutam por hegemonia, no sentido de Gramsci, tentando conquistar o poder simbólico de fazer ver e fazer crer, predizer e prescrever, dar a conhecer e fazer reconhecer (Bourdieu, 1990:174). A lógica discursiva – envolvendo críticas, confrontos e campanhas entre os jornais – é determinada pela necessidade de os veículos afirmarem suas concepções e legitimarem a identidade construída, na qual se sobressai a imagem de formador de opiniões. Concorrem, pois, pelo papel de divulgador, estruturador e centralizador das visões de mundo da sociedade. Dessa forma, mesmo em confronto, estão situados em campos idênticos. O que sobressai é o jogo retórico e teatral das diferenças e oposições, para exercer o monopólio da enunciação legítima, na qual está embutida a afirmação de um ponto de vista particular para o restante da sociedade, elaborando, dessa forma, representação igualmente tida como legítima (Bourdieu, 1989:175).

Às vésperas do golpe militar de 1º de abril de 1964, a *Tribuna da Imprensa* registra o discurso de João Goulart na Associação dos Subtenentes e Sargentos, no qual enfatiza a necessidade de reformas, como um sinal de que o presidente teria se proclamado "ao lado da sedição e da subversão", prestigiando pessoalmente "o processo de agitação de soldados e sargentos das Forças Armadas" e, assim, negado a "validade e eficácia às leis que regulamentam os militares, que regem as relações entre comandantes e comandados". E continua:

> "Só reconheceu a validade e a eficácia dos sindicatos e demais entidades controladas pelas cúpulas comunistas. Foi um festival de demagogia e indisciplina. (...) Agora no Automóvel Clube, os sediciosos e o Sr. João Goulart estiveram juntos e unidos. Caíram as máscaras e as distâncias. Os sargentos, os fuzileiros navais, os soldados da minoria sediciosa puderam, enfim, reverenciar o seu comandante – presente de corpo e de espírito." (*Tribuna da Imprensa*, 31 março de 1964, p. 1)

O Exército articulado e aliado a setores conservadores desfecharia o golpe contra o governo Goulart no dia seguinte, tomando o poder. A imprensa, quase de forma unânime (a exceção representativa é a do jornal *Última Hora*), dá "vivas" à ação dos militares, afirmando, em inflamados editoriais, a legitimidade do movimento. Um exemplo é o editorial publicado na *Tribuna da Imprensa* intitulado "Pela recuperação do Brasil".

"Escorraçado, amordaçado e acovardado deixou o poder como imperativo da legítima vontade popular, o sr. João Belchior Marques Goulart, infame líder dos comuno-carreirista-negocistas-sindicalistas. Um dos maiores gatunos que a história brasileira já registrou, o sr. João Goulart passa outra vez à história, agora também como um dos grandes covardes que ela já conheceu". (*Tribuna da Imprensa*, 2 abril de 1964, p. 1)

Fazendo eco a esta posição política – como se constituíssem uma mesma materialidade textual tal é a semelhança entre as opiniões –, outros periódicos, que pouco tempo depois se colocariam como opositores ao regime, apoiam integralmente a ação dos militares. Num texto publicado na página 6 da edição de 1º de abril de 1964, sob o título "Não pode continuar", o *Correio da Manhã* afirma que o presidente da República, por ter "se incompatibilizado com seus deveres, com seu juramento, com o Congresso, com as Forças Armadas, com todos os que produz[em]", levara o "país para a subversão", para a "beira da guerra civil e até mesmo a guerra civil", não podendo continuar sendo presidente. E prossegue:

"É demais. O sr. João Goulart destruiu a base da liberdade neste país. Destruiu os fundamentos da nossa independência. Destruiu, por muito tempo, todas as possibilidades do nosso desenvolvimento, tornou difícil as possibilidades de reequilibrar as finanças e a economia do país, e mais difícil ainda as possibilidades de acabar com a miséria do nosso povo, à qual acaba de acrescentar a desgraça de um conflito fratricida. É culpado de um monstruoso crime político. Não pode continuar presidente da República". (*Correio da Manhã*, 1 de abril de 1964, p. 6)

A grande imprensa, quase em uníssono, continua apoiando o movimento militar. Com o editorial Vitória, o *Correio da Manhã* enfatiza:

"A nação saiu vitoriosa com o afastamento do sr. João Goulart da Presidência da República. Não era possível mais suportá-lo em consequência de sua nefasta administração que estabelecia, em todos os setores, o tumulto e a desordem. O país foi vítima de uma terrível provação que abalou a sua própria estrutura democrática". (*Correio da Manhã*, 1º abril de 1964, p. 1)

Mais adiante se coloca no papel de vigilante da ação democrática. Cabe, na construção vigente, à imprensa ser guardiã da Constituição. Mais do que o poder de informar, de formar, os jornais se autoatribuíam a função de vigilante das liberdades democráticas. Têm, sobretudo, função política.

> Todavia, estamos em nossos postos, prontos para defender a Constituição, o Congresso Nacional, a democracia, a liberdade. O afastamento do sr. João [...] não justifica de modo algum um regime de exceção. Não justifica violências nem crimes cometidos contra a liberdade individual e coletiva."

Assim:

> "Não admitimos – e o fazemos com autoridade e isenção que para se restaurar a disciplina se restabeleça o arbítrio de quem quer que seja. Não podemos consentir que levemente se restrinjam a liberdade de imprensa, a liberdade de reunião, a liberdade sindical, a liberdade partidária, ou melhor, que sofra o menor arranhão a livre manifestação das ideias. (*Idem, ibidem*. Grifos nossos)

A imprensa se percebe, pois, como ator político consciente e atuante, portador de uma missão essencialmente política (Aldé, 1997:40). É nesse papel que se arvoram a não admitir e a não poder consentir, se autoatribuindo um lugar de poder muito maior do que o de qualquer outra instituição.

Como comunidade interpretativa (Zelizer, 1992), os jornalistas se instituem como transmissores de conhecimentos, mas sobretudo como orientadores acerca de padrões de comportamento e padrões políticos. A imagem de porta-vozes legítimos da população é fundamental para que tenham direito, na sua argumentação, a apresentar interpretações legítimas do mundo.

No dia 2 de abril de 1964, numa edição em que estampa a manchete "Empossado Mazzilli na Presidência", logo abaixo de um intertítulo que informa "fugiu Goulart e a democracia está sendo restabelecida", também *O Globo* enfatiza o fato de o movimento das Forças Armadas ser a possibilidade de volta da democracia. Em um editorial na primeira página, sob o título Ressurge a Democracia!, sentencia:

> "Vive a Nação dias gloriosos. Porque souberam unir-se todos os patriotas, independente de vinculações políticas, simpatias ou opinião sobre problemas isolados para salvar o que é essencial: a democracia, a lei e a ordem. Graças a decisão e ao heroísmo das Forças Armadas, que obedientes a seus chefes demonstraram a falta de visão dos que tentavam destruir a hierarquia e a disciplina, o Brasil livrou-se do Governo irresponsável, que insistia em arrastá-lo para rumos contrários a sua vocação e tradições". (*O Globo*, 2 abril de 1964, p. 1)

Neste mesmo dia, o *Correio da Manhã* noticia a invasão dos jornais *Tribuna da Imprensa* e *O Globo* por uma tropa de choque de fuzileiros navais.

"Sob a alegação de que cumpriam ordens do Governo, tropas embaladas do Corpo de Fuzileiros Navais impediram ontem pela manhã a circulação de O Globo e da Tribuna da Imprensa, invadindo as redações, paralisando as máquinas e dando ordens aos funcionários para que se retirassem. Nos dois casos, o almirante Candido Aragão compareceu depois de efetuada a ocupação, acompanhado de um assessor portando metralhadora, sendo que no Globo invadiu o gabinete dos diretores e fez uma advertência (sempre com a metralhadora apontada) para que não ousassem desobedecer a ordens". (*Correio da Manhã*, 2 abril de 1964, p. 2)

No dia seguinte, em editorial, repudia não a ação dos militares ao deporem o presidente, mas a investida contra os jornais, estampando com destaque, na página 6, o título Basta: fora a ditadura! O texto, entretanto, investe veementemente contra a destruição dos jornais, deixando clara a aliança entre os periódicos que propugnam pelo papel legítimo de intérpretes da realidade social. E, neste papel, podem tudo falar, tudo fazer. O editorial, na verdade, é um libelo contra o então governador Carlos Lacerda e a investida da DOPS da Guanabara contra alguns jornais.

"A Divisão de Ordem Política e Social da Guanabara informa ter descoberto um plano dos subversivos, para ocupar e empastelar os jornais, inclusive esse jornal. Essa informação não nos assusta. Esses Planos Cohen, pré-fabricados, já não assustam ninguém. Apenas enfeitam de colorido histórico as outras informações, admissões e confissões dessa DOPS, que representa a ordem política e social do sr. Carlos Lacerda". (*Correio da Manhã*, 2 abril de 1964, p. 6)

Em seguida, refere-se explicitamente à invasão do jornal *Última Hora*.

"Só uma ilegalidade a DOPS não confessa, nem menciona: a invasão e a destruição do vespertino Última Hora. Pode-se discordar – como discordamos – da orientação desse jornal. Mas é um jornal. O ataque a esse como a qualquer jornal é crime contra a liberdade de imprensa. Advertimos todos os jornais da Guanabara e do país: se o crime contra aquele vespertino ficar impune, a liberdade de imprensa no Brasil acabou". (*Idem, ibidem*)

O que é importante para os jornais é continuar a exercer o papel de direcionadores da opinião do país, funcionando como atores políticos privilegiados, já que sua orientação, sua opinião e, sobretudo, seus ecos discursivos é que tornam o mundo real para o leitor. Assim, se no momento anterior figuram como adversários, ao ter afetado seu papel de porta-vozes reconhecidos, se unem em favor de um objetivo mais amplo: a construção da imprensa como o lugar do exercício da verdadeira liberdade.

Sob o signo da censura

Analisar o papel da censura durante os anos 1960-70 significa também estabelecer um diálogo com a memória construída acerca da ingerência sobre os meios de comunicação nesse momento, como bem lembra Aquino (2002:514). A autora afirma que alguns trabalhos, elaborados sobre esse período que tem a censura como um de seus aspectos, acabam, por vezes, construindo uma imagem estereotipada da censura vigente durante o regime militar. Essa imagem constrói a ação censória como unilinear e aleatória, agindo ao sabor das circunstâncias, muito em função da ação de agentes individuais, sem correlacionar a lógica da censura ao momento histórico. Nessas construções, o Estado, entendido como sociedade política, seria dotado de uma espécie de vontade própria, responsável pela condução dos destinos da nação. E, por fim, a imprensa vítima do algoz censor, que mesmo assim procura brechas para cumprir a sua "missão" de formar e informar e, por isso, exerce uma luta sem tréguas para restaurar a liberdade de expressão (Aquino, 2002:515).

Há, portanto, idealização na forma como se percebe a atuação da imprensa durante períodos de exceção. Há, também, idealização na divulgação recorrente do discurso de que a imprensa luta bravamente – de maneira indiscriminada e genérica – contra a ação da censura. Na prática, essa luta não é tão uníssona, como também se observam acomodações. Como uma empresa que procura aferir lucros e ganhos simbólicos, a imprensa se defronta entre a construção de um discurso que a coloca num lugar heroico e a sua própria sobrevivência no mercado jornalístico e de bens simbólicos.

A censura política, conduzida em momentos de autoritarismo, geralmente age de forma intermitente, mas não constante, e de maneira diferenciada em relação aos veículos de comunicação. Desde o golpe de 1964, informa Aquino (*Idem*: 516), instauram-se mecanismos para controlar as informações veiculadas. Há a preocupação com o armazenamento de informações e com a divulgação que a imprensa poderia produzir para o público. Assim, em 1964, cria-se o Serviço Nacional de Informações (SNI) e, no final da década, estruturam-se os centros de informação do Exército (CIE), da Aeronáutica (CISA) e se rearticula o centro da Marinha (CENIMAR) (D'Araújo, 1994).

No período imediatamente após o golpe e até 1968, a forma mais comum de controle da informação é o telefonema para as redações de jornais proibindo a divulgação de notícias. Mas é principalmente a partir da edição do AI-5 que a ação da censura é mais contundente. Aquino (2002) atribui esse fato ao acirramento das tensões entre o governo e instituições da sociedade civil e das relações no interior da Forças Armadas. Outros autores (Marconi: 1980) localizam esse recrudescimento a partir de outubro de 1968, dois meses antes da edição do Ato Institucional, com a invasão da *Tribuna da Imprensa*[45] por censores militares. Também o *Jornal do Brasil* é, no mesmo período, colocado sob censura prévia.

> "Enquanto o Presidente Castelo Branco se negava a adotar qualquer medida restritiva da liberdade de imprensa, violências contra jornais e jornalistas se verificavam aqui e ali, fora dos grandes centros, e pressão se exercia sobre a atividade jornalística, por parte de autoridades encarregadas da segurança. Deve-se registrar, entretanto, que, no seu primeiro estágio, o governo revolucionário evitou obstruir a livre circulação das ideias, das opiniões e das informações." (Jobim, 1984:25)

O depoimento de Danton Jobim revela a existência de formas de pressão e controle que extrapolam as determinações do Executivo. Investidos no papel de exercer a segurança, os agentes encarregados de fazer funcionar a máquina burocrática do controle das informações agem de forma autoritária, ainda que na prática não existam medidas legais que os respaldem.

No período Costa e Silva a situação se agrava.

> "Já no segundo estágio, o período Costa e Silva, repetiu-se aquela situação que se instalaria sob o Governo Provisório da Primeira República. Começou a inquietar os círculos ligados à segurança, sobretudo militares, o comportamento da imprensa. Afirmou-se que os jornais e os grandes magazines não sintonizavam sua dupla tarefa de informar e orientar com o esforço dos órgãos controlados pelos militares, empenhados em fazer frente à guerra revolucionária; que, ao denunciar violências dos agentes do Governo ou explorar os acontecimentos, estimulavam agitadores e contagiavam grupos sociais vulneráveis à ação subversiva organizada; que se achando o país a braços com a guerra revolucionária, das quais eram episódios as manifestações estudantis e os atentados terroristas, não se concebia que a imprensa tratasse tão

---

[45] Em outubro de 1961, o então governador da Guanabara, Carlos Lacerda, vende a *Tribuna da Imprensa* a Manuel Francisco do Nascimento Brito, que entrega sua direção a Mário Faustino e Paulo Francis. Pouco tempo depois, em 12 de março de 1962, o jornal é vendido a Hélio Fernandes. Sob sua direção a *Tribuna* faz oposição a Goulart, apoia o golpe de 64, mas, em seguida, passa a combater o governo Castelo Branco. Quatro dias antes das eleições legislativas de 1966, Hélio Fernandes tem sua candidatura a deputado federal pelo MDB impugnada. Em julho de 1967, por ocasião da morte de Castelo Branco, escreve violento editorial sobre o ex-presidente, que provoca indignação nas Forças Armadas e o leva à prisão, durante 30 dias, em Fernando de Noronha. Ver *DHBB, op. cit.*

levianamente os temas explosivos que vinha expondo não apenas com realismo, mas com exagero sensacionalista." (Jobim, *Idem, ibidem*)

O argumento usado pelo Governo para a instauração da censura coloca em evidência o papel que se atribui naquele momento aos meios de comunicação: além de informar, estes deveriam "orientar" a população, tutelados pelo Executivo. Assim, os conteúdos que poderiam servir de estímulo à oposição aos militares deveriam ser alijados das publicações. O argumento de que se vive um período de "guerra" (promovida pelos estudantes e pelos "terroristas") serve para justificar as ações de exceção.

Se, inicialmente, no momento de deflagração do golpe militar, a grande imprensa e as Forças Armadas formam um bloco hegemônico no sentido de conseguir a dissolução do governo constitucional (o que segundo os atores que participam desse processo, é fundamental para o sucesso do movimento de abril de 1964), no momento seguinte essa aliança se dissolve. "A grande imprensa e as Forças Armadas, dois fatores de cuja aliança resultou, em boa parte, a Revolução, por fim se dissociavam." (Jobim, *Idem, ibidem*)

Logo após o episódio que resultou na morte do estudante secundarista Edson Luís no restaurante do Calabouço, há o recrudescimento da ação repressiva contra alguns jornais. Na edição de 5 de abril de 1968, sob o título <u>Violência</u>, o *Correio da Manhã* descreve o que chama "atos deprimentes contra a liberdade de imprensa praticados pela milícia armada".

"Repórteres e fotógrafos eram caçados, ameaçados ou agredidos em via pública pelos beleguins, quando cumprindo a sua missão. (...) E culminaram essa façanha na hora em que, através do ofício do CONTEL, o Governo retirou do ar a Rádio Jornal do Brasil, porque esta emissora realizava a tarefa normal e natural de qualquer órgão de imprensa, isto é, informar e relatar os acontecimentos". (*Correio da Manhã*, 5 abril de 1968, p. 1)

No dia seguinte, o jornal denuncia a prisão de jornalistas:

Para não serem fotografados enquanto transportavam mais de 300 pessoas que haviam saído do cinema Metro-Copacabana e Art-Palácio, oficiais e soldados do Forte de Copacabana prenderam na madrugada de ontem, na esquina da Av. Atlântica com Joaquim Nabuco, um repórter do Correio da Manhã, um motorista e quatro repórteres do Jornal do Brasil, levando-os para o Forte, dentro da camioneta". (*Correio da Manhã*, 6 abril de 1968, p. 3)

Na página 5 publicam a íntegra da Portaria nº 117 – GB, que proíbe a ação da Frente Ampla e a divulgação de qualquer atividade dessa Frente. O documento determina às autoridades policiais "a prisão em flagrante delito de todos quantos forem encontrados violando a proibição inserta no artigo 16, item III, do Ato Institucional nº 2 de 27 de outubro de 1965, combinado com o disposto no Ato Complementar nº 1 da mesma data". Determina ainda a apreensão de livros, jornais ou quaisquer publicações que divulguem manifestações de pessoas ligadas à Frente Ampla. (*Correio da Manhã*, 6 abril de 1968, p. 5)

A censura age – segundo depoimentos dos personagens que vivem o cotidiano das redações neste período[46] – por meio de telefonemas ou bilhetes encaminhados às redações ou através da censura prévia, normalmente quando o jornal se recusa a aceitar as ordens ou por haver o entendimento de que seria necessário maior controle de determinado veículo. Neste caso, os censores instalam-se nas redações e são encarregados de vetar, integral ou parcialmente, as matérias, antes de sua publicação.

> "Havia censura da polícia e aquela que era feita através da troca de favores. Os donos dos jornais telefonavam para o governo pedindo favores e assim também o governo se achava no direito de telefonar para pedir que não fossem publicadas certas notícias. É muito importante estabelecer o seguinte: dos jornais diários brasileiros, só quem tem teve censura prévia foi a Tribuna da Imprensa que iria completar 10 anos agora no dia [...] de [...] O Estado de São Paulo e Jornal da Tarde por 20 meses. Só, mais nada. Não houve censura prévia em nenhum outro jornal diário. Nos semanários [...] realmente." (Fernandes, Hélio. Depoimento a Marconi, em 22 setembro de 1978, *op. cit.*: 167)

Se, inicialmente, a censura fica a cargo das Forças Armadas (Hélio Fernandes em seu depoimento a Marconi descreve as visitas recebidas na *Tribuna* de coronéis do Exército e outros oficiais, para tentar persuadi-lo num primeiro momento e num segundo para exercer a censura prévia), num segundo momento passa a ser de responsabilidade do Ministério da Justiça e, finalmente, da Polícia Federal.

Quanto ao aspecto legal, enfatiza Aquino (*op. cit.*: 519), a única tentativa de regulamentação do exercício da censura prévia ocorre com a introdução de adendos ao Artigo 153, § 8º, da Constituição de 1967. Esses adendos são introduzidos pelo Decreto-lei nº 1077 de 26 de janeiro de 1970. A parte final estabelece que "não serão toleradas as publicações e exteriorizações contrárias à moral e aos bons costumes". O decreto relaciona eventuais proibições a "um plano subversivo que põe em risco a

---

[46] Cf. Chagas, Carlos. In: *113 dias de angústia*. Porto Alegre: L&PM Editores, 1979; Dines, Alberto. Depoimento a Marconi (1978), entre outros.

segurança nacional" e encarrega o Ministério da Justiça e a Polícia Federal, por meio do Conselho Superior de Censura e do Juizado de Menores, de cercear as publicações, podendo inclusive determinar a busca e apreensão de todos os exemplares.

A *Tribuna da Imprensa* é ocupada por censores militares em outubro de 1968, dois meses antes da edição do AI-5. O *Jornal do Brasil* é colocado sob censura prévia de dezembro de 1968 a janeiro de 1969. O *Estado de S. Paulo* e o *Jornal da Tarde* têm suas edições apreendidas pela polícia, no mesmo período. A ação censória à imprensa perdura, com intensidade variada, de 1969 a 1978. No período, a então proprietária do *Correio da Manhã*, Niomar Muniz Sodré Bittencourt, é presa, ficando 23 dias em regime de incomunicabilidade. A justificativa recai no fato de o jornal ter publicado artigos e reportagens de cunho oposicionista. Em 11 de setembro daquele ano, o jornal é arrendado[47]. A recapitulação dos fatos que antecederam a mudança de direção do periódico aparece no editorial "Retirada":

> "Para inventariar os fatos mais recentes e significativos recordarei apenas que no dia 7 de dezembro de 1968 uma bomba de alto teor explosivo foi atirada contra a nossa agência da Av. Rio Branco, recém-reformada. A 13 do mesmo mês, tivemos a redação invadida por policiais, de metralhadoras e revólveres, para prenderem, não a mim, mas ao nosso diretor-superintendente e redator chefe Osvaldo Peralva, e que só foi posto em liberdade no dia 28. Em 7 de janeiro de 1969, toda a edição do Correio da Manhã foi apreendida, antes mesmo de ser integralmente impressa, e todos nós fomos arrastados ao cárcere, ficando ainda a Casa submetida a regime de terror. A 16 de fevereiro o jornal teve a sua circulação suspensa por 5 dias, enquanto a nossa sede, escritórios, agências e oficinas gráficas – que imprimiam outros jornais – foram interditados pela política. A 12 de março, em decorrência de todos esses fatos, a Empresa era compelida a pedir concordata preventiva, a fim de evitar o pior, que seria a falência". (*Correio da Manhã*, 11 setembro de 1969, p. 1)

Assim, ainda que haja múltiplas formas censórias à imprensa, sobretudo no período pós-AI-5, há que se considerar também que a reação da imprensa também é diversificada. Há aqueles que optam por aceitar as ordens que chegam à redação por meio de bilhetes e telefonemas; há aqueles que de fato sofrem censura prévia e há aqueles que promovem um discurso de inclusão no ato censório posteriormente a sua

---

[47] Em 1969 o *Correio da Manhã* foi arrendado por um prazo de cinco anos a um grupo liderado por Maurício Nunes de Alencar, irmão de Marcelo Alencar, que viria a ser governador do Rio de Janeiro, ligado à Companhia Metropolitana, uma das maiores empreiteiras de obras do país. O jornal deixaria de circular em 8 de julho de 1974. Sobre o período final do *Correio da Manhã,* cf. o próximo capítulo.

efetiva existência, como forma de se incluir num movimento de defesa do interesse do público. Para muitos jornalistas e para muitos jornais é mais interessante construir uma história de destemor e de lutas – sendo identificado como portadores dos anseios do público – do que revelar as aproximações que de fato têm com o poder.

A maioria dos jornais curva-se às ordens superiores, introjetando o discurso proibitivo antes mesmo que ele chegue às redações. Já os que tentam exercer oposição ao regime, são submetidos à ação da censura, como a *Tribuna da Imprensa*.

"Você pode dizer que havia um clima de intimidação, é verdade. O clima não era propício ao jornalismo, não era. Mas um jornal, embora seja uma empresa, é um negócio diferente de um supermercado. Se você resolve fazer um jornal, mesmo que o clima seja intimidativo, enquanto não botam a garrucha na sua garganta você é obrigado a gritar. Meu lema sempre foi esse". (Fernandes, Hélio citado por Marconi, *op. cit.*: 60)

A censura prévia exercida por censor enviado à redação é aplicada de modo pontual e, sobretudo, sem regras claras (Kucinski, 2002:534). Para Kucinski, entretanto, esses movimentos incidentes de censura são frequentes. Citando o levantamento realizado por Paolo Marconi (1979) e as conclusões de Aquino (1990), o autor procura mostrar que a censura se direciona a uma multiplicidade de assuntos e com uma frequência também digna de nota. A frequência e a incidência de bilhetinhos e telefonemas aos jornais sobre temas proibidos ou sensíveis, conforme levantamento de Marconi, sugerem uma atividade ampla.

Para Kucinski, é a falta de regras claras para a aplicação de censura prévia que leva os jornais a adotarem cada vez mais a autocensura. "Antecipando-se a essas represálias, imprevisíveis, tentando adivinhar as idiossincrasias do sistema, jornalistas, editores e donos de jornais esmeravam-se na autocensura, no controle antecipado e voluntário das informações" (*Idem*: 526). Segundo ele, o exercício generalizado da autocensura, estimulado por atos isolados de censura, determina o padrão de controle da informação durante os dezessete anos do regime autoritário, sendo os demais métodos – censura prévia e expurgos de jornalistas – acessórios e, sobretudo, instrumentais para a implantação da autocensura. Isso também explicaria, na opinião de Kucinski, o fato de "apenas quinze jornalistas terem sido processados por crime de imprensa, a maioria em casos ligados a denúncias de corrupção ou mandonismo" (*op. cit.*: 536).

Parece demasiadamente simplista explicar essa falta de envolvimento contra o cerceamento da liberdade de imprensa e a ampla inclusão e aderência ao regime autoritário por uma espécie de medo prévio da censura. Preferimos acreditar que, tal como estamos mostrando, historicamente o jornalismo e os jornalistas se imiscuem às cercanias do poder, procurando as benesses daí advindas. A construção de defensores do bem comum, dos interesses públicos, das liberdades democráticas é muito mais um efeito discursivo – no caso da imprensa brasileira – do que, de fato, se configura na prática. E esse discurso contribui para a ampliação do público, através da construção de um lugar simbólico onde se destaca o papel de defensores do bem comum e dos anseios da população de maneira geral. Com isso, se autoconfiguram como intermediários entre o poder e o público, referendando o seu lugar de poder.

Alguns jornalistas – enfatizando ainda mais a construção mítica da profissão – justificam o posicionamento dos jornalistas durante o período ditatorial, quando a maioria se adequa aos padrões da autocensura, em função da "paixão pela profissão". Para eles, é o fato de os jornalistas não conseguirem viver longe da atividade que faz com que se comportem de acordo com que o que é preconizado pela sociedade política e referendado pela direção do jornal.

> "Mas a atmosfera da redação freia você, porque o jornalista é um homem extremamente dependente do emprego. Não só do salário. É que o jornalista é jornalista no fundo porque gosta, porque precisa ser jornalista. Ele tem um compromisso com o imediato, com a ansiedade do dia seguinte, com aquela ponte de que falei, entre o ontem e o amanhã. Ele vibra com aquilo, é como se fosse quase uma atividade de arte dele. Ele seria capaz de trabalhar até de graça. Por que os salários são baixos? Por isso, porque o apelo da profissão é enorme. Qualquer pessoa quer entrar na redação de um jornal, é fascinante. Não é apenas para se prestigiar, 'sou jornalista, posso dar uma notícia desse ou daquele". (Coutto, Francisco Pedro do. *Depoimento ao CPDOC*. Rio de Janeiro, *CPDOC/Alerj*, 1998)

Assim, é o simbolismo que a profissão desempenha – o poder simbólico que de fato possui –, na argumentação do jornalista, que faz com que todas as ações sejam desculpadas. É como se tudo fosse válido, desde que assim continue a ser jornalista:

> "O que eu estou dizendo é que você entra numa redação e vê hoje o que vai sair amanhã. Às vezes, em algumas redações, há pessoas extremamente inteligentes, informais. Essa comunicação, esse aprendizado informal, aprender sem saber que está aprendendo, isso é fantástico. Não tem prova, não tem nada disso. A prova é você, como no futebol: entrou lá e jogou, a prova é essa. O jornalista é extremamente dependente, e tem um cuidado muito grande com a sua atuação para não perder o emprego. Porque se ele perder o emprego, se ele deixar de ser jornalista, cai numa tristeza profunda". (*Idem, ibidem*)

Ao ser perguntado como era efetivamente a ação dos jornalistas num período em que estão submetidos "à rigorosa censura", o jornalista argumenta dizendo que jamais o jornalista consegue dizer o que quer e que neste período utiliza as "brechas" para divulgar o que deseja. Entretanto, no seu ato memorável constrói um discurso subjetivo, em que de fato não responde a questão que lhe é destinada. Para ele, dizer alguma coisa era sempre melhor que nada dizer. Com isso, referenda uma vez mais o poder individual que possui pelo fato de ser detentor da palavra.

"Se alguém for trabalhar num jornal, numa rádio ou numa televisão, e achar que pode escrever ou dizer o que quiser, está redondamente enganado, não vai conseguir. Mas nós sabemos que existem brechas, e isso sempre existirá. Toda vontade humana, todo pensamento humano, todo comportamento humano, ao longo da história da humanidade, sempre encontrou uma forma de expressão. Nunca conseguiu ser abafado integralmente, é impossível. Da mesma maneira não se inventou até hoje nenhum sistema de poder capaz de contentar a todos os seus componentes. Isso não existe, nunca existiu, alguém vai ficar de fora, alguém vai ficar contrariado. Mas você sempre encontra uma forma de expressão. Você pensa: hoje não pude dizer isso, mas se eu sair fora daqui, aí mesmo é que vou dizer zero". (*Idem, ibidem*)

Há, portanto, no período posterior ao AI-5 muito mais autocensura nos órgãos de imprensa do que censura prévia. Decide-se não publicar determinados conteúdos, obedecendo a "ordens superiores" extremamente vagas que estão mais no imaginário dos jornalistas, do que efetivamente na ação dos detentores do poder. Mas, mesmo naquelas publicações em que há efetivamente censura – *O Estado de S. Paulo*, o *Jornal da Tarde*, a *Tribuna da Imprensa*, a revista *Veja*, além dos jornais da chamada imprensa alternativa como *O Pasquim* e *Opinião* –, a ação é diversa, variando de censor para censor.

Exemplo disso é o depoimento de Ziraldo, descrevendo a censura no *Pasquim*, exercida por uma "certa Dona Marina", que ele qualifica como "pessoa cordial". Dona Marina, segundo ele, exerce sua atividade na própria redação do periódico e que o pessoal da redação bebia ao longo do dia, hábito que também agradava à censora. Entre um drinque e outro, as matérias iam sendo liberadas, até que a censora foi demitida por não ter vetado uma charge de Ziraldo sobre um quadro de Pedro Américo (Aquino, *op. cit.*: 521).

Em depoimento a Pinheiro Machado, Fernando Gasparian, diretor do semanário *Opinião*, explica como funciona o sistema de censura prévia na redação no caso daquele jornal, havendo inclusive possibilidade de discutir e questionar os cortes com os encarregados da vigilância:

"Mas como a censura era feita ainda na redação, era possível discutir e questionar os cortes – e sempre passava alguma coisa. Às vezes, ganhávamos no cansaço: estávamos baixando a matéria de madrugada, por exemplo, às 3 ou 4 horas da manhã, os censores estavam com sono, acabavam liberando muita coisa para abreviar as discussões e irem dormir." (Machado, 1978:27)

Clientelista e ligada ao poder, como forma de construir estratégias empresariais, a imprensa, também nas décadas de 1960 e 1970, faria dessa aproximação não só estratégia de sobrevivência, mas forma para atingir o sucesso. A autocensura passou a ser uma espécie de palavra de ordem, fundamental para a aproximação com as cercanias do poder.

"Há jornais e revistas que realizam a autocensura de modo a merecer até elogios das autoridades. Optaram pela autocensura como solução cômoda. Não publicam um comentário, uma só notícia que, de algum modo, possa suscitar o desagrado daqueles que tutelam a imprensa. Muito diferente é a situação dos órgãos independentes que não se deixam intimidar, que não abdicam de suas responsabilidades perante o público." (Neto, Julio de Mesquita, citado por Marconi, *op. cit.*: 61)

Ao realizar uma comparação relativa à ação da censura em diferentes publicações a partir de 1970, Gláucio Ary Dillon Soares (1989) observa que "as proibições foram mais numerosas durante a ditadura de Garrastazu Médici, mantiveram-se altas durante o primeiro ano de Geisel, declinando rapidamente a partir de 1975". Aquino, entretanto, discorda desse agrupamento de Soares, uma vez que, para ela, o que marca o período censório é a diversidade de ações e de intensidade em relação aos múltiplos veículos de comunicação.

Ao analisar especificamente o caso dos jornais *Movimento*, *O São Paulo* e *Tribuna da Imprensa*, observa que não há o declínio da ação da censura, uma vez que a censura prévia só foi abolida em 1978. O jornal *Movimento*, fundado em julho de 1975, foi censurado desde o seu primeiro número até a edição de número 152, de 5 de junho de 1978 (Aquino, *op. cit.*: 529-230).

O uso generalizado de autocensura na grande imprensa, do qual participam, no nosso entender, não apenas os proprietários dos jornais, mas também os jornalistas, mostra que há um altíssimo grau de adesão dos meios de comunicação[48]. A imprensa foi complacente ou ignorou a sistemática ação repressora, que resultou na morte de milhares de pessoas nas dependências militares do regime. Cons-

---

[48] Cf., sobretudo, Aquino (1990) e Soares (1989).

truiu também em uníssono um discurso que destacava os "milagres" econômicos do período e negava o empobrecimento da população. Amplificou também as glórias esportivas nacionais como se fossem de toda a população.

Claro que há vozes discordantes, como enfatiza Kucinski (2002), mas essas são pontuais e, de maneira alguma, se constituem como um movimento da imprensa. Entre essas dissonâncias, Kucinski, aponta no caso da imprensa carioca, a ação de Niomar Muniz Sodré, proprietária do *Correio da Manhã*, que "se recusa a promover um expurgo no jornal", sendo presa, como já descrevemos em momento anterior deste capítulo. Aponta ainda as muitas vezes em que Hélio Fernandes, diretor da *Tribuna da Imprensa*, é preso e a prisão da equipe de *O Pasquim*, em novembro de 1970.

Há, portanto, segundo o argumento de Kucinski (*op. cit.*: 545), um processo de depuração de quadros jornalísticos para favorecer o regime, o que não irá ser suficiente a partir do período da chamada abertura lenta, gradual e segura. Já não basta a autocensura: agora é preciso criar um discurso consensual em torno do padrão de abertura política e neste papel o discurso jornalístico seria, mais uma vez, imprescindível[49].

Faro (1981) destaca ainda o papel da Secretaria de Comunicação (Secom) da Presidência da República na construção desse novo viés ideológico e, sobretudo do Governo Figueiredo (1979-1985), aos comunicadores o dever de motivar e conscientizar o público para obter sua participação voluntária na solução dos problemas nacionais ou mesmo locais". (Bases para uma política de comunicação social no governo João Batista Figueiredo In: *O Estado de S. Paulo*, 12 dezembro de 1979, citado por Faro, *op. cit.*: 91)

A complexidade da ação da Secom – que mostra a contradição do regime naquele momento, debatendo-se entre a necessidade de manutenção do autoritarismo e projetos de liberalização – faz da autopromoção generalizada das ações do governo, via seus braços de atuação, leia-se as assessorias de comunicação que irão proliferar sobretudo nas empresas estatais na década de 1970, um de seus movimentos mais importantes.

Quanto aos jornais diários do Rio de Janeiro, cabe assinalar o processo de concentração por que passariam, fazendo com que houvesse cada vez mais, a partir dos anos 1970, um menor número de publicações diárias na cidade. Merece destaque também o novo sensacionalismo que vigoraria na imprensa popular de grande tiragem, representada sobretudo por *O Dia*, que mostraremos a seguir.

---

[49] A história da aliança entre os jornalistas e o general Golbery do Couto e Silva durante a abertura é estudada por Duarte (1987).

VIII. Cenários dos anos 1970-80:
Crise do *Correio da Manhã* e novo sensacionalismo

> "O Globo publicou no dia 9 deste mês, as suas declarações sobre o caso do Correio. No dia 18, o Maurício Alencar usou do direito de resposta. Não quero que essa polêmica se trave nas colunas do O Globo. Estamos asfixiados com o preço do papel e estamos comprimindo cada dia mais o jornal. Não publicarei, também, mais nada do que pedir o Maurício Alencar. Por isso, muito a contragosto, deixo de publicar a sua carta. Um abraço do Roberto". (Carta de Roberto Marinho a Niomar Bittencourt, 21 de junho de 1974. NMS 69.09.07. *Documentos CPDOC*)

A carta de Roberto Marinho, dono de *O Globo*, à proprietária do *Correio da Manhã*, Niomar Bittencourt, no auge da crise do jornal, que levaria ao seu término dias depois, em 8 de julho de 1974, serve para introduzir um dos cenários mais expressivos da década de 1970, na imprensa carioca: o desaparecimento de inúmeros periódicos.

Nos anos 1970, deixam de circular além do *Correio da Manhã* (1901-1974), o *Diário de Notícias* (1930-1976)[50], *Diário Carioca* (1928-1965)[51] e *O Jornal* (1919-

---

[50] A crise financeira do jornal acentua-se na década de 1960, fazendo com que alcance um déficit, em 1968, de cerca de Cr$ 8 milhões. O proprietário do periódico João Dantas passa o *Diário* para Delfim Neto, então ministro da Fazenda. Pouco tempo depois, o matutino é vendido ao deputado Ricardo Fiúza. Em 1974, o jornal passa para as mãos de Joaquim Pires Ferreira e, deste, para Olímpio de Campos, que o edita até novembro de 1976, quando saiu o seu último número. Cf. Ribeiro, 2000: 72.

[51] Ribeiro (2000: 97-98) identifica o início da crise do *Diário Carioca* em 1957, quando a tiragem média do jornal atinge menos de 20 mil exemplares. Em 1961, no início do governo de Jânio Quadros, é vendido a Arnon de Mello, político udenista de Alagoas (pai do futuro presidente Fernando Collor de Melo). Um ano depois, novamente é vendido, desta vez a Danton Jobim. A partir daí, apoia o governo de João Goulart. A adesão à política trabalhista (expressa no apoio a JK e a Jango) marca o início da decadência do jornal. "As tiragens diminuíam conforme o jornal ia perdendo sua influência política, tradicionalmente identificada a uma postura oposicionista. Em 1965, Horácio de Carvalho readquiriu o jornal, para fechá-lo com a propriedade do título. O último número saiu dia 31 de dezembro."

1974)⁵². Outros, como *Última Hora*⁵³ em nada mais lembra o jornal popular dos anos 1950/60, estando em processo de franca decadência.

Paralelamente, no final da década, em novembro de 1979, como resultado direto do realinhamento do público em função do processo de concentração, em decorrência das reformas tecnológicas e editoriais entre outros fatores, *O Globo* passa a ser, de maneira inconteste, líder em termos de tiragens, ultrapassando a marca dos 400 mil exemplares diários, na edição de 11 de novembro de 1979, 25% a mais do que a média das edições dominicais em 1978: 303.279 exemplares (Bahia, 1990:352).

Vinte e quatro horas depois do anúncio de *O Globo*, *O Dia* declara ter vendido 401.598 exemplares, ou seja, 1.598 a mais do que o concorrente. Segundo entrevista publicada na época, os diretores de *O Globo* atribuem o crescimento das vendas a diversos fatores, destacando entre eles a utilização da nova rotativa alemã Gross, que permitia uma melhor impressão a cores. "Cada vez que o jornal usa cor, as vendas sobem", diz seu diretor de produção, João Roberto Marinho (*apud* Bahia, *op. cit.*: 353). Nos dias úteis a tiragem do jornal é de 220 mil exemplares.

No início dos anos 1970, o maior contingente de jornais do país localiza-se em São Paulo (229 jornais e 210 revistas). O Rio de Janeiro ocupa a quarta posição, atrás do Rio Grande e do Sul e de Minas Gerais, tendo editado naquele ano 39 jornais. (*Veículos Brasileiros de Publicidade*, 1971). Em 1978, estimativas feitas pelo Instituto Marplan e pelo Instituto Verificador de Circulação indicam que as tiragens médias dos 31 jornais do país, incluindo os do Rio de Janeiro, atingem 5.932.648 exemplares. A média de leitor por exemplar é de 4,6. Aos domingos, *O Globo* tem uma tiragem média de 265.705 exemplares e o *Jornal do Brasil*, 253.971. O maior número de leitores por edição dominical é atribuído a *O Globo*: 1 milhão 726 mil. Na década seguinte já é lido diariamente por 2 milhões e 377 leitores, enquanto que *O Dia* atinge 1 milhão 962 mil (*XXV Estudos Marplan*, 1986).

---

[52] Após nova reformulação gráfica e editorial do jornal, realizada sob o comando de Estácio Ramos, em 1973, no ano seguinte os dirigentes dos *Diários Associados* decidem fechar o jornal, pois frente à situação financeira do grupo optaram por manter no Rio de Janeiro o periódico de maior patrimônio: no caso o *Jornal do Commercio*. Cf. Ribeiro, 2000: 63.

[53] Quando ocorre o Golpe de 1964, *Última Hora* vive um processo de plena expansão, mas a mudança dos rumos políticos do país leva Samuel Wainer ao exílio e termina destruindo o seu império jornalístico. A *UH* paulista passa, em 1965, para o controle do grupo *Folha*, fechando em 1979. Os jornais nos outros estados também são transferidos para outros proprietários ou simplesmente fechados. Só a *UH* carioca resiste. Mas como tem que paulatinamente sacrificando a parte editorial – reduzindo o número de páginas, dispensando grandes colunistas, etc. –, o jornal perde pouco a pouco leitores. Em abril de 1971, Wainer vende a *UH* do Rio por 1,5 milhão de dólares para o empreiteiro Maurício Nunes de Alencar, da Cia. Metropolitana, mesmo grupo que, desde 1969, controlava o *Correio da Manhã*. Em 1973, o jornal passa para um outro consórcio (a Arca Editora S A), dirigido por Ary de Carvalho, mantendo-se em atividade ainda por nove anos. (Ribeiro *op. cit.*)

Em 1950, existem no Rio de Janeiro 22 jornais diários, entre matutinos e vespertinos. Dez anos depois o número se reduz para 16 jornais diários e, no final de 1970, chega a apenas a sete (Abreu, 2002:18). O que leva ao desaparecimento de um número tão elevado de jornais? O que faz com que a década de 1970 seja marcada pelo sucesso de *O Globo* e de *O Dia*? Como se dá a crise e por que ocorre o drástico processo de concentração dos jornais diários?

A explicação de o desaparecimento estar relacionado ao elevado do custo do papel (Abreu, *op. cit.*: 18) não parece ser suficiente. Outros fatores são, no nosso entender, determinantes para a nova configuração do mercado jornalístico carioca.

A crise do *Correio*, que descreveremos a seguir, funciona como uma espécie de metonímia do processo que leva ao desaparecimento de diversos periódicos na década. As ingerências de natureza política, os desmandos administrativos – resultado muitas vezes da adoção de um modelo que fazia do clientilismo e do favorecimento prática diária para o sucesso das publicações –, somados à mudança de cenário político, econômico e midiático são responsáveis direitos ou indiretos pelo processo de concentração por que passa a imprensa diária do Rio de Janeiro.

Frente a um momento em que a política sai de cena como discurso simbólico dominante perante o universo cultural do público, apartando definitivamente a polêmica do noticiário (processo que começa na década anterior), os diários assumem uma nova face que não encontra resposta do público. Num momento em que, por força da conjuntura política, não há mais pluralidade de espaços para o exercício de sectarismos e tomadas de posição – que resultam a maioria das vezes em favorecimentos administrativos e financeiros – cabe ao grupo que melhor serve naquele momento às elites políticas (até porque domina com sucesso outras esferas midiáticas, incluindo o rádio e a televisão), no caso *O Globo*, alcançar sucesso empresarial cada vez mais representativo.

Assim, ainda que a crise do petróleo na década de 1970, fazendo com que o custo do papel de imprensa passe, em 1971, de US$ 171.00, a tonelada, para US$ 320.00, três anos depois, representando um aumento de 187% (Abreu, *op. cit.*: 18), tenha sido importante para explicar o desencadeamento do processo de fechamento de muitos jornais, há que se acrescentar outros fatores, no qual se deve incluir também a simbolização da palavra impressa numa década em que a imagem passará a dominar o universo cultural do público.

Ao lado disso, a perda da característica historicamente determinante da amplificação discursiva dos jornais – a polêmica política – é fundamental para a quebra de referências de identificação do público. Se a discussão política, a polêmica, as controvérsias estão definitivamente longe do jornalismo diário, o público também não encontra mais os parâmetros culturais aos quais tradicionalmente identificam os jornais diários na sua formatação narrativa.

Assim, para além de motivos de natureza econômica – o aumento do papel de imprensa entre outras consequências do chamado "choque do petróleo" –, de natureza política – sobretudo o alijamento do noticiário de temas desse universo discursivo, ao lado das perseguições que sofrem alguns periódicos e que terão consequências administrativas significativas –, de natureza organizacional – como por exemplo favorecimentos e clientelismos, configurando uma dependência econômica baseada em alinhamentos políticos de ocasião e a visualização dos processos de reforma como espécie de tábua de salvação para as crises financeiras –, há que se incluir explicações que envolvem necessariamente questões de natureza cultural.

A crise do *Correio da Manhã*

As mudanças por que passa a imprensa da cidade se iniciam com uma crise representativa e que culminará com o desaparecimento do *Correio da Manhã*, em meados dos anos 1970, mas que a rigor já é sentida desde a década anterior.

Em 7 de setembro de 1969 é assinado um contrato entre Niomar Moniz Sodré Bittencourt, diretora proprietária do Correio da Manhã S/A, desde a morte de seu marido Paulo Bittencourt, e Maurício Nunes de Alencar e Frederico A. Gomes da Silva, do grupo de empresas que tinha na Cia. Metropolitana de Construções (atuando no ramo de estradas de rodagem) a sua principal organização. O contrato entra em vigor no dia 13 de setembro daquele ano, pelo prazo de quatro anos e cinco meses, devendo expirar-se no dia 12 de fevereiro de 1974. Por este contrato, a Cia. Metropolitana adquire o direito de utilizar o parque gráfico, as instalações administrativas, a redação na sede e nas sucursais e o título *Correio da Manhã* para publicar o jornal. A empresa Correio da Manhã S/A continua em mãos de Niomar Bittencourt, que teria como principal função supervisionar a execução do contrato (NMS 69.09.07. Resumo da Aplicação do Contrato. Arquivo *CPDOC, FGV*).

O interesse de um grupo empresarial do ramo de construção de estradas de rodagem é explicado em função das ligações existentes entre esses empresários e o futuro ministro dos Transportes, Mário Andreazza, que possui aspirações políticas maiores. Para tanto necessita de um jornal para lhe dar sustentação.

> "A história é que eles tinham feito um acordo, de apoiar a candidatura Andreazza, que tinha o respaldo total do Costa e Silva. Acontece que os planejamentos existem para não dar certo. Costa e Silva teve o derrame cerebral e ficou afastado. Mas eles tinham assumido o compromisso e acharam que talvez o Costa e Silva se recuperasse, e o Andreazza pudesse tocar a candidatura para a frente. O grupo então arrendou o *Correio da Manhã*, assumiu a dívida, botou

os salários em dia, porque havia um atraso, e tocou". (Coutto, Francisco Pedro do. *Depoimento ao CPDOC*. Rio de Janeiro, *CPDOC/Alerj*, 1998)

A crise do *Correio da Manhã* se estende desde as décadas anteriores. No governo JK o dólar papel para os jornais custava um terço do valor real da moeda americana. Com isso, os jornais importavam com facilidade de câmbio grande quantidade de papel e obtinham maior lucratividade, já que o custo de operação era reduzido. O *Correio da Manhã* materializava essas facilidades na reprodução de inúmeros cadernos nas edições de domingo, quando vendia, segundo depoimentos da época, 145 mil exemplares.

No governo Jânio Quadros, além do valor do cruzeiro ter sido desvalorizado em relação ao dólar, acabou o câmbio favorecido da imprensa. Além disso, terminou a isenção do imposto de renda para os jornais e para os jornalistas. Aliado a tudo isso, iniciou-se o processo de divisão do montante de publicidade com outros meios de comunicação, como as emissoras de televisão.

"Isso abalou os jornais, tanto é que a crise começou aí, os jornais começaram a morrer devido às despesas que passaram a ter. (...) A partir de 1961, em suma, os jornais passaram a ter que operar como empresas organizadas e, em sua grande maioria, não estavam preparados para isso. Em segundo lugar, as emissoras de televisão – havia a TV Rio, a TV Tupi, veio depois a TV Excelsior, em 65 a Globo – começaram também a dividir, a tirar fatias grandes do mercado publicitário. Os jornais começaram a ter perdas relativas e não se deram conta desse custo que era ao mesmo tempo direto e indireto. O Correio da Manhã custou a frear os cadernos em excesso que talvez tivesse". (*Idem, ibidem*)

Há que se considerar ainda a posição que adotou sobretudo após a edição do Ato Institucional nº 2[54]. Começa então a sofrer a pressão do cerco publicitário.

O poder público era o responsável por 30% dos anúncios do jornal – hoje talvez seja até um pouco mais, não sei –, mas, ao mesmo tempo, as empresas particulares ficavam temerosas de anunciar, porque recebiam telefonemas anônimos, ameaças: Você está anunciando no Correio da Manhã, o Correio está nos atacando, você amanhã não espere a concorrência tal, não espere o crédito tal... O Correio da Manhã começou a ter a sua receita

---

[54] Em reação a essa postura oposicionista, em 7 de dezembro de 1968 uma bomba foi jogada numa agência do jornal, e em janeiro de 1969 Niomar Moniz Sodré Bittencourt foi presa, juntamente com os jornalistas Osvaldo Peralva e Nelson Batista. Ver *DHBB, op. cit.*

restringida por esse motivo, e também pelo fato de não se ter ajustado antecipadamente à situação. Foi fazendo dívidas, dívidas, dívidas. A concordata que a Niomar deixou foi de quatro milhões e duzentos, por aí, e o grupo Alencar teria que pagar em prestações semestrais. Era, na ocasião, muito dinheiro". (*Idem, ibidem*)

O grupo arrendatário do jornal deveria – em troca de receber todas a as receitas – efetuar o pagamento das dívidas contraídas em nome de Correio da Manhã S/A (cf. cláusula 4, alínea *a* e cláusula 8, alínea *e* do contrato). Mas amortiza a dívida apenas nos primeiros anos, ao mesmo tempo em que contrai novas despesas, o que faz com que, em 1974, a dívida atinja Cr$ 15 milhões.

"Além disso, o grupo da Metropolitana executou uma política deliberada de liquidação do jornal, afirmando (como mais de uma vez afirmou Maurício Nunes de Alencar, em conversa com D. Niomar) que estava agindo assim por incumbência dos chefes militares. E o fato é que as edições de Correio da Manhã foram sendo sucessivamente mutiladas".

E particularizam:

"A partir de 10 de fevereiro de 1973 elas passaram nos dias comuns de 16 para 12 páginas, depois para 10 e finalmente para 8 páginas. Hoje o Correio da Manhã é um boletim inexpressivo, sem notícias, nem opinião, sem anúncios e sem leitores." (NMS 69.09.07. Resumo da Aplicação do Contrato. Arquivo *CPDOC, FGV*)

Depois de longo período de contestação na Justiça pela proprietária do jornal, em função da quebra do contrato, Niomar procura também denunciar na Câmara dos Deputados a ação do grupo Metropolitana e a tentativa deliberada – segundo ela – de liquidar o periódico.

"A denúncia no Parlamento não tem tido melhor sorte. No dia 9 de agosto de 1973, o deputado Thales Ramalho, secretário-geral do MDB, fez um discurso sobre as atividades do grupo da Metropolitana contra a Fazenda Nacional. O discurso foi tão objetivo que recebeu apartes, apoiando-o, de dois vice-líderes da Arena, deputados Grimaldi Ribeiro e Elcio Álvares, além de outros deputados. Ao mesmo tempo, o parlamentar emedebista apresentou um projeto proibindo que empresas devedoras à Previdência Social possam negociar com o Estado. Tanto o discurso como o projeto foram vetados pela Censura, admitindo-se a publicação de uma ou outra notícia vaga, inócua, sobre o assunto."

Enquanto a defesa da proprietária do *Correio* não pode ser publicada,

"um mês e tanto depois disso, um deputado da Arena carioca, Nina Ribeiro, proferiu longo discurso na Câmara, em defesa do grupo da Metropolitana. Esse discurso saiu na íntegra em vários jornais do Rio, em uns como matéria paga, em outros (Correio da Manhã e Última Hora) como matéria redacional". (NMS 69.09.07. Resumo da Aplicação do Contrato, p. 5. Arquivo *CPDOC, FGV*)

O silêncio da argumentação da proprietária do *Correio da Manhã* contra a visibilidade das falas dos deputados favoráveis ao grupo dos irmãos Alencar provoca veemente protesto por parte de Niomar Bittencourt, que encaminha correspondência tanto a Roberto Marinho, proprietário de *O Globo*, como a Nascimento Brito, do *Jornal do Brasil*, cobrando igualdade de tratamento.

Na carta datilografada e datada de 18 de outubro de 1973, em papel timbrado do jornal, no qual acrescenta à caneta o nome do destinatário – simplesmente Roberto – Niomar pede que o recorte do *Diário do Congresso Nacional*, no qual se transcreve a carta que ela encaminhara a Thales Ramalho, seja publicado no jornal de domingo.

"Na edição de O Globo do dia 23 do mês passado, saiu publicado em uma página e tanto o discurso do deputado Nina Ribeiro, em torno da questão do Correio da Manhã, e no qual fui pessoalmente agredida e caluniada. Escrevi uma carta ao Deputado Thales Ramalho restabelecendo a verdade dos fatos e lançando um repto ao leviano parlamentar, posto a serviço da Cia. Metropolitana de Construções. Agora envio a você o trecho do Diário do Congresso Nacional, edição de 13 do corrente, em que se transcreve o texto da aludida carta, lida na tribuna da Câmara dos Deputados, e peço-lhe o obséquio de autorizar sua acolhida no próximo número de domingo, de seu jornal, com o mesmo destaque concedido ao discurso do senhor Nina Ribeiro". (Carta de Niomar Bittencourt a Roberto Marinho, 18 de outubro de 1973. NMS 69.09.07, arquivo *CPDOC, FGV*)

Outra carta, com idêntico teor, é enviada na mesma data ao diretor do *Jornal do Brasil*. Nessa Niomar acrescenta não o nome do destinatário, mas o apelido "Maneco". No mesmo dia, obtém a resposta de Nascimento Brito.

"O Jornal do Brasil, no dia 23 do mês p.p., publicou o discurso do Deputado Nina Ribeiro, em torno da questão do Correio da Manhã, como matéria paga e assim perfeitamente caracterizada. Não é assunto no qual tenhamos nos imiscuído, e existiu mesmo uma proibição para a divulgação jornalística de qualquer matéria sobre a questão que envolve o Correio da Manhã. Eis o esclarecimento que lhe faço a respeito da publicação do discurso do Deputado Nina Ribeiro no Jornal do Brasil." (Carta de Nascimento Brito a Niomar Bittencourt, 18 de outubro de 1973, NMS 69.09.07, Arquivo *CPDOC, FGV*. Grifos nossos)

No dia seguinte, Niomar responde a Nascimento Brito, estranhando o fato de haver proibição para divulgar qualquer matéria envolvendo a questão do *Correio da Manhã*, já que outros jornais noticiaram o fato. Para provar o que diz, anexa recorte do *Jornal de Brasília*, da edição de 17 de outubro daquele ano, em que a carta que ela encaminhou ao Deputado Thales Ramalho foi publicada.

"Recebi sua carta, em resposta a meu pedido de ontem, e devo esclarecer, por minha vez, o seguinte: desconhecia a proibição a que você se refere, porquanto pelo menos alguns jornais, como O Estado de São Paulo e Diário de Notícias, do Rio, entre outros, têm dado notícias sobre essa questão. Não sei, pois, de quando data a proibição, mas já deve ter sido suspensa, porquanto agora mesmo o Jornal de Brasília publicou, na íntegra, como matéria simplesmente de interesse jornalístico, minha carta ao Deputado Thales Ramalho, conforme se vê da página 3 do exemplar que aqui lhe remeto". (Carta de Niomar Bittencourt a Nascimento Brito, 19 de outubro de 1983. NMS 69.09.07. Arquivo *CPDOC, FGV*)

No mesmo dia, Niomar recebe a resposta de Nascimento Brito, negando que tivesse se referido a qualquer proibição, "oficial ou não, que nos impeça a divulgação da sua carta ao Deputado Thales Ramalho". Segundo, o diretor do *Jornal do Brasil*, teria aludido "uma norma interna" do jornal. E acrescenta:

"Espero que você entenda que, até por sermos oficiais do mesmo ofício, não desejo imiscuir-me numa controvérsia que, no mínimo, arrastaria o Jornal do Brasil para uma polêmica cujo desfecho, talvez remoto, está entregue ao Judiciário. Como lhe disse em minha carta anterior, o discurso do Deputado Nina Ribeiro foi por nós divulgado como matéria paga – e de forma ostensiva, com as características específicas de tais casos, como, aliás, é regra aqui no Jornal do Brasil". (Carta de Nascimento Brito a Niomar Bittencourt, 19 de outubro de 1973. NMS 69.09.07. Arquivo do *CPDOC, FGV*)

Assim, para fugir da polêmica envolvendo as dificuldades do *Correio da Manhã*, os diretores do *Jornal do Brasil* colocam-se, ostensivamente, numa espécie de campo neutro, apelando para as regras da objetividade, materializadas no regulamento interno da empresa, não tomando partido. Nesse momento, encontram-se em trincheiras opostas, numa posição contra-hegemônica e, para isso, se valem das armas

terísticas do discurso jornalístico: a polêmica nas páginas dos jornais só poderia ser veiculada como matéria paga.

"Não desejo, por motivos compreensíveis, trazer o assunto para a área editorial do Jornal do Brasil. Esta é a minha orientação e dela decorreu a proibição a que você se refere, e que é minha, da minha inteira responsabilidade. A agir diferentemente, após acolher a sua defesa, que envolve terceiros que nela vejam também injúrias e calúnias, eu estaria trazendo para o Jornal do Brasil uma disputa que não nos compete veicular". (*Idem, ibidem*)

O jornal firma-se claramente num lugar construído como neutro e nem quando a polêmica envolve um de seus pares – no caso a proprietária também de um jornal diário tradicional na cidade – haveria justificativa para a veiculação de suas informações. Para isso, vale-se do ideal de servir de maneira ampla ao leitor, selecionando fatos que, por princípio, "interessariam ao público". A única possibilidade de divulgar o teor do discurso do deputado que defendia o *Correio* seria, portanto, se este fosse publicado como matéria paga.

"A publicação pelo Jornal de Brasília, cujo recorte você anexou, em nada altera, pois, a decisão do Jornal do Brasil. Lamento dizer-lhe, assim, que não encontro nos seus argumentos, eivados de um equívoco que agora esclareço, razão para reconsiderar o caso. Logicamente, assim como aconteceu com o discurso do Deputado Nina Ribeiro, o discurso do Deputado Thales Ramalho não será por nós divulgado, a menos que, como ocorreu com o primeiro, entre pelo Departamento Comercial, com as características de praxe". (Carta de Nascimento Brito a Niomar Bittencourt, 19 de outubro de 1973. NMS 69.09.07. Arquivo do *CPDOC, FGV*)

A diretora do *Correio* não responde de imediato à correspondência. Somente em 5 de dezembro, encaminha nova carta ao *Jornal do Brasil*.

"De posse de sua última carta, de 19 de outubro passado, não a respondi por motivos óbvios. A colocação do problema do tema Correio da Manhã tinha sido feita por você em termos claros: deveria, sempre, ir ao JB através do Departamento Comercial, o que não desejava fazer no caso da carta ao deputado Thales Ramalho. Nada mais havia a acrescentar na oportunidade". (Carta de Niomar Bittencourt a Nascimento Brito, 5 de dezembro de 1973. NMS 69.09.07. Arquivo *CPDOC, FGV*)

Dessa forma, Niomar justifica a demora da reposta. Somente agora, quando está de posse de novas informações, é que ela, de novo, se dirige ao periódico, mas, desta vez, solicita a publicação da sua carta sob a forma de matéria paga.

"Ontem, porém, encaminhei pelo Departamento Comercial do Jornal do Brasil matéria relativa ao Correio da Manhã S.A. Cumpri rigorosamente o cerimonial de estilo. O texto, composto e gravado, foi enviado através da Agência Arte Nova Propaganda Ltda que reservou espaço na 5ª página da edição de hoje. Entretanto, a matéria não foi publicada, o que significa privar o Correio da Manhã do elementar recurso de dar ciência ao público da questão que está envolvido". (*Idem, ibidem*)

Ainda que, indiretamente, a carta peça explicação sobre a não publicação da matéria encaminhada via Departamento Comercial, ao não ver atendida a sua solicitação, informa ainda que

"não se trata de matéria que possa ser tida como insultuosa ou, mesmo de caráter polêmico, ao contrário do discurso de Nina Ribeiro. Resume-se, apenas, a um requerimento do advogado do Correio da Manha S.A, juntado aos autos do processo que corre na 11ª Vara Civil."

E conclui:

"Estou certa de que não há de sua parte intenção discriminatória contra o Correio da Manhã ou contra mim pessoalmente. Por este motivo, peço sua atenção para o caso na segurança de que encontrarei boa e justa solução". (Carta de Niomar Bittencourt a Nascimento Brito, 5 de dezembro de 1973. NMS 69.09.07. Arquivo *CPDOC, FGV*)

A polêmica termina no dia seguinte, com a resposta lacônica, de apenas quatro linhas, do vice-presidente executivo do *JB*:

"Acabo de tomar conhecimento de sua carta e estou dando instruções ao Superintendente Comercial, sr. Cláudio Mello e Souza, para publicação imediata, da matéria que você mandou ao nosso Departamento Comercial, através da Agência Arte Propaganda Ltda." (Carta de Nascimento Brito, de 5 de dezembro de 1973. NMS 69.09.07. Arquivo *CPDOC, FGV*)

A tentativa da proprietária do *Correio da Manhã* de ter de novo o controle do periódico estende-se até 8 de julho de 1974, quando sai a última edição do jornal. Nesse ínterim as dívidas se acumulam, bem como a crise que se materializa a cada edição. O depoimento de Pedro do Coutto é exemplar neste sentido.

"O grupo então arrendou o Correio da Manhã (...) escolheu para redator chefe o pior redator chefe da história do Correio da Manhã, *hors concours*, que era o Paulo Germano Magalhães, filho do Agamenon Magalhães. Tinha sido deputado federal. Não havia condição desse homem dar certo, porque ele não tinha noção de jornal. Ele um dia pegou uma tese da Escola Superior de Guerra, reduziu para 66 linhas e botou como editorial do jornal! (...) também resolveu botar na última página perfis militares com fotos daqueles generais que mandavam aí". (Coutto, Francisco Pedro do. *Depoimento ao CPDOC.* Rio de Janeiro, *CPDOC/Alerj*, 1998)

Se o redator chefe, segundo avaliação do jornalista, representava os anseios do passado, o responsável pelo projeto gráfico Reinaldo Jardim "era o homem do futuro".

"Era editor do jornal e fazia bolações gráficas fantásticas, dificílimas de serem preenchidas. Qualquer coisa, ele rodava mais um caderno. Em abril de 70, como já contei, o prejuízo chegou a 1 milhão de cruzeiros, algo fantástico na ocasião. Reinaldo Jardim era mais um artista, não tinha preocupação com custos, mas o jornal não sentiu a necessidade de adequar o custo à produção. Ainda por cima eles tinham que pagar as prestações semestrais de 700 mil cruzeiros da concordata que a Niomar tinha deixado". (*Idem, ibidem*).

Os desmandos administrativos, a falta de coerência editorial, as dívidas acumuladas, a perda de uma identidade histórica, tudo isso descaracteriza o diário que, nas vésperas da última edição, roda apenas 8 mil exemplares. Todos esses fatores

"conduziram o jornal à falência, não foi uma coisa só. Tinha a atuação alucinada da Niomar, de fato, provocando muito, enfrentando, não se ajustando, se isolando — porque ela também só sabia atuar no confronto, na destruição. (...) Niomar, cerco publicitário, projeto alucinado do Reinaldo Jardim, comportamento da edição de esporte que foi danoso... Houve um momento em que vários fatores negativos convergiram, como num conto de Agatha Christie. O destino uniu os incompetentes no caso do Correio da Manhã. (...) Sai do Correio no dia 8 de julho de 1974, quando o jornal morreu. O jornal morreu na minha mão. Fui, juntamente com o Cascon, o editor da última edição do Correio". (*Idem, ibidem*)

Nas palavras de Niomar Bittencourt, a crise do jornal se deve a um projeto deliberado que assumiu o passivo da empresa. Em carta a Roberto Marinho, datada de 19 de junho de 1974 – portanto, portanto 19 dias antes do fechamento do jornal –, solicita que seus esclarecimentos sejam publicados em *O Globo*, como direito de resposta "às declarações constantes da matéria publicada no jornal de V.Sa., dia 8 último, contidas na carta do Sr. Maurício de Alencar". E enumera:

"Ao arrendar o Correio da Manhã o grupo econômico chefiado pelo Sr. Maurício Nunes de Alencar comprometeu-se a saldar os débitos já existentes, até o momento de Cr$ 5.400.000,00. Entretanto, pagou menos de 4 milhões e contraiu novas dívidas que se elevam a quase o triplo daquele passivo – cerca de 15 milhões de cruzeiros – dos quais mais de sete milhões ao INPS e ao FGTS e mais de um milhão da parcela mensal de arrendamento, que deixou de ser paga desde setembro de 1972. Assinale-se que a retenção de contribuições de empregados ao INPS está caracterizada como apropriação indébita pela legislação federal". (Carta de Niomar Bittencourt a Roberto Marinho, 19 de junho de 1974. NMS 69.09.07A. Arquivo do *CPDOC. FGV*)

Como segundo ponto, informa ainda que no contrato de arrendamento cabia ao grupo "manter a área de influência do jornal, diligenciando para ampliar-lhe a circulação". Entretanto:

"Faz o contrário, reduzindo-o fisicamente a oito páginas sem anúncios e sem leitores. No último dia anterior à posse do Sr. Nunes de Alencar e associados, sábado, 13/9/69, o Correio da Manhã vendeu 43.000 exemplares, conforme Boletim de Circulação de que eles e nós dispomos, e não apenas 7.000, como ele afirma". (*Idem, ibidem*)

Reclama ainda que o grupo não pagou com "pontualidade os empregados", razão pela qual tramitavam na Justiça do Trabalho 78 reclamações individuais e de grupos, "todas iniciadas na gestão dos arrendatários, abrangendo a quase totalidade do pessoal".

"Some-se a isso o não pagamento das diferenças salariais decorrentes de dissídios homologados, férias retidas e o já citado descumprimento das obrigações do INPS e FGTS. Em consequência de tais inadimplências, e em vista das reclamações trabalhistas, bens do Correio da Manhã foram levados a leilão judiciário e arrematados a preço vil, para responder por débitos contraídos pelo Sr. Maurício Alencar e seu grupo". (*Idem, ibidem*)

Em seguida, justifica por que se recusa a receber de volta o jornal.

"Ao recusar, na presença do tabelião do 23º Ofício de Notas e de testemunhas insuspeitas, receber de volta o jornal, a Diretoria do Correio da Manhã S.A. valeu-se da cláusula contratual que determina a devolução dos bens 'sem qualquer ônus' e em 'perfeito equilíbrio financeiro', e após reclamar comprovantes não apresentados, inclusive os referentes a aluguéis contratuais também descumpridos". (*Idem, ibidem*)

E continua:

"Teve de fazê-lo, em defesa do patrimônio da empresa e em face da situação precária da líder do grupo arrendatário, a Companhia Metropolitana de Construções, já com centenas de títulos protestados e numerosos pedidos de falência na 17ª Vara Cível, conforme documentação em meu poder".

E termina de maneira dramática:

"Finalmente, o Sr. Maurício Alencar cita bilhete no qual, lembrando versos de Khalil Gibran, agradeci gentileza que me havia feito e que acabou custando-me muito cara, e estabelece relação entre isso e o arrendamento. [...] arrendamento de setembro de 1969 e o bilhete de julho do mes[mo...] impossível relacionar as duas coisas. Tem, entretanto, o sr. Maurício Alencar plena, completa e integral razão em um aspecto: mudei meu ponto de vista a seu respeito, como já o fez a maior parte das pessoas que o conhecem. Hoje, em lugar de Gibran, restar-me-ia apenas citar o Judas, que afinal enganou ao próprio Cristo". (Carta de Niomar Bittencourt a Roberto Marinho, 19 de junho de 1974. NMS 69.09.07A. Arquivo do *CPDOC. FGV*)

A reforma e a liderança de *O Globo*

Ao final da década de 1970, o mercado jornalístico carioca está reduzido a três grandes jornais – *O Globo*, *O Dia* e o *Jornal do Brasil* – que, juntos, monopolizam quase 90% dos leitores. Isso terá consequências no aspecto financeiro e patrimonial dos jornais (Ribeiro, *op. cit.*: 174).

A rigor, estamos afirmando que a partir da década de 1960 a imprensa diária do Rio de Janeiro passa por uma aguda crise e somente *O Globo* consegue manter a sua tiragem em torno de 200 mil exemplares, sendo, portanto, um dos jornais que mais se beneficia com o processo de concentração empresarial ocorrido neste período. A *TV Globo*, na avaliação de Ribeiro (2000), inaugurada no ano seguinte ao Golpe, em maio de 1965, se tornando, em algum tempo, a maior rede de televisão da América Latina, daria força ao jornal e ao grupo como um todo.

Na década, o periódico comandado por Roberto Marinho prossegue com a sua modernização tecnológica e administrativa. A reforma de 1971, quando assume a redação o jornalista Evandro Carlos de Andrade, significa a implantação de uma série de mudanças editoriais e administrativas que leva o jornal à liderança do mercado carioca. Em 1978, novas impressoras *off-set* são implantadas, dinamizando ainda mais o processo de produção.

A reforma de 1971 decorre, em parte, do crescimento que o *Jornal do Brasil* apresenta no mesmo período. Para fazer frente à conquista de público do concorrente, *O Globo* utiliza como estratégia a ampliação do universo de seus leitores via implantação de mudanças editoriais. Paralelamente, o jornal se beneficia da migração de público dos outros periódicos que deixam de circular na década ou que entram em franca decadência.

> "O Ibope tinha apontado o seguinte, mais ou menos: O Globo tinha uma vendagem em banca no Rio, naquela ocasião, subindo de 100 para 122 mil exemplares, enquanto o Jornal do Brasil estava passando de 60 para 86 mil. Vendo que a progressão percentual do Jornal do Brasil tinha sido muito superior à do Globo, o sistema do Roberto Marinho, ou ele próprio, sentiu a necessidade de uma reforma. O Globo então fez a reforma, o Evandro teve êxito total, e isso coincidiu com a queda e o desaparecimento do Correio da Manhã, um, do Diário de Notícias, dois, do O Jornal, três, e do Diário Carioca, quatro. Quatro jornais fecharam. O público desses jornais teria que ir para outro, e acabou indo para O Globo, muito mais que para o Jornal do Brasil". (Coutto, Francisco Pedro do. *Depoimento ao CPDOC*. Rio de Janeiro, *CPDOC/Alerj*, 1998)

As mudanças incluem não apenas ajustes e inovações na parte gráfica, como também transformações de natureza administrativa. Assim, *O Globo* passa também a circular aos domingos.

> "Quando o Evandro assumiu, e um ano depois O Globo passou a sair aos domingos, ele abalou seriamente a estrutura do Jornal do Brasil. O Jornal do Brasil de domingo era uma coisa espetacular e deixou de ser. E também entrou a TV Globo, que começou a anunciar O Globo. Naquela ocasião, e até há poucos anos, a TV Globo não aceitava anúncio de outro jornal – agora aceita, até o Jornal do Brasil sai de vez em quando, O Dia bastante". (*Idem, ibidem*)

Nas palavras de Evandro Carlos de Andrade, entretanto, cada uma dessas inovações aparece como sendo ideia particular do dono do jornal: Roberto Marinho. "Um dia, o dr. Roberto disse: Quero lançar o jornal no domingo. Eu não inventei nada! Ele perguntou: O que você acha? Eu disse: Ótimo, vamos fazer. Era tudo assim, entre o quero fazer e o fazer, eram duas semanas" (Abreu *et alii*: 2003:41).

Nas memórias do diretor de redação de *O Globo*, Roberto Marinho até 1973 "chegava no jornal de manhã e saía à noite", razão pela qual todas as ideias inovadoras.

Observa-se na construção memorável de Evandro Carlos de Andrade a mesma estratégia utilizada por outros atores quando se referem ao chamado período de modernização da imprensa carioca. Também em relação às inovações da década de 1970, que atingem sobretudo *O Globo*, elas foram gestadas, segundo esses discursos, graças ao gênio criativo e inventivo de um só homem. Dessa forma, se constrói uma narrativa mitológica, como se da cabeça de um iluminado saíssem ideias que são fundamentais para o sucesso do jornal não apenas naquela década, mas nas décadas anteriores e seguintes. A história do jornal liga-se, por esta estratégia, de maneira indelével a Roberto Marinho.

"Nesse episódio da edição de domingo, ele encontrou uma grande resistência do conjunto da diretoria. Por quê? Ah, isso é uma loucura, esse espaço é do Jornal do Brasil, como é que nós vamos fazer isso, vamos sacrificar a edição de segunda, e por aí afora. Mas ele foi firme, e fizemos a edição de domingo". (*Idem*: 42)

Também a adoção da impressão em *off-set*, no final dos anos 1970, é nas palavras de Evandro Carlos de Andrade uma decisão solitária de Roberto Marinho, que mais uma vez enfrenta reação adversa do restante da diretoria de *O Globo*. Na avaliação do jornalista, a passagem para o novo sistema de impressão é determinante para o sucesso do jornal na década seguinte, em contraposição a derrocada crescente do *Jornal do Brasil*.

"A mesma coisa ocorreu quando ele resolveu mudar as rotativas, passou para off-set. Na época, o Jornal do Brasil já tinha feito a sua reforma, aquele prédio suntuoso, aquela coisa toda, mas na hora de determinar o processo industrial, segundo nós ouvimos, o Nascimento Brito teria dito: Não vou mudar, porque o New York Times não mudou".

E continua:

"Só que o Brito, no meu modo de ver, cometeu um erro estratégico. Ele não levou em conta que o New York Times tinha 120 unidades rotativas e enfrentava o problema dos sindicatos lá, que eram uma coisa terrível e não deixavam mudar nada. (...) Então era um drama para eles passar para o off-set. (...) Aqui não havia nada disso, mas o Brito estabeleceu uma relação direta New York Times-Jornal do Brasil e resolveu manter o sistema letterpress. Fez algumas adaptações para tentar melhorar a impressão, mas foi isso, no meu modo de ver, um desastre na competição, porque a qualidade gráfica é um dado fundamental, embora as pessoas não saibam disso necessariamente. As coisas que mais preocupam os leitores, segundo pesquisas feitas nos Estados Unidos, não são a qualidade editorial, não. Em primeiro lugar está o seguinte: suja a mão? Em segundo lugar: o tamanho da letra dá pra ler facilmente? Depois é que vem a substância do jornal". (*Idem, ibidem*)

Outras mudanças introduzidas e que, nas palavras de Evandro Carlos de Andrade, são fundamentais para o sucesso de *O Globo* é a criação de uma editoria de Economia que, até então, não existia, ao mesmo tempo em que "desfazia aquele império policial do Globo", acabando gradativamente com a reportagem de polícia e passando os assuntos para a reportagem geral (*Idem*: 44).

No entanto, na década de 1970, um dos principais jornais da cidade é exatamente *O Dia*, que faz das notícias policiais um dos principais conteúdos da publicação (ao lado do futebol e das questões do funcionalismo público). Porque esse jornalismo que apela às sensações faz tanto sucesso junto ao público, chegando ao final da década com uma tiragem de mais de 400 mil exemplares? O que particulariza o jornalismo de *O Dia*? Que apelos esse jornal dirige ao público e por que este se identifica com as tramas culturais enredadas nas suas narrativas?

Jornalismo e sensações: o sucesso editorial do jornal *O Dia*

O jornalismo popular – mas que preferimos qualificar como de sensações – assume a partir dos anos 1950, gradativamente, nova configuração no cenário midiático do Rio de Janeiro. Continua apelando a conteúdos e formatos narrativos que fazem parte do universo do público desde o final do século XIX, mas constrói naquele momento uma ruptura: a inclusão de outros temas do cotidiano dos leitores que têm apelo de natureza política.

Exemplo emblemático dessa estratégia editorial é *Última Hora*. Mas outros jornais no mesmo período – como a *Luta Democrática*, de Tenório Cavalcanti, e a *Tribuna da Imprensa*, de Carlos Lacerda – engendram o popular a partir de temas que falam das agruras do cotidiano, ao mesmo tempo em que se constroem como intermediários possíveis de seus leitores junto à sociedade política[55]. Há que se acrescentar ainda que esses periódicos dão claramente sustentação política a seus proprietários ou a seus prepostos. Esse é o caso de *Última Hora*, como já abordamos, jornal com vinculação estreita a Getúlio Vargas; *Tribuna da Imprensa*, órgão síntese da UDN, que tinha na

---

[55] Sobre a inclusão nesses jornais da temática política com característica sensacionalista, cf. Siqueira, Carla Vieira de. "Sexo, crime e sindicato. Sensacionalismo e populismo nos jornais *Última Hora*, *O Dia* e *Luta Democrática* durante o segundo governo Vargas (1951-1954)". Tese de Doutorado em História, PUC-Rio, 2002.

liderança de Carlos Lacerda o seu ponto de inflexão; e a *Luta Democrática*, fundada em 1954 por Tenório Cavalcanti, deputado federal pela UDN e liderança em Duque de Caxias na Baixada Fluminense, indispensável para divulgar a imagem de Tenório como advogado do povo.[56]

Segundo Carla Siqueira o que diferencia esses jornais é o fato de utilizar a popularidade em que se estruturam – através de estratégias narrativas que apelam a valores caros à cultura popular – para o exercício do personalismo e do clientelismo populista, que afinal são o motor de sustentação dessas publicações. Esses jornais constroem um canal de comunicação entre o público, que é também eleitor, e as lideranças populistas, em que estas utilizam o apelo emocional veiculado por essas publicações para formar uma ideia de identidade e de pertencimento entre as partes. "A análise do perfil editorial destes jornais revela a interseção entre a política populista, a cultura popular e as técnicas da indústria cultural." (Siqueira, *op. cit.*: 54)

É preciso refletir quando se fala em jornalismo popular sobre as permanências que se manifestam na forma e no conteúdo como se estruturam essas publicações. Tal como destaca Jesus Martin-Barbero, esse tipo de jornalismo delineia a "questão dos rastros, das marcas deixadas no discurso da imprensa por uma outra matriz cultural". É a partir dessa matriz de natureza simbólica e dramática que são modeladas várias das práticas e formas da cultura popular (1997:246).

Há nesse jornalismo a "estética melodramática e dispositivos de sobrevivência e de revanche da matriz que irriga as culturas populares", como enfatiza Barbero (*op. cit.*: 247). O que permanece interpelando o público é exatamente essa estética, que se metamorfoseia em dramas as agruras do cotidiano dos grupos populares. O que permanece como ênfase nessas temáticas é o exagero, a hipérbole, a descrição densa, a linguagem incisiva.

É, portanto, esse jornalismo de sensações que constitui a essência de *O Dia*, na década de 1970, o segundo jornal mais vendido na cidade. Esse sucesso editorial, a rigor, vem desde o seu surgimento em 5 de julho de 1951[57]. Em pouco tempo possuía

---

Sobre a *Luta Democrática* ver sobretudo BELOCH, Israel. *Capa preta e Lurdinha – Tenório Cavalcanti e o Povo da Baixada*. Rio de Janeiro: Record, 1986.

Chagas Freitas, deputado pelo Rio de Janeiro em 1954, 1958, 1962 e 1966, eleito indiretamente governador da Guanabara em 1970, fundou *O Dia* em 5 de julho de 1951. Na mesma época assume o controle acionário do jornal *A Noite*, em meio a mistérios, na qual consegue a posse das ações, então nas mãos do político e jornalista Ademar de Barros. Após a fusão da Guanabara e do Rio de Janeiro, disputou com o grupo de Amaral Peixoto o controle do MDB no novo estado. Mesmo após seu afastamento temporário dos quadros do partido, a corrente chaguista obteve hegemonia, conseguindo que seu nome fosse aprovado pela Assembleia Legislativa para a sucessão do governador Faria Lima, em 1978. Com o fim do bipartidarismo, organizou no Rio de Janeiro o Partido Popular (PP), que posteriormente foi fundido ao PMDB. Nas eleições de 1982, rompeu com Miro Teixeira, candidato que ele transformou em sucessor, sofrendo sua maior derrota eleitoral. A partir daí, afastou-se da vida pública, vendeu seus jornais e faleceu no Rio de Janeiro em 30 de setembro de 1991. Ver *DHBB*.

uma das maiores circulações, com tiragem de quase 100 mil exemplares. Atinge, sobretudo, os grupos de menor poder aquisitivo e tem enorme força como veículo de propaganda política, sendo instrumento importante do chamado "populismo de direita". Segundo o *Anuário Brasileiro de Imprensa* (1953:4), a receita do seu êxito era simples: 70% de notícias de crime e polícia, 20% de política e reivindicações operárias e 10% de esportes e divertimentos.

Para Ribeiro (2000), o nascimento de uma imprensa popular, associada a políticos, como é o caso de *O Dia*, demonstra a importância que esses políticos atribuem ao fato de ter uma máquina jornalística voltada para expressivo segmento da população ainda não alcançado pela grande imprensa.

Mas afinal o que estamos chamando jornalismo de sensações? Por que utilizar este termo em vez de sensacionalismo? E o quê, afinal, é o sensacionalismo?

Chamamos habitualmente de jornalismo sensacionalista um tipo de notícia que apela às sensações, que provoca emoção, que indica uma r... ... ... o fato, reconstruído exatamente a partir dessa memória de sensações.

O termo sensacionalismo, entretanto, possui diversas apropriações. N... ... mum, serve como espécie de acusação, sendo usado muitas vezes como sinônimo de imprecisão e de distorção das informações (Angrimani, 1995). Para Amaral (2005) o conceito, frequentemente utilizado para definir os produtos jornalísticos populares, é amplo ao extremo, o que leva a equívocos teóricos. Segundo a autora, o sensacionalismo corresponde mais à perplexidade diante do desenvolvimento da indústria cultural no âmbito da imprensa, do que a um conceito capaz de traduzir os produtos midiáticos populares. Sendo assim, a palavra passa a designar, com frequência, o jornalismo que privilegia a superexposição da violência por intermédio da cobertura policial e da publicação de fatos considerados chocantes, distorcidos, usando uma linguagem que não raras vezes apela a gírias, palavrões e inclui no seu repertório expressões de fácil entendimento para os grupos populares.

Outros autores (Serra, 1986 e Marcondes Filho, 1989) atribuem uma função alienante a essa tipologia de notícia, arrogando à imprensa sensacionalista uma radical mercantilização das sensações, que se presta a satisfazer as necessidades instintivas do público e desviá-lo de sua realidade. Daí o seu suposto potencial alienador.

Partindo do pressuposto de que o jornalismo se constitui como instrumento iluminador da esfera pública, essas interpretações ressaltam que, ao exagerar as informações, o jornalismo produz distorções, fazendo com que a realidade pareça mais palatável em comparação ao cotidiano midiático apresentado. Marcondes Filho (1989) vai além ao acreditar que as notícias de crimes servem para canalizar a rebeldia potencial das classes subalternas, assegurando a normatização a sociedade a partir de uma narrativa moral na qual o crime não compensa. Por meio desses jornais, o público poderia transgredir a ordem simbolicamente, identificando-se momentaneamente com o criminoso.

Para Amaral (2005) é simplista considerar o pressuposto de que o jornalismo "mexe com as sensações físicas e psíquicas", tal como foi explicitado há mais de três décadas por profissionais e teóricos que participaram na Semana de Estudos de Sensacionalismo, realizada na Universidade de São Paulo (USP). Naquele encontro, Alberto Dines (1971:68-9), por exemplo, enfatizou o pressuposto de que todo processo de comunicação é sensacionalista, já que o jornalismo sublinha sempre os elementos mais palpitantes da história com o intuito de seduzir o leitor.

Desde a década de 1930, as discussões em torno do caráter "pernicioso" das notícias arroladas sob o nome de "sensacionalistas" podem ser observadas periodicamente. O acadêmico Candido de Oliveira, da Faculdade de Direito da antiga Universidade do Brasil, organizou uma campanha contra o sensacionalismo dos jornais. Na ocasião foram conferencistas nomes de destaque do cenário político e intelectual, como Carlos Lacerda, Cecília Meirelles e Roquete Pinto. O jurista Roberto Lyra (1933, *apud* Siqueira, 2002:201), na época, tentou explicar o sucesso do sensacionalismo junto ao público por ser a "expansão, o desabafo, o alívio, a função desatrofiadora, a rebeldia, a exceção, a invulgaridade, é o subconsciente coletivo escancarado nos seus mais ardentes e mais profundos esconderijos". E diagnosticava: "No jornal moderno (...) a gramática e o estilo cederam lugar à manchete, ao subtítulo, à legenda, aos negritos, à técnica da paginação para o efeito gráfico. (...) O que se quer é atrair o olhar do transeunte para o ponto do jornal."

Em 1951, mais uma vez o sensacionalismo seria tema de discussão na 1ª Conferência Nacional de Polícia, realizada no Rio. Na palestra "O sensacionalismo – fator de criminalidade", o secretário de segurança pública de São Paulo concluía que as notícias sensacionais exercem influência "maléfica sobre a infância e a juventude", sendo necessário coibir "o pregão escandaloso do noticiário criminal por parte dos vendedores de jornal", já que a "narração detalhada do crime produz nos predispostos um choque moral que os faz cair do lado para o qual eles já pendiam" (Silva, 1951, *apud* Siqueira, *op. cit.*: 202).

No final da década de 1960, o tema sensacionalismo figuraria pela primeira vez em discussões em uma escola de jornalismo, com a realização, de 9 a 13 de junho de 1969, da I Semana de Estudos de Jornalismo, no Departamento de Jornalismo da Escola de Comunicações e Artes (ECA) da Universidade de São Paulo.

Na ocasião, além de fazer um balanço das discussões realizadas em torno do tema, o organizador da Semana, José Marques de Melo (1971:57-58), afirmava a diferença das preocupações anteriores com aquelas que dominariam a semana: não se limitariam a constatar pura e simplesmente o fenômeno, mas aprofundar analiticamente o tema, sob "o prisma de algumas áreas básicas da filosofia e das ciências humanas". Ou seja, procurava-se – agora no âmbito de uma escola de jornalismo – discutir cientificamente o problema[58].

Com linguagem extremamente simples, o editor do jornal mais popular de São Paulo na época, *Notícias Populares*, assim definiu, o que seria primordial na escolha dos temas frequentes no jornal.

> "É preciso sentir o pensamento, o gosto, a vontade, o interesse do leitor. Entrar no meio do povo, na sua alma, e oferecer-lhe exatamente o que pretende comprar. E se o jornal vende um dia matéria sem sabor, o freguês não volta a comprá-lo na manhã seguinte". (Portão, 1971:79)

O que Ramão Gomes Portão chamava "matéria com sabor" eram exatamente os temas que faziam parte do cotidiano dos leitores, por aproximação ou distanciamento. Ou o leitor se identifica com a trama, imaginando um mundo de sonho, ou visualiza na narrativa uma realidade que lhe parece extremamente próxima.

> "No caso da faixa popular, em que o povo tem pouca instrução, soletra as manchetes, prefere a fotografia ao texto longo, em suma, a imprensa sensacionalista, precisamos captar o desejo do homem da rua. E disto não tenham dúvida: ele quer sangue e mulher, crime e sexo. Mas, diante da ação da censura esses ingredientes devem ser bem dosados para atender a lei sem desatender o leitor". (*Idem, ibidem*)

Os protocolos de leitura desse público também aparecem claramente na fala do jornalista, mostrando que há adaptações da edição em função das possibilidades de leitura. O privilégio da ilustração, entre outras estratégias da oralidade, figura com destaque no conteúdo dessas publicações. Mas não é apenas o conteúdo que coloca esse jornalismo no lugar das sensações: é também a forma – gráfica e editorial – como cada temática é tratada.

Portanto, quando consideramos este tipo de jornalismo como <u>de sensações</u>, não o fazemos apenas porque esses textos apelam às sensações físicas e psíquicas. As sensações a que nos referimos encontram-se na relação da leitura com o extraordinário, com o excepcional, aproximando esse tipo de notícia do inominável. São sensações contidas nas representações arquetípicas do melodrama e que continuam

---

[58] O conjunto das discussões da Semana foi publicado na *Revista Comunicação e Artes* 4, quadrimestral da Escola de Comunicações e Artes da USP.

nos modos narrativos dessas tipologias de notícias. Tal como os gostos e anseios populares – formados na longa duração – também as sensações desse tipo de narrativa mesclam os dramas cotidianos, os melodramas, em estruturas narrativas que apelam ao imaginário que navega entre o sonho e a realidade (Barbosa, 2005).

Esse tipo de jornalismo pode ser caracterizado como de sensações também porque estabelece como central a construção narrativa de mitos, figurações, representações de uma literatura que subsiste há séculos. Uma literatura que falava de crimes violentos, mortes suspeitas, milagres, ou seja, de tudo o que fugia à ordem, instaurando um modelo de anormalidade. Mas uma anormalidade baseada na presunção de uma normalidade também sensorial.[59] Há, portanto, permanências de um imaginário da longa duração que faz com que os conteúdos dessa mídia ainda reproduzam mitos de um passado imemorial.

Se nos Estados Unidos, a origem do sensacionalismo – a chamada *penny press,* numa clara referência ao modesto preço de venda avulsa – é localizada no final do século XIX no contexto da rivalidade entre o *New York World* e o *Morning Journal*, no Brasil desde o final do século XIX a imprensa do Rio de Janeiro de grande tiragem passou a incluir nas suas páginas os chamados crimes de sensação ou as notas sensacionais, como se adjetivava na época, como mostramos nos capítulos 1 e 2.

Portanto, o que *O Dia* dos anos 1970 faz para conquistar mais leitores é incluir em seu noticiário narrativas que simulam a experiência da vida de seu público, projetando-se assim fora delas mesmas e incluindo-se, sob certo aspecto, no mundo do próprio leitor. Ao lado disso, editam temas ligados ao mundo do trabalho, ao mesmo tempo em que utilizam estratégias clientelistas. Na conquista do leitor (eleitor) Chagas Freitas faz do jornal o lugar em que torna visível a intermediação estabelecida com o público, no sentido de responder aos seus anseios cotidianos.

> "Quando chegou 70, Chagas Freitas já tinha assumido o comando do partido, com a influência direta de O Dia, porque O Dia tinha o que oferecer, que era a voz. O sujeito que estivesse com Chagas Freitas tinha uma certeza: seu nome sairia no Dia, e naquela ocasião era fundamental sair no Dia para se eleger". (Coutto, Francisco Pedro do. *Depoimento ao CPDOC.* Rio de Janeiro, *CPDOC/Alerj*, 1998)

---

[59] Essas temáticas que estão no centro desses relatos do jornalismo popular repetem, com as inflexões necessárias ao tempo de sua construção, os mitos, as figurações, as representações de uma literatura popular existente, na Europa Ocidental, desde o século XVI. Essa literatura popular falava dos crimes violentos, das mortes suspeitas, dos enforcamentos, dos milagres, ou seja, de tudo que fugia à ordem instaurando um modelo de anormalidade. Roger Chartier (1981, 1987, 1993), ao estudar este tipo de publicação, sublinha as múltiplas reconfigurações narrativas que estes textos sofreram para se adaptar aos padrões e hábitos de leitura do público em larga escala.

O Dia tem papel fundamental dentro do funcionamento do chagismo no Estado do Rio de Janeiro.

"A força, não política, mas eleitoral, do Dia era muito maior do que a força eleitoral do Globo ou do Jornal do Brasil. O Globo e o Jornal do Brasil não elegeriam ninguém. Ninguém é força de expressão, elegeriam um. Mas Chagas Freitas elegia seis, sete, com O Dia. Por quê? Porque o eleitor do Dia era um eleitor muito mais propenso a seguir o comando daquela corrente que o jornal representava, sintetizava, do que o leitor do Globo ou do Jornal do Brasil. E assim ele utilizou o jornal". (*Idem, ibidem*)

O Dia só possui expressão política no cenário dos anos 1970, porque conta com uma rede de leitores e leituras. E essa aproximação com o público se faz graças à construção de uma outra rede de textos, que apelam a valores caros ao universo popular. O popular se realiza no massivo (Barbero: 1997).

"O Dia era um jornal mais de crimes do que é hoje — não deixou de ser até hoje, mas agora é um jornal muito mais bem-feito. Eram crimes em larga escala. É preciso ver que a notícia do crime, do conflito, da violência urbana, da violência humana, tem um apelo muito forte junto ao povão. Outro fator de apelo era que O Dia também cobria bem o futebol. Por exemplo, a toda questão popular, de interesse coletivo, de interesse dos trabalhadores, dos funcionários públicos, dos servidores, Chagas Freitas dava o seu apoio no jornal". (*Idem, ibidem*)

Trazendo o mundo do leitor para as páginas da publicação, ofertando esse mesmo mundo aos seus sentidos criam, pelo ato narrativo, a possibilidade de transformação da realidade. Lendo as notícias de um mundo próximo, visualizando a fantasia ao lado da realidade, abre-se para o leitor também a possibilidade de sonho.

Portanto, o sucesso de *O Dia* na década de 1970 deve ser tributado à permanência de uma mesma tipologia narrativa que constitui uma rede de textos. Uma rede de textos que ganha significações múltiplas e que, fazendo parte de um fluxo imemorial, reaparece periodicamente. Mudam os atores, mas os cenários continuam praticamente inalterados. Dependendo da tessitura da intriga, da possibilidade de estabelecer vínculos com o leitor, da capacidade de moldar uma espécie de modelo de mundo, aumentam a identificação do público com o veículo, via estratégias narrativas ligadas às sensações.

À frente do governo do estado por duas ocasiões (de 1970 a 1974 e de 1978 a 1982), Chagas Freitas intensifica a prática do clientelismo ao extremo, desenvolvendo um sistema de trocas de votos por favores particulares. Possui em *O Dia* uma coluna diária na qual temas como reajuste das pensões dos aposentados, dificuldades do funcionalismo público, custo de vida, etc., são tratados sempre em linguagem extremamente simples (Ribeiro: 2000).

Com o término de *A Notícia*, no final da década de 1970, *O Dia* passa a ser o único jornal popular da cidade, o que faz com que eleve sua tiragem a mais de 400 mil exemplares, transformando-se num dos periódicos de maior sucesso do país.

Em 1983, o grupo Arca – que havia comprado *UH* em 1973 – comprou também *O Dia* e, quatro anos depois, promove uma reforma editorial radical no jornal. Tenta-se construir uma nova imagem, distante do sensacionalismo. Os fatos gerais do Rio, como a seção Cidade, ganham espaço e atenção maiores. Investe-se em tecnologia para garantir alto padrão industrial ao jornal. São gastos cerca de US$ 32 milhões na construção do parque gráfico de Benfica, então um dos mais modernos da América Latina. Com a reforma, a penetração de *O Dia* nas classes A/B aumentou 25%. *O Dia* continua sendo ainda hoje um dos maiores jornais do país (Ribeiro, 2000).

IX. Calidoscópio de mudanças (1980-2000)[60]

Inúmeras são as mutações que podem ser apontadas no jornalismo diário a partir dos anos 1980: a utilização das tecnologias de informática; o avanço dos temas econômicos, tornando a editoria de Economia uma espécie de carro chefe de diversas publicações; a eclosão do chamado jornalismo investigativo, fazendo dos profissionais espécies de investigadores do cotidiano, numa clara estratégia de natureza política; a criação do que alguns autores chamam 'jornalismo cidadão', ou seja, a compreensão de que a ação quotidiana da imprensa deve ter uma utilidade social, servindo aos "interesses concretos dos cidadãos, ajudando os leitores a enfrentar dificuldades quotidianas" (Abreu: 2000, 45); a multiplicação de cadernos especializados em contraposição à criação de um estilo redacional entrecortado, onde as colunas de pequenas notas proliferam de maneira emblemática, entre outras.

Observa-se, portanto, apenas no alinhamento dessas transformações, duas estratégias adotadas por ações e discursivamente pela imprensa: a construção de parâmetros no sentido de ampliar o poder simbólico dos jornais, daí ser fundamental, por exemplo, o papel de investigadores ou a idealização de um jornalismo como cidadão; e a adoção de outros critérios editorias diretamente relacionados a uma nova temporalidade que emerge do cotidiano dos leitores.

Diante do universo tecnológico que não cessa de construir uma espécie de eterno presente – transformando rapidamente em obsoleto práticas e representações –, também os jornais diários irão multiplicar as estratégias narrativas que indicam a velocidade e a aceleração da atualidade. Neste sentido, a adoção de um estilo entrecortado – em colunas onde as notas são síntese ou em matérias cada vez mais subdivididas e

---

[60] Certamente no espaço restrito de poucas páginas não será possível enfocar o calidoscópio de mudanças que enfeixou os jornais diários da cidade do Rio de Janeiro nas duas últimas décadas do século XX. Como estratégia narrativa e coerente com a proposta metodológica, escolheremos para nos referir a essas décadas três pesquisas realizadas por jovens que se dedicam a entender os processos complexos que envolvem o estudo dos meios de comunicação. Essas pesquisas são consideradas, portanto, como espécies de vestígios que nos informam sobre esse tempo quase presente. Todos esses textos foram produzidos no âmbito do Programa de Pós-graduação em Comunicação da Universidade Federal Fluminense. São, portanto, coautores deste capítulo **Hérica Lene**, **Márcio Castilho** e **Letícia Cantarela Matheus**. Com esta estratégia memorável prestamos também uma homenagem àqueles que continuam construindo um saber que é, sobretudo, cumulativo.

condensadas em infográficos, retrancas, etc. – parece ser a materialização narrativa dessa nova temporalidade.

O mercado jornalístico dos anos 1990 no Rio de Janeiro aponta para a posição hegemônica conquistada pelo jornal *O Globo* desde a década anterior. Em 1995, atinge mais de 700 mil exemplares aos domingos, enquanto *O Dia*, na segunda colocação, vende 454.641 exemplares. O *Jornal do Brasil*, vivendo uma crise econômica sem precedentes, desde a década de 1980, imprime pouco mais de 150 mil exemplares. A tiragem de todos os diários do Rio nos dias de semana atinge 789.896 exemplares, num mercado com mais de 12 milhões de habitantes (*Imprensa – Mídia*, Ano 1, novembro 1994).

No mesmo período um estudo sobre a evolução de circulação das revistas realizado pelas agências de publicidade Salles/DMB&B diagnostica um aumento de circulação em todos os tipos de publicações. O segmento que mais cresce é o de revistas femininas, tendo apresentado um acréscimo de 26% em suas tiragens em relação ao ano anterior. A *Revista Claudia*, por exemplo, que em maio de 1993 circulava com 324 mil exemplares fecha o ano de 1994 com 572 mil (*Meio e Mensagem*, 17 julho 1995 – *TV Pesquisa – PUC-Rio*).

Em relação aos diários, dados do IVC mostram que – considerando as médias de vendas de segunda a domingo, por edição – a circulação de 39 títulos publicados em 18 capitais brasileiras, em 1994, soma quase o dobro dos jornais vendidos em 1993.

A mesma pesquisa aponta as dificuldades crescentes do *Jornal do Brasil*, o que leva os concorrentes a ocupar novos espaços, sobretudo *O Globo* e *O Dia*. "O crescimento no primeiro trimestre de *O Globo* já é mais que o dobro do resultado alcançado no ano passado. *O Dia* cresceu quase 18% na sua circulação de terça a sábado e mais de 11% aos domingos nos quatro primeiros meses do ano em relação à média anual de 94".

Indica ainda as faixas preferenciais de público. *O Globo* atinge 71% de sua audiência nos públicos AB. O *Jornal do Brasil* conserva a preferência do público AB aos domingos (*Pesquisa DPZ*, citada por *TV Pesquisa – PUC-Rio*). Atribui-se esse aumento de circulação em meados da década de 1990 a três fatores: impulso da economia, com a implantação do Plano Real, avanço tecnológico que aumenta a produtividade dos periódicos e esforços promocionais adotados pela maioria dos jornais nesse momento. Além disso, a política de preço de capa abaixo da inflação permite o aumento das vendas diretas.

A análise realizada pela DPZ mostra ainda que "na briga pela preferência dos leitores, os jornais empregaram armas promocionais e produtos de valor agregado principalmente brindes editoriais". E conclui: "Praticamente todos os títulos que lançaram mão destes recursos tiveram seu comportamento de circulação beneficiado."

Aliada a essas estratégias há ainda o desenvolvimento de cadernos específicos para leitores jovens, gerando o aumento de participação deste público. (*Pesquisa DPZ* citada por *TV Pesquisa – PUC Rio*).

Há que se referir, ainda que pontualmente, já que não é nosso objetivo recuperar essa história recente que está sendo construída, a informatização das redações – no caso do Rio de Janeiro processo desencadeado pelo *O Globo*, em 1985 – mudando não só o cotidiano do trabalho nas redações, nas oficinas, mas tendo reflexo na própria estruturação do conteúdo do jornal.

A transmissão eletrônica de textos transformou não apenas o universo das redações, mas o universo do público e de suas leituras. Houve, como mostra Chartier, uma modificação na noção de contexto, ao substituir a contiguidade física entre os textos presentes num mesmo objeto (um livro, uma revista, um jornal) por sua distribuição nas novas arquiteturas dos bancos de dados, dos arquivos eletrônicos e dos sistemas de processamento que tornam possível o acesso à informação (1999:27).

Essa nova relação com os textos – continua o historiador –, obriga a uma profunda reorganização da "economia da escrita". A produção, a transmissão e a leitura de um mesmo texto passam a ser simultâneas. Um mesmo indivíduo é agora responsável pela escrita, publicação, distribuição de um mesmo texto, o que permite concluir que "a apresentação eletrônica dos textos anula as antigas distinções entre papéis intelectuais e funções sociais". (*Idem, ibidem*)

A invasão das novas tecnologias de comunicação muda – de fato – a relação do público com esses veículos. Os leitores podem, em princípio, submeter o texto a uma série de operações (decompondo-o e recompondo-o, por exemplo), tornando-se espécies de coautores dessas produções. Mas há que se considerar também que mídias anteriores sempre perduram numa nova mídia.

Feito este diagnóstico inicial enfocaremos, a seguir, aspectos que consideramos relevantes no que diz respeito às mudanças ocorridas nos jornais diários da cidade nas últimas décadas do século XX e nos primeiros anos do século XXI.

Um novo cenário para o jornalismo econômico[61]

Diversos fatores, no nosso entender, contribuem para a supremacia do jornalismo econômico como tema dominante também nos jornais diários a partir da década de

---

[61] Este subitem foi escrito em coautoria com Herica Lene. Serviu de base para a sua construção a sua dissertação de mestrado "A crise da *Gazeta Mercantil*: tradição e ruptura no jornalismo econômico brasileiro". Niterói: PPGCOM-UFF, 2004.

1970: o apartamento de temas políticos, em função do controle da informação durante o regime militar; o alinhamento da imprensa com a sociedade política que tinha no sucesso econômico discurso ideológico privilegiado; a conjuntura histórica mundial marcada por um cenário político-econômico de adoção do paradigma do chamado neoliberalismo; a emergência e consolidação do processo de globalização, instaurando uma visibilidade sem precedentes para os temas da chamada revolução tecnológica que resvalam em aspectos de natureza econômica.

Por outro lado, há que se considerar que os meios de comunicação são fundamentais para a divulgação de cenários econômicos dominantes, desempenhando papéis estratégicos na naturalização ideológica da economia liberal de mercado, fabricando o consenso sobre a superioridade das economias abertas e insistindo que não há saída fora dos pressupostos neoliberais.

De acordo com Kucinski (2000:144), como ideologia dominante, encampada pela cobertura jornalística da área econômica, a tese da globalização legitima a ocupação de novos espaços pelo capital financeiro mundial, especialmente nos países periféricos, sob o argumento de que se trata de um desenvolvimento natural das forças produtivas.

A adoção desses parâmetros que, para alguns autores, configura o chamado neoliberalismo foi gradativamente se transformando em modelo hegemônico no Brasil, desde o curto governo de Fernando Collor de Mello (1990-1992). A partir de então e cada vez mais a economia do país abre-se aos ditames dos centros líderes do processo de globalização[62].

Nos governos seguintes, incluindo os dois mandatos do presidente Fernando Henrique Cardoso, o neoliberalismo continua sendo o modelo dominante. Em 1994, o Plano Real estabiliza os preços, mas à custa de uma crise industrial e agrícola de caráter estrutural, com desemprego em massa e grande vulnerabilidade aos colapsos financeiros internacionais que atingem a economia entre 1995 e 1999 (Singer, 2001:124-125).

É, pois, também ancorado nesse discurso promotor da política via economia que os temas econômicos florescem no jornalismo diário, passando os jornais a dedicarem amplos espaços a esses assuntos, reestruturando suas editorias de economia ou criando-as em novos moldes, como por exemplo, ocorreu com *O Globo*. É também

---

[62] O Plano Collor, programa de estabilização lançado no dia seguinte à posse do presidente, era baseado em um inédito confisco monetário. Mas o plano, que pretendia reverter o processo de estagnação no qual se encontrava a economia brasileira, não acabou com a inflação e a recessão do país aumentou. No Brasil, a economia, que entre 1930 e 1980 gozava de uma das maiores taxas de crescimento do mundo, estagnou e deixou de crescer nas duas últimas décadas do século XX. O país foi atingido pela crise da dívida externa da década de 1980. A polarização entre a vocação do mercado interno, que exigia redistribuição de renda e aceleração do crescimento, e a atração do mercado global, que exigia redução do gasto e do tamanho do Estado e recessão, levou a um impasse, traduzido na longa e profunda crise inflacionária (Singer, 2001:124).

nesse cenário que a *Gazeta Mercantil* se fortalece como jornal de economia e negócios, adotando, tal como fazia desde a década de 1970[63], uma série de ações no sentido de se transformar num jornal de circulação nacional. Apesar disso, ao final da década, o jornal começa a enfrentar problemas financeiros.

Podemos atribuir esse revés ao fato de a *Gazeta* não ter se adaptado às mudanças do cenário econômico mundial, aliado à retração das verbas publicitárias e à falta de capital para investimentos.

A década de 1990 representa, segundo alguns autores, o momento em que a chamada cultura da comunicação começa a tomar forma. As mudanças históricas ocorridas – abertura das sociedades umas às outras; quebra de equilíbrios familiares; mudança nas relações sociais e nas representações do indivíduo e da coletividade; ruptura radical das formas de trabalho com a emergência do setor de serviços, entre outras – trouxeram consequências fundamentais para a comunicação, ancorada em um modelo tecnológico que funde a mídia de massa globalizada com a comunicação mediada por computadores. (Wolton, 1999:171)

Em meados da década de 1900, com uma receita que já ultrapassa os R$ 100 milhões, a direção da *Gazeta Mercantil* decide fortalecer sua atuação, lançando jornais onde houvesse, na avaliação feita, mercado compatível. Com isso pretendem formar uma rede de jornais regionais, afirmando-se perante os leitores como um diário de economia que cobre fatos econômicos mundiais, nacionais e também locais (Lene: 2004).

Com isso, o jornal continua crescendo. Em 1997 alcança 89.844 assinaturas e sua circulação aumenta 22% em relação ao ano anterior, ao passar a ser impresso em dez capitais do país. Em 2000, este número já alcança 21 jornais regionais e as redações produzem o conteúdo dos jornais nacionais e estaduais, empregando aproximadamente 500 jornalistas. (*Idem, ibidem*)

Encerrando o ano de 2000 com um lucro de R$ 25,758 milhões, ao contrário de 1999, quando teve um prejuízo de R$ 19,534 milhões, o jornal alardeia os resultados positivos com a manchete: "Gazeta Mercantil obtém maior lucro líquido de sua história." Na matéria compara a sua própria atuação num mercado onde poucos jornais

---

Na busca por formar se como jornal de "credibilidade" no Brasil e no exterior, a empresa da família Levy iniciou, na década de 1970, um processo de modernização do jornal. A direção decidiu fazer um veículo semelhante aos principais jornais no panorama mundial, especializados em economia e negócios. A definição das diretrizes gráficas e a utilização de bico-de-pena no lugar de fotos, por exemplo, são alguns dos exemplos seguindo o modelo internacional do jornalismo econômico praticado nos grandes veículos. Quando ocorreu a reformulação do jornal nos anos 1970, as editorias foram estruturadas com base em grandes jornais internacionais da área de Economia, como o *The Wall Street Journal* (Estados Unidos), o *Financial Times* (Inglaterra) e o *Handelsblatt* (Alemanha). (Lene: 2004)

continuavam crescendo num cenário de crise que atingia as empresas, devido principalmente à retração das verbas publicitárias e à falta de capital para investimentos.

Apesar do lucro o jornal vive uma aguda crise. O lançamento do jornal *Valor*, criado a partir do investimento realizado pelos grupos Folha da Manhã e Infoglobo Comunicações, no valor de R$ 50 milhões, sob o argumento de que havia espaço para um novo diário de economia, é apenas mais um aspecto para recrudescer um período de incertezas.

O insucesso dos jornais regionais, a retração do mercado, a crise de credibilidade em razão de estar enfrentado, na prática, um fracasso de natureza econômica (o que só piorava a situação do jornal, pois fazia parte da sua estratégia discursiva historicamente noticiar os sucessos empresariais), aliada à concorrência de um jornal para disputar o mesmo nicho de mercado, tudo isso, contribu[...]
da *Gazeta Mercantil*.

A rigor, os dois grupos aproveitaram a fragilidade financeira da G[...] putar o mesmo público leitor de notícias econômicas e de negócios. A R[...] *ganda* noticia que para a decisão de lançar o novo jornal de economia foi fundamental o fato de a *Gazeta Mercantil* não apresentar boa situação financeira.

A chegada do concorrente *Valor* não afeta de imediato a circulação do diário. De acordo com dados do IVC, a circulação paga da *Gazeta Mercantil* atinge 124.351 exemplares em dezembro de 2000, com aumento de 5,4% em comparação a 1999. Nos dois anos seguintes, continua aumentando sua tiragem.

Cenário 2: Jornalismo investigativo – categoria ou mitificação?[64]

O que é afinal o jornalismo investigativo? Seria possível visualizá-lo como categoria conceitual ou seria melhor defini-lo como uma construção originária de dentro do campo, como forma de qualificar a profissão?

Se no início do século XX, o repórter é a figura inovadora do jornalismo, no final do século, o jornalista investigativo parece sintetizar a mítica da profissão construída pelos próprios jornalistas.

Enquanto nos anos 1950/1960 era importante do ponto de vista da construção do jornalista como comunidade interpretativa mostrar o jornalismo como o lugar natural

---

[64] Este subitem foi escrito em coautoria com **Marcio Castilho**. Serviu de base para a sua construção a sua dissertação de Mestrado "Uma Morte em Família: martírio e autoridade nos cem dias de cobertura do caso Tim Lopes em *O Globo*". Niterói: PPGCOM-UFF, 2005.

da objetividade – construção feita graças às estratégias memoráveis daqueles que se autointitulam instauradores do processo de modernização –, a partir dos anos 1980 caberá aos jornalistas serem investigadores do cotidiano.

A adoção do modelo de jornalismo "objetivo, imparcial e neutro" também foi favorecida pelos limites impostos durante o período militar, uma vez que se distanciar da opinião passou a ser uma espécie de prerrogativa muitas vezes para a própria sobrevivência. Há que se considerar também que recusar os vínculos com a política naquele momento era também essencial para os que queriam se beneficiar das cercanias do poder.

Se, como mostramos, a ação da imprensa junto ao campo político, até a década de 1960, chega por vezes a se confundir, nas décadas seguintes há no jornalismo a valorização de aspectos que na chamada modernização dos anos 1950 ficaram encobertos. A ênfase a um novo tipo de jornalismo – o investigativo – parece se inserir neste cenário.

[...] num claro processo de autoconstrução referendado pelos próprios profissionais – será enfatizado a partir dos anos 1970, quando os principais prêmios outorgados a jornalistas valorizam exatamente esse tipo de abordagem (Castilho: 2005).

Abreu (2002:48) marca como ponto inflexivo do modelo de jornalismo investigativo na imprensa brasileira, o caso Watergate (1972-1974), destacando o significado de se particularizar o tipo de jornalismo realizado a partir do método e não mais pelo assunto (político, econômico, esportivo, etc).

Na nossa avaliação, a conjuntura política dos anos 1970 foi fundamental para a construção de um cenário no campo jornalístico, no qual os próprios atores irão se autoconstruir como descortinadores de assuntos envoltos em silêncio pela sua carga de conflito.

No instante em que a política como campo de debate e de polêmica foi apartada das discussões quotidianas apresentadas pelos jornais, há que se construir um novo lugar para essas mesmas polêmicas. Está montado, também sob este ponto de vista, o cenário ideal para o discurso jornalístico denunciador, mas agora em outras instâncias que não às nitidamente políticas. Os jornais publicam matérias cujo foco central é a investigação dos mais variados assuntos: desde as condições de vida dos trabalhadores até a poluição ambiental.

Em seu estudo sobre o tema, Silvio Waisbord (2000) afirma que a tradição da imprensa e as condições em que o jornalismo é praticado têm influência decisiva no significado que o jornalismo investigativo toma em determinado contexto. Nesse sentido, as definições correntes desse tipo de jornalismo refletem práticas e experiências próprias do contexto norte-americano, nada tendo a ver com a historicidade do modelo brasileiro e, especificamente, carioca.

Tendo como cenário o jornalismo norte-americano, Waisbord destaca a característica "denuncista" desse tipo de jornalismo. Assim, mesmo sem evidências suficientes, a partir de informações das fontes, os jornalistas podem fazer denúncias. Predomina, assim, a narração de uma história dramatizada, onde a denúncia não é fundamentada (Waisbord, *apud* Abreu, 2000:51).

A eclosão desse tipo de jornalismo está diretamente relacionada também ao confronto que se estabelece no jornalismo, criando uma dualidade entre um profissional voltado para ações de natureza política e outros governados pelos ditames do mercado (Roxo, 2000). Os anos 1970, como observa Lins e Silva, também citado pelo autor, significaram uma hipertrofia no jornal do plano político. Já os anos 1980 deveriam representar uma opção pela parte técnica jornalística. O jornalismo – agora graças à ação das próprias empresas jornalistas – implementou uma outra modernização, transformando o jornalismo num negócio rentável, na esteira da consolidação do capitalismo na esfera econômica. Modernizar significava aderir ao projeto político-administrativo estabelecido pelos jornais, cuja eficácia estava centrada numa modernização agora implementada pelas empresas.

Em função dessa nova concepção empresarial há uma mudança no perfil do jornalista. Exige-se dele cumprimento de prazos mais rigorosos para fechamento de matérias, textos mais curtos e versatilidade para assumir outras atribuições dentro do jornal. Uma outra mudança ganha força a partir dos anos 1980: a questão da exclusividade das matérias, como estratégia simbólica de construção de autoridade. O jornalista deveria ser – cada vez mais – aquele que podia não só revelar o que ficava oculto, mas a quem caberia descobrir fatos, acontecimentos, denunciando-os ao público. Sem a sua ação investigativa, não haveria sequer notícia. O fato de dominar um conhecimento inédito evoca um lugar de poder, o que justifica uma permanente preocupação do repórter em se autoconstruir como investigador.

Se quando da constituição da profissão de repórter, a importância da notícia inédita era vinculada ao gosto do público "sempre sequioso por novidades" (Barbosa, 1996: 187), agora se constrói uma nova categoria de jornalista – o investigativo – que traz para o campo outra característica: é capaz de configurar – e a ele é dada esta autoria – a própria notícia, a partir de seu "faro" investigativo, frente a outras esferas sociais.

Esta categoria tende a se manifestar na cobertura policial, lugar onde o trabalho de profissionais se confunde com as atribuições de investigador. Nesse sentido, o caso Tim Lopes serve para exemplificar esse processo, se constituindo numa espécie de síntese.

Tim esteve na fronteira entre esses dois territórios – o do jornalismo e o policial. É preciso considerar ainda que repórteres policiais não gozam de grande prestígio na hierarquia das salas de redação. No sistema de divisão de poderes dentro jornalismo, os repórteres policiais têm menos capital simbólico do que um repórter de economia ou política. Reivindicar para si o papel de investigador, dominar um conhecimento inédito ou trazer o "furo" para o chefe da redação deve ser visto, nesse sentido, como estratégia capaz de conferir ao jornalista investigativo maior poder simbólico.

O assassinato de Tim Lopes no alto da Favela da Grota, no Complexo do Alemão, Zona Norte do Rio de Janeiro, teve intensa repercussão nos meios de comunicação do país, especialmente no jornal *O Globo*, uma das empresas do grupo de comunicação do qual o jornalista fazia parte. Desde o anúncio do desaparecimento, o periódico procura demarcar a sua atuação no episódio. Coloca-se como principal adversário dos executores de Tim Lopes, lidera uma campanha pela elucidação do caso e cobra a prisão imediata dos responsáveis pelo crime. Interessa observar, no entanto, que o jornal não concorre diretamente com os periódicos populares que valorizam as matérias policiais. Numa rápida análise mercadológica, *O Globo* tem um público com interesse voltado para o noticiário político e econômico.

As pesquisas mostram que 26% dos leitores de *O Globo* situam-se na chamada classe A e 45% na classe B, representando 71% do total. O jornal tem 25% do seu público na classe C e 4% nas classes D/E. A maior parte (41%) completou ou está cursando nível superior e apresenta faixa etária de 20 a 29 anos (24%). O periódico tem maior venda entre as mulheres. Elas representam 55% no perfil de audiência (*Marplan* – 1º trimestre/2004). *O Globo* vende uma média de 239.453 exemplares nos dias úteis e 370.223 aos domingos. A maior leitura nos segmentos da classe média alta reflete no mapa de distribuição do jornal no Estado do Rio de Janeiro: do total de exemplares, 55% circulam na Zona Sul, seguidos da Zona Norte (17%), Zona Central (9%) e Niterói (8%) (*IVC* – Agosto/2004).

A distribuição das notícias por editorias – os jornais têm espaços reservados para assuntos de economia, política, esportes, polícia, cultura e geral – traduz também uma divisão de *status* entre os repórteres na empresa. A editoria policial costuma ser a porta de entrada para quem está iniciando a carreira. Em média, os salários são inferiores em comparação com os rendimentos de jornalistas que ocupam as editorias consideradas mais "nobres", como política e economia[65].

---

[65] O piso salarial do jornalista varia de acordo com a cidade onde trabalha, a categoria (rádio, TV ou jornal) e a carga horária. De acordo com a Federação Nacional dos Jornalistas (Fenaj), o redator, no Estado do Rio de Janeiro, recebia, em 2004, por mês R$ 695,55 (5 horas) e R$ 1.113,26 (7 horas). No Distrito Federal, o piso varia entre R$ 958,00 (mídia eletrônica) e R$ 1.161,00 (mídia impressa).

Tim Lopes pertencia a um grupo, dentro da reportagem policial, que está ligado ao ideário romântico da profissão: o jornalismo investigativo. Sua atuação se identificava com a prática do "verdadeiro jornalismo", responsável por denunciar os escândalos, relatar os dramas humanos, investigar a corrupção nas esferas públicas e o crime organizado nas favelas. Tim Lopes, em várias passagens da carreira, incorporou personagens para fazer suas reportagens. Vestiu-se de operário para denunciar as condições de trabalho nas obras do metrô do Rio de Janeiro. Como policial rodoviário, revelou o esquema de corrupção entre os patrulheiros nas rodovias. Disfarçou-se de mendigo e Papai Noel para contar histórias da vida "real". A identificação com a imagem de "herói solitário" marcou a sua trajetória nas revistas e jornais cariocas e na *TV Globo*, como repórter do programa "Fantástico".

Aos colegas de profissão dizia se inspirar no repórter Octavio Ribeiro, o "Pena Branca", conhecido jornalista que obtinha informações antes de a polícia ter acesso ao local da ocorrência. "Pena Branca" projetava a figura do profissional de imprensa como "herói solitário", aquele com autoridade para cobrar justiça e resolver os problemas da sociedade. A lembrança de "Pena Branca" reforça a identidade de Tim Lopes como "herdeiro" de uma tradição de repórteres, que empregam em seus métodos de apuração técnicas de investigação policial[66]. Em seu último trabalho, na Vila Cruzeiro, o repórter da TV Globo usava uma câmera oculta para registrar a venda de drogas e exploração sexual infantil nas imediações de um baile funk.

O recurso da microcâmera já tinha sido utilizado por ele na matéria que consagrou a atuação do repórter como detetive em áreas de conflito. Em dezembro de 2001, Tim Lopes recebeu o Prêmio Esso na categoria Telejornalismo pela matéria "Feira das drogas", exibida no "Jornal Nacional", da *TV Globo*, em agosto do mesmo ano. O trabalho lhe rendeu homenagens. A imagem do premiado, editada com trechos da matéria vencedora, foi ao ar durante o noticiário mais assistido da televisão brasileira. A premiação fortalecia o papel da reportagem investigativa na formação da identidade profissional do jornalista.

No ano seguinte, o repórter Eduardo Faustino também venceu o Prêmio Esso na mesma categoria. Como Tim Lopes, usou a câmera escondida para flagrar um esquema de corrupção envolvendo políticos e empresários no município de São Gonçalo, Região Metropolitana do Rio de Janeiro. Faustino, no entanto, não foi apresentado ao público. O prêmio foi entregue a um representante do vencedor (Jakobskind, 2003). O meio jornalístico ainda vivia o impacto do assassinato de Tim Lopes.

---

[66] Figura carismática, com uma mecha branca nos cabelos negros, Pena Branca era famoso por desvendar crimes, encontrar fugitivos e proteger testemunhas. Acabou inspirando o personagem Valdomiro Pena, interpretado pelo ator Hugo Carvana, na minissérie da *TV Globo* "Plantão de Polícia", no final dos anos 1970. Pena Branca publicou ainda romances como *Barra Pesada* (1977) e *Algemas de carne* (1983).

A morte do repórter da *TV Globo* soou como sinal de alerta para os jornalistas. Até então, havia uma espécie de crença de que a imprensa estava imune às forças da sociedade para fiscalizar as instituições públicas e apontar os males do "estado paralelo" do crime organizado, colocando-se sempre em favor do interesse público. Mas a execução no alto da Favela da Grota expôs a vulnerabilidade de repórteres policiais no exercício profissional em áreas de conflito.

Mesmo que a morte de Tim Lopes tenha provocado um redimensionamento das funções do repórter investigativo na produção de notícias[67], observamos que o discurso de *O Globo* e das entidades de classe permaneceu enaltecendo a imagem do jornalista como "herói solitário" convocado para uma missão altruísta e de muito risco: desvendar o crime que está oculto e desmascarar os males da sociedade.

Para além do debate ético sobre o uso da microcâmera e a busca do "furo" a qualquer preço em detrimento da segurança dos repórteres, a análise das narrativas de *O Globo* aponta para a idealização da profissão. O jornal se apropria do assassinato de Tim Lopes e acaba por reforçar a imagem da imprensa como instituição poderosa, intervindo sempre em defesa do interesse coletivo. Nesse sentido, os jornalistas também atuam preferencialmente a serviço da verdade (Mouillaud, 2002). O discurso crível ou o poder de "fazer crer" se torna o capital maior do campo jornalístico, pois confere credibilidade ao jornal e oferece as condições da sua aceitabilidade.

Os homens que detêm o capital da informação apelam para a objetividade, garantem estar comprometidos com os valores democráticos, mas acima de tudo agem em defesa do grupo de jornalistas. As matérias ilustram de maneira emblemática o modo como os profissionais exercem a sua autoridade interpretativa diante dos fatos. O editor de Opinião de *O Globo*, Luiz Garcia, definiu a execução de Tim Lopes como uma "morte em família".

> "Ele era dos nossos, e morreu fazendo o que todos queremos fazer – e nem sempre todos sabemos: descobrir o crime que está oculto e, para o bem coletivo, é necessário contar. A sensação de perda e a tristeza tendem a dominar nossa reação, nossa interpretação do que aconteceu: somos as vítimas, mataram um dos nossos quando fazia o nosso trabalho." ("Somos todos vítimas". *O Globo*, 10 junho 2002, p. 14)

[...] programa Cidade Alerta, da *Rede Record*, chegou a trabalhar com coletes à prova de balas [...] ações policiais de busca pelo corpo de Tim Lopes no Complexo do Alemão. [...] (AP) também informou que compraria *kits* de segurança ("Jornalistas passarão a vestir coletes à prova de balas em operações policiais". *O Globo*, 12 junho 2002, p. 8).

O jornal fortalece a imagem dos jornalistas como profissionais onipotentes, munidos do poder da palavra, cuja missão consiste em "descobrir o crime que está oculto e, para o bem coletivo, é necessário contar". No entanto, outras instituições, não o jornalismo, têm a atribuição de desvendar crimes. Naturaliza-se assim a prática do repórter policial como investigador de polícia, pois atuaria como intermediário em favor da coletividade.

A "morte em família", percebida como sentimento coletivo de luto, deve ser vista, sobretudo, como construção narrativa que reforça a ideia da comunidade interpretativa. O autor apela todo momento para um discurso na primeira pessoa do plural, conforme destacamos no texto. Entendemos que há um claro indício de autoridade ao ser enfatizado que os bandidos "mataram um dos nossos q...
O jornal busca legitimar os jornalistas como um grupo coeso que d...
papel de interventor na sociedade para investigar crimes.

Nas matérias parece clara a crença de que os repórteres são cap... ...
aos fatos" e reproduzir fielmente os acontecimentos da forma como eles aconteceram. Nesta concepção, os jornalistas atuam como porta-vozes legitimados e confiáveis da verdade do mundo (Zelizer, 1992), uma "verdade" que não poderia ser ofertada ao público não fosse a atuação da imprensa.

> "Já se disse que a primeira vítima, na cobertura jornalística dos conflitos, é a verdade. Muitas vezes, pode ser. Desta vez, não. A vítima foi a busca da verdade. Da verdade que Tim buscava, sem o menor desvio para o sensacionalismo ou a autopromoção, movido por singelo e intenso desejo de contar as coisas que acontecem". (*Idem*. Grifos nossos)

Ao reivindicar para si o papel de "descobrir o crime que está oculto e, para o bem coletivo, é necessário contar", o jornal sobrepõe-se a outras instituições como a polícia e o Poder Judiciário Da mesma forma que estampava em sua manchete que o tráfico havia julgado, torturado e executado Tim Lopes, *O Globo* também assume o papel de um tribunal, não se limitando a relatar os acontecimentos. Albuquerque afirma que "em face da ineficiência da Justiça, os jornalistas brasileiros se veem tentados a realizar simbolicamente a justiça que ela não é capaz de fazer" (2000:48).

Interessa observar que o noticiário também reflete as instruções contidas nos artigos publicados em *O Globo*, tornando tênue a linha clássica que separa as notícias objetivas dos espaços reservados para comentários e opiniões. As matérias se relacionam com o sentido dado pelo escritor Silviano Santiago ao assassinato de Tim Lopes. Ele compara o repórter a um correspondente de guerra: "O correspondente de guerra deve ser reverenciado como se reverenciam os heróis anônimos do cotidiano". ("Nosso correspondente de guerra". In: *O Globo*, 11 junho 2002, p. 19)

Se a categoria jornalista investigativo ganha força, como vimos, a partir dos anos 1970 em função da conjuntura política e econômica do país, podemos refletir até que ponto o caso Tim Lopes representou um momento de consolidação deste tipo de jornalismo do Rio de Janeiro ou um segundo ciclo de estratégia memorável por parte dos produtores de notícias. Nos meses que se seguiram ao assassinato, articulou-se durante seminário, em parceria com o Centro Knight da Universidade do Texas, a fundação da Associação Brasileira de Jornalismo Investigativo (Abraji). Criada nos moldes da *Investigative Reporters and Editors* (IRE), a entidade tem como objetivos "o aprimoramento profissional dos jornalistas" interessados no tema "investigação" e a "difusão dos conceitos e técnicas da reportagem investigativa" (cf. Artigo 1º do Estatuto da Associação Brasileira de Jornalismo Investigativo). A Fenaj, por sua vez, passou a promover, a partir da morte do repórter da *TV Globo*, o Prêmio Tim Lopes para Projetos de Investigação Jornalística.

Observada a adesão do grupo ao discurso que transforma Tim em mártir do jornalismo, percebemos que, através das notas oficiais das entidades e das declarações dos entrevistados, *O Globo* adquire poder interpretativo no episódio. Sem condição de manifestar suas convicções, comentários e opiniões no noticiário, posto que essas manifestações devem se limitar ao espaço dos artigos, conforme as regras da profissão, o jornal deixa que a comunidade interpretativa, ou seja, os sindicatos e associações falem por ele. Essa tática se torna eficaz graças ao sistema de citações. A convenção noticiosa do uso da terceira pessoa permite aos jornalistas reportar a opinião de outros grupos para legitimar o seu próprio discurso.

O sistema de citações que confere ao jornalista a possibilidade de interpretar os fatos aproxima as matérias noticiosas dos artigos. Em certos momentos, parece mesmo difícil perceber a diferença entre noticiário informativo e opinião. Os dois modelos passam a ser incorporado na reportagem de *O Globo*. A mesma dificuldade se impõe para definir quem é o agente principal da fala: o jornal ou as entidades de classe. Os dois modelos se imbricam na defesa e reivindicação de um tipo de autoridade específica para os jornalistas ao "exigir" das autoridades a punição dos culpados.

Outro dado a ser observado neste episódio surge na relação entre narrativa e poder. Dois campos distintos (o jornalístico e o político) se aliam numa clara estratégia de autoridade. Bourdieu (1987) informa que, para explicar o discurso, é preciso considerar o *habitus* linguístico, ou seja, a capacidade de utilizar as possibilidades oferecidas pela língua, e o contexto social no qual a comunicação se instaura. Partindo dessa compreensão, importa situar que a narrativa do caso Tim Lopes é produzida durante o período em que as forças políticas do Rio de Janeiro estão em plena campanha para o Governo do Estado, administrado por Benedita da Silva (PT). Identificamos que as relações de força entre os jornalistas e as autoridades políticas são flutuantes, variando de acordo com os interesses específicos de cada grupo. Para os políticos, estava em jogo a disputa eleitoral. Para os jornalistas, interessava mostrar o poder interventor do jornalismo na sociedade e minimizar o enfoque nos riscos das chamadas reportagens investigativas. Havia, portanto, um sentido de cooperação entre os dois grupos em muitos momentos da cobertura, como no caso das críticas ao relatório dos investigadores policiais.

A idealização de Tim Lopes guiou também a cobertura do jornal, que procurou transformar o jornalista em mártir do grupo e símbolo do combate à violência no país. Ao mesmo tempo, o periódico o responsabiliza pelos fatos ocorridos na noite de 2 de junho de 2002, no alto da Favela da Grota, como forma de se preservar das críticas de que teria exposto o seu profissional ao risco numa "missão" que seria atribuição da polícia.

Há, portanto, múltiplas nuanças neste caso síntese da ação do jornalismo além da esfera meramente noticiosa. Investigar passa a ser não apenas uma prerrogativa como uma prática quotidiana no mundo do jornalismo.

Cenário 3: Narrativas de um outro fim de século[68]

O mundo contemporâneo aparece com toda a sua complexidade via expressão narrativa dos meios de comunicação. Nos jornais diários a tensão entre a expectativa da referencialidade e as estratégias ficcionalizantes do sensacionalismo parecem dominar as narrativas dos anos 2000. A cidade, seus habitantes, seus espaços físicos e simbólicos aparecem representados através de uma experiência humana que se articula temporalmente nas coberturas jornalísticas.

Este item fala de um personagem comum nas descrições quotidianas da cidade do Rio de Janeiro nos anos 2000: o medo. O medo que resulta de uma violência que se esparrama nas páginas dos jornais. O medo do terrorismo, o medo dos assaltos, da guerra urbana, das guerras históricas, dos atos individuais e dos atos coletivos. Como configurar esse medo? Como falar dessa violência que se transmuta em medo?

Portanto, o cenário narrativo que apresentamos é a arqu experimentada pelos leitores a partir da visualização do jornal O Globo narrativa é se referir às múltiplas figurações temporais. O jornalismo arti

---

[68] Este subitem foi escrito em coautoria com **Letícia Cantarela Matheus**. Serviu de base para a sua construção a sua dissertação de Mestrado "Elos, temporalidades e narrativas: a experiência contemporânea do medo no jornalismo de O Globo". Niterói: PPGCOM-UFF, 2006.

em uma rede de sentidos, sendo um dos formuladores da sua percepção na contemporaneidade.

Há que se considerar ainda que o tempo simultâneo, ininterrupto, dos grandes acontecimentos, dos instantes que se sucedem, da velocidade, da instantaneidade e da aceleração emerge no cotidiano, dando sentido à existência em função da sua visibilidade produzida via meios de comunicação. A relação dos meios de comunicação com o tempo é uma questão midiática. Não só porque participam da sedimentação no imaginário de uma nova temporalidade-mundo, mas porque a configuração narrativa da mídia se inscreve numa relação de natureza, sobretudo, temporal.

Além disso, as narrativas que aparecem nas páginas dos jornais são construídas de múltiplas temporalidades. É o que Ricoeur chama intratemporalidade, ou seja, uma estrutura temporal prática, não abstrata, do ser no tempo.

O primeiro tempo que emerge é o tempo de contar as histórias. Pode-se afirmar que a arquitetura temporal do jornalismo é composta de um tempo linear e, ao mesmo tempo, cíclico (Pomian, 1984). Todos os dias, há novos acontecimentos que emergem na duração, mas também o sentido da existência se desenvolve em relação ao amanhã, ao depois de amanhã, ou seja, para um futuro infinito. O tempo da mídia é o linear da ubiquidade sincrônica, é o tempo-mundo, da globalização, da economia mundializada, dos transportes, da padronização das medições da passagem do tempo por sistemas matemáticos.

Se, por um lado, a literatura jornalística é orientada pela flecha temporal, por outro, o que a caracteriza é sua periodicidade. Ainda que não seja a mesma edição, o jornal está todos os dias à disposição de novas leituras. Mesmo algumas reportagens dizem respeito a acontecimentos que realmente se repetem nos calendários, como as cerimônias e acontecimentos cíclicos, além das festas profanas e católicas: *Réveillon*, Natal, Carnaval, a chegada do verão, o início do ano letivo, as tempestades que alagam as cidades, o campeonato de futebol, as copas do mundo, as eleições, as Olimpíadas, etc. Portanto, o tempo do jornal é também o dos calendários e do dia, este último a mais natural das medidas do tempo, como lembra Ricoeur (1994:99). Se existe alguma medida abstrata de contar o tempo que se aproxima do tempo concreto da experiência prática, essa medida é a duração do dia.

Mas essas não são as únicas formas segundo as quais a experiência temporal se apresenta. Há também o tempo da produção das notícias, o da publicação, da circulação e, principalmente, o tempo da leitura. Destacamos nesta análise alguns dos tempos que constituem a trama narrativa, cujos padrões e velocidades variam, bem como os marcos do que representam passado, presente e futuro.

Para a análise que estamos propondo elegemos dois acontecimentos que resultaram em extensa cobertura no jornal *O Globo*, em 2003, e que se apresentam como parte de um mesmo tema: a violência urbana. Além disso, essas duas coberturas[69] são como espécies de capítulos de uma mesma história do medo. Os textos apontam para uma forma de sociabilidade e de percepção do ambiente urbano com base em um imaginário do medo difuso, deslocado para diferentes espaços da cidade: escolas, outras universidades e vias expressas. Mas os elos entre as duas histórias vão além das semelhanças na abordagem da experiência urbana e na difusão espacial do medo, dizendo respeito também ao fato de apresentarem uma arquitetura temporal semelhante. A experiência urbana, no nosso entender, só pode ser percebida a partir do acionamento de uma memória do medo e da violência que tem, necessariamente, viés temporal.

Na cobertura do caso Gabriela, desde o primeiro dia, na primeira página, o jornal destaca a data de sua morte como marco de sua vida. A importância que o jornal confere à data deriva do fato de ter sido aquele o dia em que Gabriela iria andar sozinha de metrô. Seu corpo estava preste a se misturar simbolicamente com a cidade.

O texto principal (*O Globo*, 26 março 2003, p. 11) divide-se em dois ambientes, cada qual com uma temporalidade própria. Enquanto na Estação São Francisco Xavier o tempo dominante é o da premência da morte, da agilidade do assalto, dos vários acontecimentos velozes e simultâneos, em uma sucessão de imprevistos, na outra estação, na Praça Saens Peña, onde uma mãe apreensiva aguarda a chegada da filha, domina a lentidão do tempo da espera. Dez minutos, segundo o jornal, é uma eternidade, tanto que Cleide tem a certeza de que algo acontecera à sua filha. A separação entre as duas temporalidades é inclusive insinuada por um entretítulo que impõe uma fronteira na mancha gráfica do texto. O religamento entre elas se dá quando a personagem de um dos ambientes invade o outro, ou seja, quando o tempo da espera vai ao encontro do tempo da morte. Carlos, pai de Gabriela, resolve ir até a estação São Francisco Xavier procurá-la. Lá encontra apenas os óculos da filha caídos na escada. Eles condensam a metonímia de Gabriela e a metáfora da morte. Ao vê-los, Carlos, e ao mesmo tempo o narrador e o leitor, já tem a certeza da morte. Toda a informação está contida naquele par de óculos.

O enredo vai sendo construído por meio de indicações da simultaneidade dos acontecimentos que levará ao clímax: a morte da adolescente. A simultaneidade representa, portanto, o grande mal. O subtítulo diz: "Jovem de 14 anos é atingida por bala perdida *durante* confronto entre policial e assaltantes" (*O Globo*, 26 março de 2003, p. 11). Em seguida, o jornal retrocede mais um pouco ao dizer que Gabriela não saía

---

[69] As coberturas que analisamos foram a do caso da adolescente Gabriela, morta na estação de metrô da cidade, após o confronto entre policiais e um bandido, e o caso Luciana, aluna de uma universidade no Rio Comprido, bairro próximo ao centro no Rio, que, vítima também de bala perdida, ficou tetraplégica.

de casa nunca e que ontem pegaria o metrô pela primeira vez sozinha. Informa, ainda, que os quatro bandidos chegaram à estação às 15h30.

Começa a ação do assalto. Um dos bandidos tenta fugir pela escada e se depara com um detetive à paisana que descia. Os dois entram em confronto e uma bala perdida atinge Gabriela, "que <u>também descia</u> a escada para entrar na estação". O texto indica o improvável: a menina estar fazendo a mesma ação que o detetive e ao mesmo tempo. Enquanto isso, a mãe espera na outra estação. O texto constrói a diversidade dos tempos dos bandidos, do detetive e de Gabriela. Quando são simultâneos, produzem a tragédia. Não é somente a bala que cruza o caminho de Gabriela. É o tempo da menina que intercepta os tempos do bandido e do detetive.

A reportagem é mediadora da experiência urbana, entre outras razões, por sua capacidade de articulação dos tempos cronológicos e não-cronológicos. O texto se refere a um episódio ocorrido em um determinado dia: pertencente a uma sequência temporal linear, publicado em edições de um determinado dia que circulam em uma sucessão de agoras. Entretanto, para fazer compreender o episódio que conta, a reportagem precisa ser redigida também em uma ordem não-cronológica, indo e voltando na flecha do tempo, apresentando temporalidades múltiplas de vários personagens ainda que sob o ponto de vista de um único narrador.

O clímax desta primeira reportagem da história de Gabriela é evidentemente sua morte. Essa informação, que seria a conclusão da história, o leitor já sabe desde o título na primeira página "Adolescente é morta em tiroteio no metrô" (*O Globo*, 26 março de 2003, p. 1). Em uma estrutura linear cronológica, ainda que retrospectiva, o leitor encontra a explicação para a morte somente ao avançar na história. Mas a explicação vai até certo ponto. O que garante continuidade ao noticiário é justamente o adiamento perpétuo de todas as explicações. O fluxo do medo sobrevive exatamente do fornecimento de conclusões parciais a cada nova edição. Assim, o *continuum* narrativo fica garantido. A mesma reportagem apresenta tanto um caráter linear – avançando sobre a história – quanto cíclico – de repetir o tema no dia seguinte.

Além disso, o texto é composto por dois tempos: o tempo da ação dos bandidos e o tempo de espera da mãe de Gabriela, Cleide. O primeiro tempo, o do crime, é retrospectivo. O leitor fica sabendo que Gabriela morreu antes de conhecer detalhes sobre o assalto, embora este seja relatado cronologicamente. Mas o segundo tempo, o da espera, é cronológico prospectivo, produzindo deste modo sensação de ansiedade, assim como viveu Cleide. O leitor precisa acompanhar cronologicamente os fatos para descobrir como a família soube da morte da menina. A notícia da morte, pelo seu adiamento e pela sobreposição do tempo de leitura com o tempo da explicação, acaba sendo mais dramática narrativamente do que a própria morte.

Temos, portanto, dois tempos principais – o cíclico e o linear –, que são paralelos na reportagem. Na imagem reproduzida pelo jornal, ganha destaque o par de óculos da menina caído ao chão junto à escada. Podemos dizer que a morte de Gabriela está para o assalto assim como os óculos caídos no chão estão para a espera. Deste modo, a reportagem completa um círculo inteiro do arco hermenêutico de Ricoeur (1994): os óculos no chão são a refiguração da morte. Ao se deparar com o par de óculos, o leitor já está interpretando a morte pela segunda vez, enquanto o pai que vai atrás de Gabriela está tomando conhecimento naquele momento.

Mas o ciclo temporal da narrativa jornalística também engloba o futuro. Nessa mesma notícia, num box intitulado "Plano era fazer fe ...
plos futuros são descritos: o de Gabriela (que queria alugar uma ...
dos seus 15 anos, em agosto); o dos pais da adolescente e o da cidade ...
entre o crime e a vida da cidade é destacada pela mãe da vítima ...
cia do metrô como símbolo de segurança). O sentido é aquilo que seria feito no futuro se não houvesse essa ruptura representada pela morte inesperada. São projetos, ou seja, uma memória prospectiva como antecipação de futuro.

A vida de Gabriela e de Luciana são também pontos de ancoragem da narrativa do jornal sobre a experiência urbana. Para Ricoeur (1994:115), não é de todo incongruente falar que as vidas são histórias não contadas, no sentido de serem narrativas potenciais. O jornal ancora sua narratividade nos acontecimentos e a própria narrativa se torna um novo acontecimento, ou seja, torna-se nova prefiguração.

Talvez a melhor maneira de explicar a relação entre os fenômenos que acontecem e os que ocorrem nos jornais seja recorrer à distinção proposta por Nora (1976) entre acontecimento (aquilo que irrompe na história) e fato cotidiano. Há uma ansiedade característica do nosso tempo em enxertar sentido histórico nos fatos cotidianos, num permanente estado de esforço interpretativo. Caberia ao jornalista essa interpretação e não mais ao historiador. A condição de existência de um acontecimento histórico seria estar na mídia. Diante da ansiedade de interpretar a atualidade, os meios de comunicação reafirmam sua importância na sociedade. Cada novo crime parece conter algum sentido maior.

Para Halbwachs (1990:115), o acontecimento é o que une diferentes grupos diante de uma representação comum. Nesse sentido, podemos acrescentar, seria o instante em que as múltiplas temporalidades convergem, como durante o encontro dos óculos de Gabriela no chão. Assim, o jornal não reconfigura o passado próximo ou distante. Ao enfocar múltiplas temporalidades, empurra para o passado ou lança para o futuro a narrativa, de modo a enriquecer a trama.

O jornal segue dialogando com o futuro no dia 28 de março, na página 14, onde anuncia que os amigos de Gabriela farão um protesto. Há o esforço de manter viva a memória de Gabriela de várias maneiras e as estratégias do jornal se coadunam com a dos amigos da vítima.

Na sala de aula da turma 101, uma das cadeiras da primeira fila ficará vaga. Por decisão dos colegas de Gabriela, desde ontem o lugar onde ela costumava se sentar *está vazio para lembrar a presença* [original sem grifo] da estudante... (*O Globo*, 28 março de 2003, p. 14)

A cadeira-monumento estará ali para lembrar a falta, mas também como emblema do que pode acontecer com aqueles que subestimam o medo. O monumento é um suporte material de memória, um sinal do passado, que pode ser tanto obra comemorativa quanto um monumento funerário, como a cadeira se tornou. Seu objetivo é perpetuar a recordação de Gabriela em um domínio privilegiado de memória: a morte. Além dessa diferença, o monumento dialoga concretamente com os colegas de sala da adolescente, ele é menos abstrato do que um documento. É do universo sensível.

... disse que costumava monitorar os passos da filha, o que é o mesmo que ... seu tempo. "Quando ela demorou mais de dez minutos, sabia que alguma ... Não é somente a morte e a experiência urbana que se pretende ..., mas também suas temporalidades.

A construção da identidade leva a um processo permanente de des e reconstrução do passado (Velho: 1994). É isso que observamos na reportagem, embora o autor dê mais ênfase ao indivíduo. O que interessa aqui são as percepções coletivas. Nesse sentido, embora seja a vida individual de Gabriela a ser reconstruída, sua importância como objeto midiático é somente na medida em que ela puder ser compreendida como categoria social. Não se trata do destino de Gabriela do Prado Ribeiro, mas de como o jornal trabalha com um personagem arquetípico melodramático e com sua relação com a cidade do Rio. Assim em março foi Gabriela, em maio foi Luciana.

A mobilidade do tempo no episódio Luciana é menos dinâmica. Ela se concentra principalmente no passado – o ataque à universidade – e no que antecedeu, uma vez a motivação é o grande enredo da cobertura. Tem-se, portanto, o passado da bala alojada na coluna cervical de Luciana e o passado misterioso da motivação do ato. Já o futuro é representado pela iminência da sua morte ou por sua tetraplegia e pela possibilidade de crimes semelhantes se repetirem. Articula-se, portanto, um tempo de natureza cíclica.

A primeira página de 6 de maio de 2003, primeiro dia de cobertura do caso Luciana, já traz a tensão entre o passado da bala perdida e o risco da estudante ficar tetraplégica. O texto relata que a direção da universidade recebera uma carta naquela manhã ordenando o fechamento do campus, mas que os alunos estavam sendo dispensados, aos poucos, para não causar pânico. Luciana estava sentada na cantina esperando a aula seguinte. Há, mais uma vez, assim como na cobertura Gabriela, a oposição entre a temporalidade lenta da ordem de um lado contra a ação imediata dos bandidos de outro, onde o tempo passa rapidamente, surpreendendo aqueles que subestimam o medo.

Na página 15, o jornal afirma que os disparos foram feitos depois que os traficantes ordenaram luto em toda a região pela morte de Adriano Paulino Martins Miano, o Sapinho, e pelo desaparecimento de outros dois moradores vistos pela última vez quatro dias antes. Esse fato, porém, não fora noticiado por *O Globo*. Do mesmo modo, o jornal não publicou a história da morte dos moradores do Morro do Borel, que apareceria posteriormente. Mas não podia deixar transparecer que se tratava de notícias velhas, razão pela qual foram presentificadas. Portanto, o sentido do que foi relatado não é de um passado, mas de um episódio que vinha em andamento há quatro dias.

Ainda na mesma edição, na página 16, o periódico direciona sua narrativa para o futuro, por meio das declarações do secretário de segurança, que pede aos comerciantes que não obedeçam aos traficantes. Ou seja, o jornal está aceitando a tese de um tempo cíclico de ameaças que se repetem. O efeito de continuidade entre um presente experimentado com medo e o futuro é produzido também na matéria coordenada na mesma página. Sua temporalidade é coerente com o restante da cobertura.

"Estou morrendo um pouco com a minha filha", diz o título, reproduzindo as palavras do pai de Luciana. A frase faz referência à iminência da morte, uma morte gradual. Assim como o bairro do Rio Comprido, que, segundo o texto, sofre assaltos diários, tanto a cidade quanto Luciana e seu José morrem lentamente. Para o jornal, os trabalhadores do Rio Comprido também não saem mais para almoçar devido à violência. O bairro sofre uma imobilidade gradativa.

Ainda que, por um lado, haja a ideia de morte progressiva e de violência progressivamente agravada, por outro lado, o tempo cíclico não deixa de ser articulado. Por exemplo, a mesma reportagem relembra o caso do filho do Neguinho da Beija-Flor, Luiz Antônio Feliciano Marcondes Júnior, aluno da Estácio, que também foi ferido por uma bala perdida na Rua do Bispo em março do ano anterior. Também cita os crimes no campus da UFRJ, na Ilha do Fundão e um assalto à Universidade Gama Filho em 2000. Também destacam o pressuposto de se [...] ameaças se repitam. Ou seja, os episódios são cíclicos, a violência [...]

O que confere sentido de atualidade aos acontecimentos narrados [...] na temporalidade do jornal. As cenas não pertencem ao passado. [...] a cada nova publicação. São cenas memoráveis, não por seu valor intrínseco, mas pelo poder que o jornal lhe confere de trazer o passado para o presente e de construir a memória da cidade hoje. Essas imagens podem ter sido impressas pela luz do instante passado mas é à luz do presente que produzem a sua visibilidade.

Para Ricoeur, o presente não é o mesmo que o agora. Ele pode até coincidir com a hora do relógio, mas a percepção do que é o presente é muito mais dinâmica. "O agora existencial é o presente da preocupação, que é um tornar-presente, inseparável de um 'esperar e de um 'reter'", diz Ricoeur (1994:100), citando Heidegger. A preocupação é a dimensão da inquietação existencial. "O que é considerado presente é a articulação no discurso de um *tornar-presente,* que se temporaliza em união com uma espera que retém." Se todos esses acontecimentos de até dois anos antes são atualizados pelo jornal, é porque através da narrativa se constrói um grande presente.

No mesmo texto é enfatizado que a distância espacial entre a Gama Filho, na Piedade, e o Rio Comprido "não diminuiu o medo dos alunos de passar pelo mesmo drama da estudante Luciana atingida no início da semana". A distância física não impede a contaminação do medo, nem a distância temporal, como indica a frase. Mais uma vez, também "o início da semana" ainda não é passado para o jornal, bem como todos os demais casos presentificados na matéria. O jornal, portanto, trabalha movendo a fronteira passado/presente.

Finalmente, na página 13 da mesma edição, pela primeira vez um outro vínculo mnemônico entre as duas coberturas e o fluxo do noticiário emerge do subsolo do *não-dito,* da memória silenciosa da violência. A mesma matéria rememora o caso Turano e relata o caso do Morro do Borel, onde quatro moradores foram mortos em 16 de abril daquele ano pela Polícia Militar. Entretanto, essa notícia (assim como o desaparecimento dos moradores do Turano) não tinha sido publicada pelo jornal. As famílias das vítimas estavam mandando um dossiê para o ministro da Justiça. Pela primeira vez, nessas duas coberturas, a violência contra a população das favelas tem memória, que se coloca no lugar do silêncio quando da eclosão do acontecimento. A notícia da morte dos quatro moradores do Morro Turano tem uma temporalidade incômoda para o jornal. Afinal, o crime ocorreu em 16 de abril.

No último dia analisado, 10 de maio, o jornal trabalha com o passado do passado, tentando explicar o crime por um retorno a um passado mais antigo. Surge a hipótese, nas investigações, de o disparo ter sido feito por um PM ou por um traficante de dentro do campus, o que de certa forma põe em xeque as narrativas do temor em relação à proximidade com a favela.

É, ao mesmo tempo, algo que pertence ao passado e ao futuro. É uma tese que ainda não se confirmou no futuro. Se quem atirou foi um PM, a hipótese construída pelo jornal é que fosse um segurança contratado pela universidade. Esse dado confirmado mudaria completamente o sentido do evento. Surge neste momento a possibilidade de total inversão do sentido do medo, vindo não mais diretamente das favelas, mas da força policial, do Estado. Somente a existência dessa hipótese já faz a cobertura – que começa dando uma certa configuração à violência – ter seu sentido alterado.

Então, no melodrama, o *traidor* seria não mais o cidadão das favelas – que deveria ser pacato – e se volta contra a ordem, mas a Polícia Militar, um traidor ainda pior porque instrumento dessa mesma ordem. Na mesma edição, em outra matéria, o caso Luciana é lembrado mais uma vez como justificativa para o medo ter chegado às escolas do mesmo modo como no caso Gabriela.

Os vínculos mnemônicos se encontram no fluxo noticioso que garante uma sensação de continuidade dos acontecimentos, no recurso de ir e vir na flecha do tempo ("Mais uma família derrotada..."), rememorando outros casos nos quais ocorreram experiências urbanas semelhantes. Configura-se assim a intriga maior da violência. A semelhança entre a topografia temporal das duas coberturas – a lentidão da ordem contra a velocidade do crime – também é fundamental para construir os vínculos memoráveis. Em ambos os episódios, o futuro está sob ameaça.

Esses vínculos são muitos: a fotografia de Gabriela fazendo o símbolo da paz, o pretenso assassino acionando o fluxo do *mal*, o papel nocivo da PM em ambos os episódios, um mesmo tipo de diálogo com a cidade, o mesmo papel da bala perdida, a ligação entre o Morro do Borel e o Morro do Turano, entre o assalto ao posto de gasolina em 2002 e ao metrô em 2003, entre o ataque à Estácio de Sá em 2003, o assalto à Gama Filho em 2000 e as ameaças contra escolas infantis, entre a bala perdida que atingiu o filho de Neguinho da Beija-Flor e a que atingiu Luciana, entre o andar sozinha de Gabriela e o receio dos pais deixarem os filhos sozinhos, a simultaneidade entre o tempo da angústia de Cleide e o tempo da morte de Gabriela.

Tal análise leva a crer que não há um privilégio do presente, do passado ou do futuro, mas um entrelaçamento entre passado/presente/futuro no presente do jornal. Sem dúvida, o jornal confere atualidade à narrativa, um sentido de presente, ainda que se trate de acontecimentos passados e de expectativas de futuro. Não há aí incoerência, já que, conforme a análise de Ricoeur (1994:96), é justamente na articulação entre passado, presente e futuro que se tece a narrativa. É no processo de presentificação dos acontecimentos, tanto passados quanto futuros, que se produz ficção[70], pois toda narrativa reconfigura o que não está em algum tempo específico, mas que é construído no presente. O assalto ao metrô e o ataque à universidade são vestígios que chegam do passado e permitem refazer a memória no presente, são lembranças reconstruídas (Halbwachs, 1990:77) do que não se viveu. Já que não vivenciamos os fatos narrados, já que não vivemos ao lado de Gabriela e de Luciana para saber como eram suas vidas e imaginar como teriam sido se os crimes não tivessem acontecido, aceitamos essas

---

[70] Ficção aqui tem o sentido de *muthos* aristotélico, ou seja, não se quer dizer que os fatos sejam inventados, sem nenhuma referência e verdade, mas como agenciamento de fatos (Ricoeur, *op. cit.*: 102).

lembranças simuladas pelo jornal. Deste modo, o periódico funciona como memória emprestada do que não vimos mas que passamos a incorporar. E, neste sentido, é um artefato de memória.

Além disso, ainda que tivéssemos vivenciado esses episódios, nossas lembranças jamais seriam um retrato fiel do passado. Para Fentress e Wickham (1992:17) ela é constituída de informação e sensação. Para Halbwachs (1990:25) de realidade e ficção. E Ricoeur (1994) sequer distingue esses dois estados na narrativa.

Porém, essas coberturas acionam não somente a memória de um passado ou de um presente mas também de futuro. *O Globo* também apontou para uma interrupção do fluxo do tempo, interrompendo o futuro, seja das duas vítimas, seja da cidade, seja de outras famílias em perspectiva.

Gabriela teve seus sonhos interrompidos. Deixou de aprender a andar de salto alto, ou seja, deixou de ser mulher. Não fez a festa de 15 anos em uma escuna no mar, como queria. Luciana não concluiu a faculdade. Se as duas histórias tratam de episódios diferentes, por outro lado, têm em comum o fato de serem rupturas. A continuidade do fluxo do sensacional é garantida pelo que há de rotineiro nas rupturas.

Com o destaque dado ao medo, ao pânico, às ameaças e ao risco, o diário configura por meio dessas duas coberturas um caos que ainda não se vive plenamente. O tempo, deste modo, parece estar em suspensão, e a cidade estática, o que é evidenciado pela importância que adquire o fluxo das vias expressas e dos túneis nas narrativas sobre violência.

O que essas duas coberturas dão a entender é que o habitante da cidade vive um tempo em suspensão pelo medo. Iminência eterna do caos que se atualiza em cada novo crime narrado pelo jornal. Há um adiamento perpétuo de um ideal de paz que é lançado para o futuro, como um mito. Não um mito fundador, como os do passado, mas um mito prospector, cujo narrador, ou seja, cujo sujeito-memória é o próprio jornal. Le Goff (1997:12) afirma que o comportamento narrativo, ou seja, o ato de narrar constitui o ato mnemônico por excelência. É aí que o jornal se constrói como uma espécie de emblema dos processos de memória. Ele não é apenas um artefato. Trata-se de um lugar privilegiado de memória devido ao seu poder de narração. Por meio da leitura diária de *O Globo*, é possível compartilhar uma determinada memória massiva sobre uma ideia de violência que envolve episódios de disparos em universidades, assaltos, sequestros que, se aconteceram no passado, voltarão a irromper no futuro.

Resta ainda uma palavra final sobre a questão da ficcionalidade da notícia que para uma síntese histórica da configuração narrativa dos textos jornalísticos na contemporaneidade. A aplicação adequada de uma economia estética do sensacional é capaz de estreitar os vínculos do leitor com seu jornal e tornar mais concreta, sensível, a experimentação do espaço-tempo narrados. Mas toda narrativa é necessariamente ficcional, sob o ponto de vista de Ricoeur.

Para o autor, toda narrativa, histórica ou ficcional (no sentido de obra literária) possui referencialidade, já que para se fazer entender, leitor e autor precisam compartilhar não apenas códigos comuns mas uma pré-compreensão de mundo (mimese I). Por isso, afirmar que uma prima pela referencialidade enquanto a outra não já não se sustenta. Segundo Ricoeur, ainda que a composição poética possa ser inventada, ela necessariamente se apoia em três traços dessa pré-compreensão compartilhada entre leitor e autor, suas fontes simbólicas inteligíveis e uma estrutura temporal que demanda narração.

O leitor de *O Globo* está familiarizado com o quem, o quê, por que e como das ações das reportagens. Essa familizarização é potencializada e naturalizada pela estrutura melodramática conferida a trama. Por outro lado as mediações simbólicas são operadas pelos jornais em um jogo narrativo que aparece claramente nos textos jornalísticos: os medos da morte, das sedições, da alteridade, objetivados principalmente no caso do objeto da nossa análise em um suposto inimigo interno produzido historicamente no Rio de Janeiro. Há também que se considerar uma estrutura temporal compartilhada pela memória de certo grupo social traduzida nos termos de uma idealização de um passado de crimes ingênuos, um presente em suspensão pela iminência do caos e um futuro sob constante ameaça.

Além desses três fatores, toda narrativa está inserida no "reino do como se" (mimese II). O que muda entre as histórias (jornalísticas) e ficcionais (literárias) são as estratégias de verossimilhança. Para Ricoeur, trata-se de duas grandes classes narrativas que traduzem diferentes pretensões à verdade. A intriga é a composição de uma história sensata a partir de uma pluralidade de acontecimentos extraídos do tempo. Ela agrega coisas heterogêneas, além de combinar temporalidades diferentes. Por isso, a notícia jornalística é também fruto de uma construção fictícia: é obra da imaginação produtora.

Por último, é preciso destacar que essas reportagens não se referem à cidade e aos seus medos, mas ao Rio e seus medos projetados. É esse mundo projetado que será usado como horizonte interpretativo pelo leitor. Deste modo, não se pode desconsiderar que a comunicação só é efetivamente realizada no momento em que o leitor lê essas reportagens, olha as fotografias, manuseia o jornal e o carrega debaixo do braço, comenta o que leu, recorta, rasga ou joga fora, ou seja, quando reconfigura o mundo (mimese III). Há uma cadeia de reapropriações miméticas, todas elas sempre fruto do agir criativo, sempre de natureza ficcional.

Considerações Finais

A proposta desse trabalho de recuperar um século de imprensa no Rio de Janeiro chega ao fim com a certeza de que percorremos um caminho rico e multifacetado e que, certamente, a trilha escolhida por nós é apenas uma das possibilidades de interpretação do passado.

O passado afinal é sempre objeto de projetos, olhares, ainda que seja sempre desconhecido e inteligível.

Mesmo assim, tentamos, graças a uma espécie de fascínio que o passado exerce [...] lar rostos e ações que permanecem hoje irremediavelmente perdidos, [...] fazem parte de um mundo que só existe em sonho e imaginação.

[...] foi pensar questões que consideramos fundamentais [...] no nosso aqui e agora. Questões que remetem para a importância de uma sociedade midiatizada, governada por ações e emblemas que surgem, se modificam e retornam a partir do trabalho realizado pelos meios de comunicação.

Procuramos mostrar como os jornais diários da cidade do Rio de Janeiro ocupam lugar central ao longo de todo o século XX. Não de maneira isolada, mas como parte de um processo de comunicação. Assim, o seu estudo envolve sempre a ideia de processo em construção, que termina invariavelmente na interpretação dos leitores.

Os leitores e as leituras como último elo de aproximação desses impressos com o mundo fornecem uma interpretação plural. Mas a invenção criadora do público e as práticas que se apropriam de modo diferente dos materiais – inclusive os textos impressos – que circulam na sociedade ficaram, em muitos momentos, ausentes.

Procuramos percorrer cem anos dessa história singular, porque a história não é feita de tempos breves e nem por saltos. A história é feita de tempos longos – a longa duração de Braudel (1978) – e essa temporalidade particular, construída também pelas permanências, permite que se visualize nos traços mais do que nas marcas, a matéria para decifrar significados plurais.

É preciso desvendar, quando se fala em história da imprensa, quem escreve nesses jornais, como procuram se popularizar – ou seja, que estratégias, apelos e valores esses veículos invocam no seu discurso –, como funcionam essas empresas e de que forma esses textos chegam ao público. Percorrido esse caminho é preciso ver ainda como os leitores entendem os sinais na página impressa, quais são os efeitos sociais dessa experiência. Por outro lado, as inovações devem ser pensadas não apenas como circunstâncias de natureza política, econômica e tecnológica, mas sobretudo na relação direta com o público. Uma nova tecnologia pressupõe sempre uma recepção na sociedade, uma espera, muitas vezes anterior mesmo à emergência da própria tecnologia.

Evidentemente que neste trabalho não tivemos a pretensão de desvendar o circuito da comunicação dos impressos que circularam no Rio de Janeiro, durante cem anos. O que procuramos foi recontar uma história a partir de vestígios significativos que chegam ao presente, particularizando em cada capítulo uma década, tipologias documentais e uma questão teórica. A nossa pretensão não foi recuperar o passado tal como ele se deu, mas oferecer uma interpretação que só será completada pela leitura do leitor do presente.

Na sua *Escrita da História*, Certeau (1982) diz que é fundamental sublinhar a singularidade de cada análise. Fazendo isso se questiona a possibilidade da sistematização totalizante e considera-se como essencial a pluralidade de procedimentos. Sublinha ainda que o que se produz ao fazer história é um discurso que "enquanto fala da história, está também situado na história". Ou seja, o discurso que fala da história é ele mesmo histórico e produzido a partir de um contexto preciso.

Por outro lado, o que história produz é uma escrita que exorciza a morte, introduzindo-a no percurso, ao mesmo tempo em que possui uma função simbólica que permite a sociedade situar-se, abrindo espaço para o próprio passado (Certeau, 1982: 107). E Certeau continua: marcar um passado é dar um lugar à morte, mas também redistribuir o espaço das possibilidades, determinar negativamente aquilo que está por fazer e utilizar a narratividade que enterra os mortos como um meio de estabelecer um lugar para os vivos.

Acrescentando a esta frase uma maravilhosa constatação de Paul Ricoeur (2001) é preciso também perceber que o "passado tinha um
desse passado. Assim, não nos cabe cobrar – baseando-nos em uma
– ações desses homens do passado. Para eles, nós éramos o desconhecido
ininteligível. E eles para nós – mortos que transformamos em
sendo sempre o passado, o desconhecido, o ininteligível.

Bibliografia

ABI, RJ. Centro de Pesquisa e Memória do Jornalismo Brasileiro. *A imprensa da década de 20*. Rio de Janeiro, 1980 (mimeo).

Abreu, Alzira Alves de, Beloch, Israel, Lattman-Weltman, Fernando, Lamarão e Fernando. *Dicionário histórico-biográfico brasileiro pós-30* (DHBB). Rio de Janeiro: FGV Editor, 2001.

Abreu, Alzira Alves de, Lattman-Weltman, Fernando e Rocha, Dora (org.). *Eles mudaram a imprensa. depoimentos ao CPDOC*, Rio de Janeiro: FGV Editora, 2003.

Abreu, Alzira Alves de. "Jornalistas e jornalismo econômico na transição democrática". In: Abreu, Alzira Alves de et alii. *Mídia e política no Brasil: jornalismo e ficção*. Rio de Janeiro: FGV Editora, 2003.

Abreu, Alzira Alves de. *A modernização da imprensa (1870-2000)*. Rio de Janeiro: Jorge Zahar Editor, 2000.

Adorno, Sergio. "Violência, ficção e realidade". In: Souza, Mauro Wilton (org.). *Sujeito, o lado oculto do receptor*. São Paulo: Brasiliense, 1994.

Albuquerque, Afonso de. "Um outro quarto poder: imprensa e compromisso político no Brasil". In: *Contracampo* – Revista do Mestrado em Comunicação, Imagem e Informação, n. 4, pp. 23-57, 2000.

Albuquerque, Medeiros e. *Quando eu era vivo: memórias (1867 a 1934)*. Rio de Janeiro: Record, 1981.

Aldé, Alessandra. "Imprensa e política no segundo governo Getúlio Vargas". In: *Redes*: Rio de Janeiro, v. 1, n. 3, set./dez. 1997.

Amaral, Márcia Franz. *Sensacionalismo, um conceito errante*. Texto apresentado no GT Estudos de Jornalismo, no XIV Encontro Anual da COMPOS, UFF, Niterói: junho de 2005.

Ammirato, Giacomo. *Homens e jornais*. Rio de Janeiro: Gráfica Editora Aurora, 1963.

Anderson, Benedict. *Nação e consciência nacional*. São Paulo; Ática, 1999.

Andrade, Jéferson. *Um jornal assassinado – A última batalha do Correio da Manhã*. Rio de Janeiro: José Olympio, 1991.

Angrimani, Danilo. *Espreme que sai sangue: um estudo do sensacionalismo na imprensa*. São Paulo: Summus, 1995.

Aquino, Maria Aparecida de. "Mortos sem sepultura". In: Carneiro, Maria Luiza Tucci (org.). *Minorias silenciadas*. São Paulo: Editora da Universidade de São Paulo / Imprensa Oficial do Estado / Fapesp, 2002.

Aquino, Maria Aparecida de. *Caminhos cruzados: imprensa e Estado autoritário no Brasil (1964-1980)*. São Paulo: USP / FFLCH, 1996. Tese de doutorado.

Aquino, Maria Aparecida de. *Censura, imprensa, estado autoritário e o exercício cotidiano da dominação. (O Estado de S. Paulo e Movimento)*. USP / FFLCH. Dissertação de Mestrado, 1990.

Azevedo, Luiz Vitor Tavares de. *Carlos Lacerda e o discurso de oposição na Tribuna da Imprensa (1953-1955)*. Niterói, 1988. Dissertação de Mestrado. Instituto de Ciências Humanas e Filosofia – Universidade Federal Fluminense.

Baciou, Stefan. *Lavradio, 98 – Histórias de um jornal de oposição: a Tribuna da Imprensa ao tempo de Carlos Lacerda.* Rio de Janeiro: Nova Fronteira, 1982.

Bahia, Juarez. *Jornal, história e técnica*. Vol. I e II. São Paulo: Ática, 1990.

Bakhtin, Mikhail. *A cultura popular na Idade Média e no Renascimento. O contexto de François Rabelais*. São Paulo: Hucitec, 1987.

Bakhtin, Mikhail. *Marxismo e filosofia da linguagem*. São Paulo: Hucitec, 1992.

Bakhtin, Mikhail. *Questões de literatura e de estética. A teoria do romance*. São Paulo: Editora da Universidade Estadual Paulista, 1993.

Bakthin, Mikhail. *Estética da criação verbal*. São Paulo: Martins Fontes, 1997.

Barbero, Jesus Martin. *Dos meios às mediações*. Rio de Janeiro: UFRJ, 1998.

Barbosa, Marialva e Ribeiro, Ana Paula Goulart. *Por uma história do jornalismo no Brasil*. Trabalho apresentado no NP de Jornalismo da INTERCOM, 2005.

Barbosa, Marialva. "Jornalismo popular e o sensacionalismo". In: *Verso e Reverso*. Revista de Comunicação, n° 39, jan.-2005.

Barbosa, Marialva. "O que a história pode legar aos estudos do jornalismo". In: *Contracampo* – Revista do Programa de Pós-graduação em Comunicação da UFF, v. 12, 1° semestre de 2005.

Barbosa, Marialva. *Os donos do Rio. Imprensa, Poder e Público (1880-1920)*. Rio de Janeiro: Vício de Leitura, 2000.

Barbosa, Marialva. Imprensa, Poder e Público. Os diários do Rio de Janeiro (1880-1920). Tese de Doutorado. Programa de Pós-graduação em História. Niterói: UFF, 1996.

Barreto, Lima. *Diário do hospício*. Rio de Janeiro: Secretaria Municipal de Cultura, 1993.

Barreto, Lima. *Recordações do escrivão Isaías Caminha*. São Paulo: Ática, 1984.

Barros, Antonio Theodoro de M. *Última Hora e a renovação da imprensa brasileira*. Niterói: IACS. Tese titular, 1978.

Barthes, Roland. *Essais Critiques*. Paris: Editions du Seuil, 1965.

Beloch, Israel. *Capa preta e Lurdinha – Tenório Cavalcanti e o povo da Baixada*. Rio de Janeiro: Record, 1986.

Bérgson, Henri. *Matéria e memória. Ensaio sobre a relação do corpo com o espírito*. São Paulo: Martins Fontes, 1990.

Boia, Lucian. *Pour une histoire de l'imaginaire*. Paris: Les Belles Lettres,1998.

Borelli, Silvia. *Ação, suspense, emoção. Literatura e cultura de massa no Brasil*. São Paulo: EDUC, 1996.

Bourdieu, P. *Razões práticas. Sobre a teoria da ação*. Campinas: Papirus, 2004.

Bourdieu, P. "On the literary history". In: *Poetics*. Vol. XIV, n. 3/4, ago. 1985.

Bourdieu, P. *A economia das trocas simbólicas*. Rio de Janeiro: Perspectiva, 1987.

Bourdieu, P. *Ce que parler veut dire: l'economie des échanges linguistiques*. Paris: Fayard, 1982.

Bourdieu, P. *Coisas ditas*. São Paulo: Brasiliense, 1990.

Bourdieu, P. *O poder simbólico*. Lisboa: Difel, 1989.

Bourdieu, P. *La distinction: Critique sociale du jugement*. Paris: Ed. Minuit, 1979.

Bourdieu, P. *Le sens pratique*. Paris: Éditions de Minuit, 1980.

Bourdieu, P. *O campo econômico*. Campinas: Papirus, 2000.

Bourdieu, P. *Questions de sociologie*. Paris: Editions de Minuit, 1980.

Bourdieu, P. *Sobre a Televisão*. Rio de Janeiro: Jorge Zahar Editor, 1997.

Brasil. *Constituições do Brasil*. Rio de Janeiro: Forense Universitária, 1970.

Brasil. Ministério do Trabalho, Indústria e Comércio. *Boletim do Ministério do Trabalho, Indústria e Comercio*. Rio de Janeiro: Imprensa Oficial, 1934.

Brasil. *Recenseamento do Brasil*, realizado em 1 de setembro de 1920. Rio de Janeiro: Tipografia da Estatística, 1923.

Braudel, Fernand. *Escritos sobre a História*. São Paulo: Perspectiva, 1978.

Buarque de Holanda, Sérgio. *Raízes do Brasil*. São Paulo: Companhia das Letras,

Burke, Peter (org.). *A escrita da história – novas perspectivas*. São Paulo: Unesp, 1992. Campos, Fátima Cristina Gonçalves. *Visões e Vozes: O governo Goulart nas páginas da Tribuna da Imprensa e Última Hora (1961-1964)*. Dissertação de Mestrado: PPGGH – UFF, 1987.

Campos, Anderson (org.). *A Última Hora de Samuel. Nos tempos de Wainer*. Rio de Janeiro: ABI / Compim, 1993.

Campos, Francisco. *O Estado Nacional. Sua estrutura*. de Janeiro: José Olympio, 1940.

Campos, Humberto. *Fragmentos de um diário*. Rio de Janeiro: W. M. Jackson.

Campos, Humberto. *Memórias*. Rio de Janeiro: W. M. Jackson.

Candau, Joel. *Mémoire et Identité*. Paris: PUF, 1998.

Caparelli, Sérgio. *Comunicação de massa sem massa*. São Paulo, Cortez, 1980.

Caparelli, Sérgio. *Televisão e Capitalismo no Brasil*. Porto Alegre: L&M. 1982.

Capelato, Maria Helena. "Estado Novo: novas histórias". In: Freitas, Marcos.(org.) *Historiografia brasileira em perspectiva*. São Paulo: Contexto, 2000.

Capelato, Maria Helena. "Propaganda política e controle dos meios de comunicação". In: Pandolfi, Dulce (org). *Repensando o Estado Novo*. Rio de Janeiro: Editora da FGV, 1999.

Carneiro, Clauco. *Brasil primeiro: história dos Diários Associados*. Brasília: Fundação AC, 1999.

Carone, Edgar. *República Nova*. São Paulo: Difel, 1974.

Castilho, Marcio. *Uma Morte em Família: martírio e autoridade nos cem dias de cobertura do caso Tim Lopes em O Globo*. Dissertação de mestrado. Niterói: PPGCOM-UFF, 2005.

Certeau, Michel de. *A cultura no plural*. Campinas: Papirus, 2000.

Certeau, Michel de. *A escrita da história*. Rio de Janeiro: Forense Universitária, 1982.

Certeau, Michel de. *A invenção do cotidiano. 1. Artes de fazer*. Petrópolis: Vozes, 1994.

Chagas, Carlos. *113 dias de angústia*. Porto Alegre: L&PM Editores.

Charney, Leo e Schwartz, Vanessa R. *O cinema e a invenção da vida moderna*. São Paulo: Cosaca & Naify, 2004.

Chartier, Roger. "As revoluções da leitura no Ocidente". In: Abreu, Márcia (org.). *Leitura, História e História da Mídia*. São Paulo: Fapesp, 1999.

Chartier, Roger. "Du livre au lire". In: Chartier, Roger (org.) *Pratiques de la lecture*. Paris Payot, 1993..

Chartier, Roger. "Textos, impressão, leituras". In: Hunt, Lynn (org.). *A nova história cultural*. São Paulo: Martins Fontes, 1992.

Chartier, Roger. *A história cultural: entre práticas e representações*. Lisboa: Difel, 1990.

Chartier, Roger. *Lectures et lecteurs dans la France d'Ancien Régime*. Paris: Seuil, 1987. Chartier, Roger et alli. *Les usages de l'imprimé*. Paris: Fayard, 1981.

Chesneaux, Jean. *Habiter le temps*. Paris: Bayard Éditions, 1996.

Coelho, Adalberto. *Coisas do Jornal do Brasil*. Rio de Janeiro: Tip. Esperantista, 1940. Darnton, Robert. "Reding, writing and publishing in eighteenth-century France: a case study in the sociology of literature". In: *Studies on Voltaire and the eighteenth century*, 1976. Darnton, Robert. *O beijo de Lamourette. Mídia, cultura e Revolução*. São Paulo: Companhia das Letras, 1990.

D'Araújo, Maria Celina *et alli*. *Os anos de chumbo: a memória militar sobre a repressão*. Rio de Janeiro: Relume-Dumará, 1994.

D'Araújo, Maria Celina. *O Estado Novo*. Rio de Janeiro: Jorge Zahar, 2000.

André Seguin. *Le Brésil, presse et histoire – 1930-1945*. Paris: Ed. L'Harmattan, 1987.

André Seguin. *Os diários do Rio de Janeiro (1945-1982)*. Rio de Janeiro, Instituto de Filosofia e Ciências Humanas – Universidade Federal do Rio de Janeiro.

Dimas Filho, Nelson. *Jornal do Commercio. A notícia dia a dia, 1827-1987*. Rio de Janeiro: Fundação Assis Chateaubriand, 1987.

Dimas Filho, Nelson. *Jornal do Commercio: a notícia dia a dia, 1827-1987*. Rio de Janeiro: Ed. Jornal do Commercio, 1987.

Dines, Alberto. "Sensacionalismo na imprensa". In: *Comunicação e Artes*, nº 4. ECA-USP, 1971.

Dines, Alberto. *O papel do jornal. Uma releitura*. São Paulo: Summus, 1986.

Duarte, Celina Rabello. *Imprensa e Democratização no Brasil*. São Paulo: PUC. Dissertação de Mestrado, 1987.

Edmundo, Luiz. *O Rio de Janeiro do meu tempo*. Rio de Janeiro: Conquista, 1957.

Eliade, Mircéa. *O mito do eterno retorno*. São Paulo: Mercuryo, 1992.

Faro, José Salvador. "A comunicação populista no Brasil: o DIP e a SECOM". In: Melo, José Marques de (coord.). *Populismo e Comunicação*. São Paulo: Cortez Editora, 1981.

Fausto, Boris (org.) *O Brasil Republicano IV (sociedade e cultura)*. São Paulo: Difel, 1986.

Fausto, Boris (org.). *O Brasil Republicano vol. III (economia e cultura)*. São Paulo: Difel, 1986.

Fausto, Boris (org). *História Concisa no Brasil*. São Paulo: Edusp, 2001.

Fentress, James e Wickham, Chris. *Memória social: Novas perspectivas sobre o passado*. Lisboa: Teorema, 1992.

Fernandes, Helio. *10 anos de censura*. Rio de Janeiro: Tribuna da Imprensa, 15 jun.-23 set. 1978.

Fernandes, Humberto Machado. *Palavras e brados: a imprensa abolicionista no Rio de Janeiro (1880-1888)*. São Paulo, 1991. Tese (Doutorado) Faculdade de Filosofia, Letras e Ciências Humanas – Universidade de São Paulo.

Flusser, Vilém. *Filosofia da caixa preta*. São Paulo: Hucitec, 1985.

Geertz, Clifford. *Negara: o estado teatro no século XIX*. Lisboa: Difel, 1991.

Girardet, Raoul. *Mitos e mitologias políticas*. São Paulo: Companhia das Letras, 1987.

Godoy, Jacy (org.). *Literacy in traditional societies*. New York: Cambridge University Press, 1968.

Goldenstein, Gisela Taschner. *Do jornalismo político à indústria cultural*. São Paulo: Summus, 1987.

Gomes, Ângela Maria Castro. *A invenção do trabalhismo*. Rio de Janeiro: Iuperj, 1988.

Gomes, Ângela Maria de Castro e D'Araújo, Maria Celina. *Getulismo e trabalhismo*. São Paulo: Ática, 1989.

Gramsci, Antonio. *Concepção dialética de história*. Rio de Janeiro: Civilização Brasileira, 1986.

Gramsci, Antonio. *Maquiavel, a política e o Estado moderno*. Rio de Janeiro: Civilização Brasileira, 1991.

Gramsci, Antonio. *Os intelectuais e a organização da cultura*. Rio de Janeiro: Civilização Brasileira, 1989.

Halbwachs, Maurice. *A memória coletiva*. São Paulo: Vértice, 1990.

Halbwachs, Maurice. *La mémoire collective*. Édition critique établie par Gérard Namer. Paris: Albin, Michel, 1997.

Heller, Agnes. *Uma teoria da história*. Rio de Janeiro: Brasiliense, 1993.

Hora, Mario. *Quarenta e oito anos de jornalismo: memórias de um dromedário*. Rio de Janeiro: Ouvidor, 1959.

Hunt, Lynn (org.). *A nova história cultural*. São Paulo: Martins Fontes, 1992.

Huyssen, Andreas. "Resistência à memória: os usos e abusos do esquecimento público". In: Bragança, Aníbal e Moreira, Sonia Virginia. *Comunicação, Acontecimento e Memória*. São Paulo: Intercom, 2005.

Huyssen, Andreas. *Seduzidos pela memória*. Rio de Janeiro: Artiplano, 2000.

Inoja, Joaquim. *Sessenta anos de jornalismo (1917-1977)*. Rio de Janeiro: Meio Dia, 1978.

Jobim, Danton. "Liberdade de imprensa no Brasil". In: Melo, José Marques de (org.). *Censura e Liberdade de Imprensa. Documentos da II Semana de Jornalismo*. São Paulo: COM-ARTE, 1984.

Kramer, Lloyd S. "Literatura, crítica e imaginação histórica: o desafio literário de Hayden White e Dominick LaCapra". In: Hunt, Lynn (org). *A nova história cultural*. São Paulo: Martins Fontes, 1992.

Kucinski, Bernardo. "A primeira vítima: a autocensura durante o regime militar". In: Carneiro, Maria Luiza Tucci (org.). *Minorias silenciadas*. São Paulo: Editora da Universidade de São Paulo/Imprensa Oficial, 2002.

Kucinski, Bernardo. *Jornalismo econômico*. São Paulo: Editora da Universidade de São Paulo, 2000.

La Capra, Domenique. *History & criticism*. Ithaca: Cornell University Press, 1985.

LaCapra, Dominick. *Rethinking Intellectual History: Texts, Contexts, Language*. Nova Iorque: Ithaca, 1983.

Le Goff, Jacques "Memória". In: *Enciclopédia Einaudi*, vol. 1. Portugal: Imprensa Nacional, 1997.

Lene, Herica. *A crise da Gazeta Mercantil: tradição e ruptura no jornalismo econômico brasileiro*. Niterói: PPGCOM-UFF, 2004.

Lispector, Clarice. *A hora da estrela*. Rio de Janeiro: Rocco, 1998.

Lispector, Clarice. *Laços de família*. Rio de Janeiro: Francisco Alves, 1994.

Lispector, Clarice. *Visão do esplendor: impressões leves*. Rio de Janeiro: Francisco Alves, 1975.

Lobo, Cordeiro. *Como se faz o Jornal do Brasil*. Rio de Janeiro: Of. de Obras do Jornal do Brasil, 1896.

Lobo, Eulália Maria L. *História do Rio de Janeiro (do capital comercial ao capital industrial e financeiro)*. Rio de Janeiro: IBMEC, 1978.

Machado, J. A. Pinheiro. *Opinião x Censura. Momentos da luta de um jornal pela liberdade*. Porto Alegre: LPM Editores, 1978.

Mannheim, Karl. "O pensamento conservador". In: Martins, José de Souza. *Introdução Crítica a Sociologia Rural*. São Paulo: Hucitec, 1986.

Mannheim, Karl. "O significado do conservadorismo". In: Foracchi, Marialice M. (org.). *Sociologia – Mannheim*. São Paulo: Atica, 1982.

Mannheim, Karl. *Essays on Sociology and Social Psychology*. Londres: Routledge and Kegan Paul Ltda., 1959.

Marcondes Filho, Ciro. *O capital da notícia: jornalismo como produção social de segunda natureza*. São Paulo: Ática, 1989.

Marconi, Paolo. *A censura política na imprensa brasileira, 1968-1978*. São Paulo: Global Editora, 1980.

Matheus, Letícia Cantarela. *Elos, temporalidades e narrativas: a experiência contemporânea do medo no jornalismo de O Globo*. Niterói: PPGCOM-UFF, 2006.

Mattos, Sérgio. *A televisão no Brasil: 50 anos de história – 1950/2000*. Salvador: PAS, 2000.

Mattos, Sérgio. *História da Televisão Brasileira. Uma visão econômica, social e política*. Petrópolis: Vozes, 2002.

Mattos, Sérgio. *Um perfil da TV brasileira: 40 anos de história – 1950 – 1990*. Salvador: ABAP, 1990.

Maul, Carlos. *Grandezas e misérias da vida jornalística*. Rio de Janeiro: Liv. São José, 1968. 196 p.

Melo, José Marques de (org). "Uma semana de estudos sobe sensacionalismo". In: *Revista Comunicação e Artes*. São Paulo: Editora Revista dos Tribunais Ltda., nº 4, 1971.

Melo, José Marques de (org.). *Transformações do jornalismo brasileiro: ética e técnica*. São Paulo: INTERCOM, 1994.

Melo, José Marques de Mello. *Comunicação, opinião, desenvolvimento*. Petrópolis: Vozes, 1979.

Melo, José Marques de Mello. *Sociologia da imprensa brasileira*. Petrópolis: Vozes, 1973.

Mendonça, Sonia Regina de & FONTES, Virgínia Maria. *História do Brasil recente 1964-1980*. São Paulo: Editora Ática, 1991.

Mendonça, Sonia Regina de. *Estado e Economia no Brasil: opções de desenvolvimento*. Rio de Janeiro: Graal, 1986.

Mesquita Neto, Júlio. "Liberdade de imprensa na América latina". In: Melo, José Marques de (org.). *Censura e Liberdade de Imprensa. Documentos da II Semana de Jornalismo*. São Paulo: COM-ARTE, 1984.

Moraes, Mário de. *A reportagem que não foi escrita*. Record, 1968.

Moraes, Mario. *Luz de vela*. Rio de Janeiro. Editora O Cruzeiro, 1965.

Morais, Fernando. *Chatô – O reio do Brasil*. São Paulo: Companhia das Letras, 1994.

Morel, José Edmar de Oliveira. *História de um repórter*. Rio de Janeiro: Record, 1999.

Mouillaud, Maurice. "A crítica do acontecimento ou o fato em questão". In: Mouillaud, M. e Porto, Sérgio D. (org). *O jornal: da forma ao sentido*. Brasília: Paralelo, 1997.

Muxel, Anne. *Individu et mémoire familiale*. Paris: Nathan, 1996.

Namer, Gérard. "Um demi-siècle après as mort...". In: Halbwachs, Maurice. *La mémorie collective. Édition critique établie par Gérard Namer*. Paris: Albin, Michel, 1997.

Namer, Gérard. *Mémoire et Société*. Paris: Meridiens Klincksleck, 1987.

Nasser, David. *Mergulho na aventura por David Nasser e Jean Manzon*. Rio de Janeiro: O Cruzeiro, 1945.

Neto, Coelho. *Palestras da tarde*. Rio de Janeiro: Garnier, 1911.

Netto, Manoel Cardoso de Carvalho. *Norte oito quatro*. Rio de Janeiro: O Cruzeiro, 1977.

Nora, Pierre. "O retorno do fato". In: LE GOFF, Jacques e NORA, Pierre (orgs.). *História: novos problemas*. Rio de Janeiro: Livraria Francisco Alves Editores Ltda., 1976.

Nora, Pierre. *Les Lieux de Mémoire*. Paris: Gallimard, 1984.

Novaes, Adauto (org.). *Tempo e História*. São Paulo: Cia das Letras, 1994.

Olinto, Antonio. *Jornalismo e literatura*. Rio de Janeiro: Ministério da Educação e Cultura, 1955.

Oliveira, Wilson. "Como surgiu Tribuna da Imprensa". In: *Comunicações e Problemas*. Recife-Brasília: UCP e UNB, vol. II, n° 3, novembro de 1966.

Paulo, Heloisa Helena de Jesus. *O DIP e a juventude no Estado Novo (1939-1945). Análise de uma ideologia através do discurso de um órgão de propaganda estatal*. Dissertação Mestrado. PPGH – UFF, 1987.

Pomian, Krzysztof. *L'orde du temps*. Paris: Gallimard, 1984.

Portão, Ramão Gomes. Como se faz "notícias populares". In: *Revista Comunicação e Artes*. São Paulo: USP, n° 4, 1971.

Porto, Rubens. *A técnica na imprensa nacional*. Rio de Janeiro: Imprensa Nacional, 1941.

Przyblyski, Jeannene M. "Imagens (co) moventes: fotografia, narrativa e a Comuna de Paris de 1871". In: Charney, Leo e Schwartz, Vanessa (org.). *O cinema e a invenção da vida moderna*. São Paulo: Cosac & Naify, 2004.

Ramos, Graciliano. *Angustia*. Rio de Janeiro: O Globo, 1995.

Ramos, Graciliano. *Memórias do Cárcere*. Rio de Janeiro: Record, 2000.

Rangel, Monique Benatti Rangel. *Suicídio e Golpe: Os jornais como palco para escândalos políticos*. Dissertação de Mestrado. Rio de Janeiro: PPGCOM-UERJ, 2005.

Rego, Gaudêncio T. do. *Imprensa Brasileira contemporân...* In: Tv Pesquisa – PUC-Rio.

Revista Comunicação e Artes 4/1971. Publicação quadrimestral da Escola de Comunicações e Artes da USP.

Ribeiro, Ana Paula Goulart. "Clientelismo, corrupção e publicidade: como sobreviviam as empresas jornalísticas no Rio de Janeiro dos anos 50". Niterói: *Contracampo – Revista do PPGCOM-UFF*, n° 4, 1999.

Ribeiro, Ana Paula Goulart. *Imprensa e História no Rio de Janeiro dos anos 50*. Tese de Doutorado em Comunicação. UFRJ/ECO, 2000.

Ricoeur, Paul. "Définition de la mémoire d'un point de vue philosophique". In: Barret-Ducrocq, Françoise. *Pourquoi se souvenir* ? Paris: Bernard Grasset, 1989.

Ricoeur, Paul. "Mimèsis, référence et refiguration dans Temps et récit". In: *Études Phénoménologiques*. N° 11, tomo 6. Bruxelles: Editions Ousia, 1990.

Ricoeur, Paul. "De l'interprétation". In: *L'Encyclopédie philosophique*. Paris: PUF, 1987.

Ricoeur, Paul. "O passado tinha um futuro". In: Morin, Edgar. *A religação dos saberes: o desafio do século XXI*. Rio de Janeiro: Bertrand Brasil, 2001.

Ricoeur, Paul. *A metáfora viva*. Porto: Editora Rés, 1983.

Ricoeur, Paul. *La mémoire, l'histoire, l'oubli*. Paris: Seuil, 2000.

Ricoeur, Paul. *Tempo e Narrativa, vols. I, II e III*. Campinas: Papirus, 1994, 1995, 1996.

Ricoeur, Paul. *Teoria da interpretação*. Lisboa: Edições Setenta, s. d.

Ricouer, Paul. *Do texto à ação. Ensaios de Hermenêutica II*. Porto: Rés Editora, 1989.

Rio, João do. *A alma encantadora das ruas*. Rio de Janeiro: Secretaria Municipal de Cultura, 1987.

Rio, João do. *O momento literário*. Rio de Janeiro: Fundação Biblioteca Nacional – Departamento Nacional do Livro, 1994.

Rodrigues, Nelson. *O óbvio ululante – Primeiras confissões*. São Paulo: Companhia das Letras, 1993.

Rodrigues, Nelson. *O reacionário. Memórias e Confissões*. Rio de Janeiro: Record, 1977.

Rouchou, Joëlle. *Samuel: duas vozes de Wainer. Rio de Janeiro:* UniverCidade, 2004.

Roxo, Marco Antonio. *Companheiros em Luta: a grave dos jornalistas em 1979*. Niterói: Dissertação de Mestrado, PPGCOM – UFF, 2000.

Sá, Victor de. *Um repórter na ABI*. Rio de Janeiro: Editora A Noite, 1955.

Salles, Joaquim de. *Se não me falha a memória*. São Paulo: IMS, 1993.

Schwartzman, Simon *et alii. Tempos de Capanema*. Rio de Janeiro: Paz e Terra, 1984.

Senna, Ernesto. *Jornal do Commercio*. Rio de Janeiro: Tipografia do Jornal do Commercio, 1901.

Senna, Ernesto. *Rascunhos e perfis*. Brasília: Universidade de Brasília, 1983.

Serra, Antônio. *O Desvio Nosso de Cada Dia. A representação do cotidiano num jornal popular*. Rio de Janeiro: Dois Pontos, 1986.

Silveira, Joel. *Tempo de contar*. Rio de Janeiro: Record, 1985.

Singer, Paul. "Evolução da economia e vinculação internacional". In: Sachs, Ignacy, Wilheim, Jorge e Pinheiro, Paulo Sérgio (org.) *Brasil: um século de transformações*. São Paulo: Companhia das Letras, 2001.

Singer, Paul. *Interpretação do Brasil: uma experiência histórica de desenvolvimento. Período Republicano (economia e cultura) – 1930-1964*. São

Singer, Paul. "O Brasil no contexto do capitalismo internacional". In: Fausto, Boris (org.). *História geral da civilização brasileira*. São Paulo: Difel, 1977.

Siqueira, Carla Vieira de. *Sexo, crime e sindicato. Sensacionalismo e populismo nos jornais Ultima Hora, O Dia e Luta Democrática durante o segundo governo Vargas (1951-1954)*. Tese de Doutorado em História, PUC-Rio, 2002.

Smith, Anne-Marie. *Um acordo forçado: o consentimento da imprensa à censura no Brasil*. Rio de Janeiro: FGV Editora, 2000.

Soares, Gláucio Ary Dillon. "A censura durante o regime autoritário". In: *Revista Brasileira de Ciências Sociais*, 4 (10), jun.-1989.

Sodré, Muniz *O monopólio da fala: função e linguagem da televisão no Brasil*. Petrópolis: Vozes, 1977.

Sodré, Muniz. *A máquina de narciso. Televisão, indivíduo e poder no Brasil*. Rio de Janeiro: Achiamé, 1984.

Sodré, Muniz. *Reinventando a cultura: a comunicação e seus produtos*. Petrópolis: Vozes, 1986.

Sodré, Nelson Werneck. *História da imprensa no Brasil*. Rio de Janeiro: Civilização Brasileira, 1966.

Spencer, Roque. *A ilustração brasileira e a ideia de universidade*. São Paulo: Convívio/Edusp, 1959.

Süssekind, Flora. *Cinematógrafo das Letras*. São Paulo: Companhia das Letras, 1987.

Tavares, José Nilo. "Gêneses do império 'associado' de Assis Chateaubriand". In: *Revista Comunicação e Sociedade*. São Paulo: Cortez Editora, mar. 1982.

Thompson, E. P. "The Long Revolution". *New Left Review*, n. 9, pp. 24-33, 1961.

Tinhorão, José Ramos. *Música popular: do gramofone ao rádio e TV*. São Paulo: Ática, 1981.

Todorov, T. *Les abus de la mémoire*. Paris: Arléa, 1995.

Todorov, T. *Os gêneros do discurso*. Lisboa: Edições 70, 1981.

Todorov, Tzvetan. *As estruturas narrativas*. Rio de Janeiro: Perspectiva, 1979.

Torres, Alberto. *O problema nacional brasileiro*. Brasília: UNB, 1982.

Traquina, Nelson. Jornalismo: *Questões, Teorias e 'Estórias'*. Lisboa: Vega, 1993.

Traquina, Nelson. *O estudo do jornalismo no século XX*. São Leopoldo: Editora Unisinos, 2001.

UNESCO. *L'information à travers le monde*. Paris: 1951.

Velho, Gilberto. *Projeto e Metamorfose*: Antropologia das sociedades complexas. RJ, Zahar, 1994.

Veríssimo, José. *A instrução e a imprensa*. Rio de Janeiro: s. e, s.d

Vianna, Oliveira. *A organização nacional*. Brasília: UNB, 1982.

Vianna, Oliveira. *Populações Meridionais do Brasil*. Belo Horizonte: Itatiaia, 1987 Niterói: Editora da UFF, 1987.

Vilches, Lorenzo. *La lectura de la imagen*. Barcelona, Paidos, 1995.

Wainer, Samuel. *Minha razão de viver. Memórias de um repórter.* Record, 1988.

Waisbord, Silvio. *Watchdog Journalism in South America. News, Accountability and Democracy*. Nova York: Columbia UP, 2000.

Weinrich, Harald. *Le Temps*. Paris: Seuil, 1973.

White, Hayden. *Trópicos do discurso. Ensaios sobre a crítica da cultura*. São Paulo: Editora da Universidade de São Paulo, 1994.

Williams, Raymond. *Cultura*. São Paulo: Paz e Terra, 2000.

Williams, Raymond. *Marxismo e literatura*. Rio de Janeiro: Zahar Editores, 1979.

...technology and cultural form. Londres: Routledge, 1990.

Wolton, Dominique. *E depois da Internet?* Lisboa: Difel, 1999.

Zelizer, Barbie. *Covering the Body: The Kennedy Assassination, the media and the shaping of collective memory.* Chicago and London: University of Chicago Press, 1992.

Periódicos e outras publicações

A Nação – jan. a dez. 1923.

A Noite – jan. 1930 a dez. 1940.

A Notícia – jul. 1907.

A Plebe – mar. 1913.

Anuário Brasileiro de Imprensa, 1953.

Correio da Manhã – jun.1901 a dez. 1920; jan.-dez. 1922; jan. 1937 a dez. 1938; ago. 1954; jan.-dez. 1963; mar.-abr. 1964; abr.- dez. 1968, jan.-dez. 1969.

Crítica – 20 nov. 1928 a 31 dez. 1929.

Diário Carioca – ago. 1954.

Diário da Noite – fev. a dez. 1930.

Diário de Notícias – mar.-dez. 1925; mar-dez. 1930, mar.-dez. 1935; ago. 1954.

Diário Oficial – 27 dez. 1939 – Decreto-Lei 1915.

Diário Oficial – 9 mar. 1940 e 4 set. 1940 (Decreto-Lei 2557).

Diretrizes – abr-1938 a jul.-1944.

Estudos Marplan - 1º trimestre/2004.

Fon-Fon – jan. 1920 a dez. 1929.

Gazeta de Notícias – Prospecto, s/d, ago.1875 a dez.1880, jan.-dez. 1905; jan.-dez. 1910; jan.-dez. 1920.

Imprensa - Mídia, Ano 1, novembro 1994.

Jornal da ABI – nov.-dez.1994 e Edição especial: um século de imprensa e Brasil. Ano 3, nº 3, 1997.

Jornal do Brasil – 25 ago. 1974. Caderno Especial: Vargas. A crise e a morte 20 anos depois.

Jornal do Brasil – 3 set. 1980 – 2º Caderno. Edição morte Samuel Wainer.

Jornal do Brasil – 9 abr. 1891 a 31 dez. 1919.

Jornal do Brasil – Cadernos do IV Centenário. Rio de Janeiro: 9 abr. 1965.

Jornal do Brasil – Edição comemorativa do centenário da República (O álbum dos presidentes - A história vista pelo Jornal do Brasil). Rio de Janeiro: 15 nov. 1989

Jornal do Brasil – Edição comemorativa do centenário. 7 abr. 1991.

Jornal do Brasil – Edição comemorativa dos 95 anos. Rio de Janeiro: 9 abr. 1986.

Jornal do Commercio – 1 jan. 1891 a 31 dez. 1920.

Jornal do Commercio – Edição comemorativa do 18º aniversário da direção de José Carlos Rodrigues. Rio de Janeiro: Jornal do Commercio, 1908

Jornal do Commercio – Edição comemorativa do centenário da Independência. Rio de Janeiro: 7 set. 1922.

Jornal do Commercio – Edição comemorativa dos 150 anos. Rio de Janeiro: 2 out. 1977.

Jornal do Commercio. Edição comemorativa do centenário. Rio de Janeiro: Jornal do Commercio, 1928.

Jornal do Commercio. Edição comemorativa dos 150 anos. 1 e 2 de outubro de 1977

Meio & Mensagem – 17/7/1995 – *TV Pesquisa – PUC-Rio.*

O Cruzeiro - 1928.

O Globo – jun. 1925 a dez. 1930; jun. 1953; jan. 1954, ago. 1954; mar.-abr. 1964

O Jornal – mar.-dez. 1925, mar.-dez. 1930, jan.-dez. 1935; ago. 1954.

O Paiz - out. 1884-dez. 1920.

Revista da Semana – out. 1900 a dez. 1901; jan. 1903 a dez. 1905.

Tribuna da Imprensa – ago. 1954 e mar.-abr. 1964.

Ultima Hora – jan. 1953 a dez. 1954; mar.-abr. 1964.

Veículos Brasileiros de Publicidade, 1971.

XXV Estudos Marplan, 1986.

CORRESPONDÊNCIA passiva de José Carlos Rodrigues. In: Seção de Manuscritos. Rio de Janeiro: Biblioteca Nacional.

Cartas de Niomar Bittencourt a Roberto Marinho. 21 de junho de 1974. NMS 69.09.07. *Documentos CPDOC.*

Carta de Niomar Bittencourt a Roberto Marinho, 18 de outubro de 1973. NMS 69.09.07, arquivo *CPDOC. FGV.*

Carta de Nascimento Brito a Niomar Bittencourt, 18 de outubro de 1973, NMS 69.09.07, Arquivo *CPDOC, FGV*.

Carta de Niomar Bittencourt a Nascimento Brito, 19 de outubro de 1983. NMS 69.09.07. Arquivo *CPDOC, FGV.*

Carta de Nascimento Brito a Niomar Bittencourt, 19 de outubro de 1973. NMS 69.09.07. Arquivo do *CPDOC, FGV.*

Carta de Niomar Bittencourt a Nascimento Brito, 5 de dezembro de 1973. NMS 69.09.07. Arquivo *CPDOC, FGV.*

Carta de Nascimento Brito a Niomar Bittencourt, 5 de dezembro de 1973. NMS 69.09.07. Arquivo *CPDOC, FGV.*

Carta de Niomar Bittencourt a Roberto Marinho, 19 de junho de 1974. NMS 69.09.07A. Arquivo do *CPDOC. FGV.*

PUBLICAÇÕES. Códices 44-4-17, 45-4-35 e 44-4-20. Arquivo Geral da Cidade do Rio de Janeiro.

Resumo da Aplicação do Contrato do Correio da Manhã. NMS 69.09.07. Arquivo *CPDOC. FGV.*

Filmes

*Absolutamente certo (*1957) – Filme de Anselmo Duarte, com Dercy Gonçalves e Anselmo Duarte. Estúdios Atlântida.

*Os cariocas (*1966) – Drama de Roberto Santos baseado em Histórias de Stanislau Ponte Preta. Estúdios Atlântida.

Depoimentos:

Alves, Marcio Moreira. *Marcio Moreira Alves II (depoimento, 1997).* Rio de Janeiro, CPDOC/Alerj, 1998.

Branco, Paulo. *Paulo Branco (depoimento, 1998).* Rio de Janeiro, CPDOC/Alerj, 1998.

Castro, Luiz Werneck de. *Memória da ABI.* Rio de Janeiro: ABI

Castro, Moacyr Werneck, a Juliana Rodrigues Baião. 20 dezembro 2000.

Coelho Neto, Rogério. *Rogério Coelho Neto (depoimento, 1998).* Rio de Janeiro, CPDOC/Alerj, 1998.

Corrêa, Luiz Antonio Villas-Bôas. *Villas-Boas Correia (depoimento, 1997).* Rio de Janeiro, CPDOC/Alerj, 1998.

Costa Filho, Miguel. *Memória da ABI.* Rio de Janeiro: ABI.

Costa Filho, Odylo, ao repórter Gilberto Negreiros. *Folha de S. Paulo.* Série Jornalistas contam a História. *Nova imagem do governo JK.*

Cotrim Neto, Álvaro. *Memória da ABI.* Rio de Janeiro: ABI.

Coutto, Francisco Pedro Do. *Pedro do Couto (depoimento, 1997)*. Rio de Janeiro, CPDOC/Alerj, 1998.

Ferrone, Paschoal. *Memória da ABI*. Rio de Janeiro: ABI

Gonçalves, Manoel A. *Memória da ABI*. Rio de Janeiro: ABI

Leite Filho, Barreto. ao repórter Gilberto Negreiros. *listas contam a História. Na década de 20, a agonia do regime*.

Leite Filho, Barreto. *Memória da ABI*. Rio de Janeiro ABI

Lima, Paulo Mota, ao repórter Gilberto Negreiros. *Folha de S. Paulo*. Série Jornalistas contam a História. *As ilusões da Constituinte de 46*.

Lima, Paulo Motta. *Memória da ABI*. Rio de Janeiro: ABI

Magalhães Jr, Raimundo, ao repórter Gilberto Negreiros. *Folha de S. Paulo*. Série Jornalistas contam a História. *Ensinamentos dos anos 30*.

Magalhães, Mario. *Memória da ABI*. Rio de Janeiro: ABI

Mello Filho, Murilo. *Murilo Melo Filho (depoimento, 1998)*. Rio de Janeiro, CPDOC/ALERJ, 1998.

Moniz, Edmundo, ao repórter Gilberto Negreiros. *Folha de S. Paulo*. Série Jornalistas contam a História. *1964, fim de um ciclo de crise*.

Peixoto, Armando F.. *Memória da ABI*. Rio de Janeiro: ABI

Perdigão, José Maria R. *Memória da ABI*. Rio de Janeiro: ABI

Silveira, Joel, a Juliana Rodrigues Baião. 12 janeiro 2001.

Silveira, Joel, ao repórter Gilberto Negreiros. *Folha de S. Paulo*. Série Jornalistas contam a História. *O Estado Novo e o getulismo*.

Várzea, Afonso. *Memória da ABI*. Rio de Janeiro: ABI

Vieira, Álvaro. In: Boletim da ABI. Ano XXIII, nov.-dez. 1974.

Wainer, Samuel, ao repórter Wianey Pinheiro. *Folha de S. Paulo*. Série Jornalistas contam a História. *Porque Café Filho traiu Getúlio*.

Mancha: 12 x 19 cm
Tipologia: Times New Roman 10/14
Papel: Ofsete 75g/m² (miolo)
Cartão Supremo 250g/m² (capa)
1ª edição: 2007
2ª edição: 2010

*Para saber mais sobre nossos títulos e autores,
visite o nosso site:*
www.mauad.com.br